Friedrich-Ebert-Stiftung
Reihe Praktische Demokratie

Herausgegeben von Frank D. Karl

Inhalt

Einleitung 7

Teil I: Die Ästhetisierung der sozialen Welt

    1. Die Ästhetisierung der Lebenswelt 11
    2. Die Ästhetisierung der Politik 17
    3. Die Ästhetisierung der Lebensweise 20
    4. Die sozialästhetische Segmentierung 23

Teil II: Alltagswelt, Lebensstile und soziale Milieus

    1. Die Alltagswelt: Zur Objektivität des Subjektiven ... 33
    2. Lebensstilanalyse: Zur empirischen Bestimmung
       sozialästhetischer Ungleichheit 36
    3. Lebenswelten in Deutschland:
       Das Sinus-Milieumodell 51
    4. Die Entwicklung der Milieustrukturen 1982–1992:
       Modernisierung versus Regression 69

Teil III: Lebenswelt und Alltagsästhetik

    1. Die Sinus-Forschung zur Alltagsästhetik 75
    2. Die alltagsästhetischen Grundmotive 88
    3. Geschmack, Kulturkonsum und soziale
       Kommunikation 93
    4. Die Stilwelten in Deutschland (West) 105

Teil IV: Die Ästhetisierung der politischen Bildung

    1. Die sozialästhetische Perspektive in der
       Politikforschung: Zur Entkoppelung von Milieu
       und System 135
    2. Milieustruktur und politische Bildung:
       Ein Marktmodell 150

3. Lebensstil und Bildungsinteresse:
   Politische Bildung in der Erlebnisgesellschaft 157
4. Sinnlichkeit versus Emanzipation? –
   Deutungsmuster politischer Bildung 188

Neue Perspektiven für die politische Bildung 211

Literatur 215

Einleitung

Alltagsästhetik, politische Kultur und politische Bildung, das sind Begriffe, die nach herkömmlichem Verständnis so gut wie nichts miteinander zu tun haben. Alltagsästhetik gilt weithin als das geschmäcklerische Ornament des Alltagslebens, soweit dergleichen dort Platz findet. Unter politischer Kultur wird meist die Summe der Einstellungen und Handlungsdispositionen gegenüber dem Gemeinwesen verstanden, also im besten Falle eine Abteilung der politischen Ethik. Politische Bildung schließlich ist die Erziehung zu Urteils- und Mitbestimmungsfähigkeit des einzelnen in der Demokratie, also zu seinem je eigenen Anteil an ihrer politischen Kultur. Wie sollten sich nach solchem Verständnis Berührungen zwischen dem hohen Anspruch politischer Ethik in Kultur und Bildung und den ästhetischen Elementen des Alltagslebens ergeben?

Auch aus der fortwährend weiterwachsenden Fülle der Untersuchungen zur politischen Kultur, die sich seit den bahnbrechenden Forschungen der beiden amerikanischen Politikwissenschaftler Gabriel Almond und Sidney Verba in der Mitte der fünfziger Jahre mit allen erdenklichen Aspekten des Themas in Theorie und Empirie befaßt haben, ist die Alltagsästhetik bislang ausgeschlossen geblieben. Die Wechselbeziehungen zwischen politischer Kultur und politischer Bildung hingegen wurden gründlich beleuchtet.

Vor kurzem führte eine empirische Untersuchung über die Gründe, die Angehörige des Alternativen Milieus zur Auswahl bestimmter Lernorte bewegen, wenn sie Angebote zur politischen Bildung wahrnehmen, zu dem angesichts der bisherigen Behandlung des Themas verblüffenden Ergebnis, daß weder das Thema des Angebots noch seine Dauer und auch nicht die Entlegenheit oder bequeme Erreichbarkeit der jeweiligen Örtlichkeit die ausschlaggebende Rolle dabei spielen, sondern vielmehr der Stil des Lernortes. Darunter verstanden die Befragten das Ensemble der Ästhetik der Räumlichkeiten und der von den pädagogischen Mitarbeitern repräsentierten Kommunikationskultur am Lernort. Affinitäten der Alltagsästhetik zwischen den Befragten und dem Lernort ihrer Wahl, von denen bis dahin nie die Rede gewesen war, offenbarten sich mit einem Mal als ein entscheidendes Handlungsmotiv in der Praxis politischer Bildung.

Ein solches Ergebnis, auch wenn es zunächst nur für das Verhalten einer kleinen sozialen Gruppe ermittelt wurde, eröffnet einen neuen, ungewohnten Blick auf Theorie und Praxis politischer Bildung. Es markiert den Einbruch einer neuen Kategorie ins Zentrum der Praxis politischer

Bildung, die bis dahin kaum ihre Randbereiche gestreift hatte. Gleichwohl hat es weder in der Theorie noch in der Praxis sichtbare Folgen gehabt, auch wenn vielleicht vielerorts schon seit längerem auf eher intuitive Weise in Rechnung gestellt wird, was diesem Ergebnis zugrundeliegt, möglicherweise sogar mit großem Erfolg.

In den überwiegenden Fällen findet eine öffentliche Diskussion über die Gründe und Folgen, die Formen und Wirkungen, die Bedeutung und Herausforderungen dieser für das Metier so überraschenden Beobachtung jedoch nicht statt: weder in der wissenschaftlichen Beschäftigung mit den Grundlagen politischer Bildung, noch in der diffusen Selbstreflexion ihrer Praxis, noch in der in Wellen immer einmal wieder auflebenden Hinwendung der Politik zu ihr.

Nun ist politische Bildung, wie jeder halbwegs Informierte weiß, entgegen ihrer rhetorischen Aufwertung in den ritualisierten öffentlichen Demokratiefeiern, das Lieblingsstiefkind all derjenigen, die für sie Verantwortung tragen, abgesehen von den wenigen, die von ihr leben. In Soziologie, Bildungssoziologie und Politikwissenschaft kommt sie kaum vor und in der Bildungspolitik auch so gut wie ausnahmslos nur dann, wenn politische Krisen die Suche nach Patentrezepten aufdrängen oder symbolische Problemlösungen nahelegen.

Der Zusammenhang zwischen den normativen Theorien politischer Bildung und der fortgeschrittenen sozialwissenschaftlichen Forschung ist seit langem abgerissen. Zwischen Theorie und Forschung einerseits und der auf vielen unverbundenen Inseln einsam geprobten Selbstverständigung der Praktiker des Metiers andererseits gibt es keine Verständigung.

Dieser Befund und der Verdacht, die Frage nach dem Zusammenhang von Alltagsästhetik, politischer Kultur und politischer Bildung beträfe ohnehin nur einen Randbereich politischer Bildung, die auf Höheres zu schauen habe, dürften die Gründe dafür sein, warum die in den Sozialwissenschaften zentral gewordenen Forschungen zur Alltagsästhetik in den Diskussionen über eine zeitgemäße politische Bildung noch nicht angekommen sind.

Seit den beispielgebenden Studien des französischen Soziologen Pierre Bourdieu in den siebziger Jahren haben die wichtigsten empirischen Forschungsprojekte und die maßgeblichen theoretischen Erklärungsversuche der Soziologie zur Dynamik der Differenzierung moderner Gesellschaften immer eindeutiger zu dem Ergebnis geführt, daß die Alltagsästhetik zum entscheidenden Faktor für die sozialen Differenzierungs- und Orientierungsprozesse geworden ist.

In den Debatten zur Selbstbestimmung politischer Bildung hat dieser säkulare sozialwissenschaftliche Paradigmawechsel bislang so gut wie keinen Niederschlag gefunden. Es sieht so aus, als sei politische Bildung dadurch im Begriff, abermals den Anschluß an die wesentliche gesellschaftliche und sozialwissenschaftliche Entwicklung zu verlieren. Wenn die soziologische Forschung von Mal zu Mal nachhaltiger und mit immer beweiskräftigerem Material die Diagnose stellt, daß sich die Menschen in den Industriegesellschaften der Gegenwart ihre Kommunikationsgewohnheiten und Gesellungsformen nicht länger nach den sozialökonomischen Kriterien des Berufs, des Einkommens, der Ausbildung, des Besitzes aufprägen lassen, sondern sie nach den sozialästhetischen Kriterien des Lebensstils, des Habitus, der alltäglichen Lebensgewohnheiten wählen, all dessen, was ihnen an der eigenen Lebenswelt gefällt und an der der anderen mißfällt: in Kommunikations- und Freizeitverhalten, Kleidung, Einrichtung, Redestil, Selbstausdruck, Wertmustern, beim Essen, Trinken, Spielen, Handeln, beim Umgang mit den Angehörigen des eigenen und des anderen Geschlechts, mit Kindern, Tieren und der Natur, mit Arbeit, Ordnung, Institutionen, Nachbarschaft und den Gegenständen des täglichen Lebens. Wenn all das in seinem jeweils typischen Zusammenhang zum wesentlichen Bezugspunkt für die Selbstzuordnung des einzelnen zu sozialen Gruppen und zum Leitmotiv für soziale Anziehung oder Abstoßung, Solidarisierung oder Entfremdung geworden ist, so kann politische Bildung daran nur um den Preis eines abermaligen Schubs in die Bedeutungslosigkeit vorbeigehen.

Vier Gründe verdeutlichen dies. Erstens: Wer politische Bildung anbietet, muß wissen, welche Stilbarrieren ihn systematisch daran hindern könnten, die Zielgruppen zu erreichen, um die es ihm geht. Zweitens: Aus den milieuspezifischen Kommunikationsgewohnheiten ergeben sich im kritischen wie im konstruktiven Sinn die Anknüpfungspunkte für eine politische Bildung, die auf politische Kompetenz zielt. Drittens: Die umfassende und wahrnehmungsprägende Ästhetisierung von Lebenswelt und Politik muß selbst zentrales Thema politischer Bildung werden, wenn diese nicht an einer mittlerweile zentralen Dimension des Zusammenlebens und der Öffentlichkeit vorbeigehen will. Viertens: Die Kommunikationsbarrieren, die aus der neuen sozialen Segmentierung entlang sozialästhetischer Unterschiede erwachsen, bedrohen die Möglichkeit gesamtgesellschaftlicher Verständigung über gesamtgesellschaftliche Fragen auf neue Weise – eine Herausforderung, die ins Zentrum der Aufgaben politischer Bildung in der Demokratie zielt.

Das vorliegende Buch will zunächst die Bedeutung der Alltagsästhetik für politische Kultur und politische Bildung der Gegenwart beschreiben. Auf der Grundlage empirischer Forschungsergebnisse werden dann grundlegende Konturen alltagsästhetischer Differenzierung gezeichnet und Perspektiven für eine moderne politische Bildung, die diese aufnimmt, zur Diskussion gestellt. Dabei werden empirische Forschungsergebnisse des Sinus-Instituts, Heidelberg, das sich seit langem der

Erforschung der Alltagsästhetik gewidmet hat, zugrunde gelegt und in ihrer Bedeutung für die politische Kultur und politische Bildung entfaltet.

Um ein landläufiges Mißverständnis vorab zu klären, sei schon an dieser Stelle angemerkt, daß der Begriff „Ästhetik" im Zusamenhang mit Alltagsästhetik allein den Sinn eines qualitativen Bedeutungszuwachses von Sinnenorientierung, Bildlichkeit, Wahrnehmungszentrierung im Gegensatz zu Sprachlichkeit, Diskursorientierung oder sozio-ökonomischen Kataegorien hat und nicht auf die Bedeutungsbereiche Kunst und Kunsttheorie angelegt ist. Darin jedoch, und das ist der Sinn dieser Begriffswahl, kommt ein paradigmatischer Wandel in der gesellschaftlichen Differenzierung und ihrer Wahrnehmung durch die betroffenen Menschen sowie das Zentralwerden einer neuen Dimension in den öffentlichen Kommunikationsformen zum Ausdruck. Im ganzen gesehen ist „Ästhetisierung der Lebenswelt" in diesem Sinne ein Schlüssel zum Verständnis der sozialen Welt der Gegenwart.

Die Analysen werden im einzelnen zeigen, daß die gegenwärtig vorherrschende Form der Ästhetisierung in Lebenswelt und Politik durch und durch zwiespältig ist. Es dominiert zumeist die auf vordergründige Effekte bedachte Eindrucksinszenierung, die sinnliche Erfahrung eher verhindert, weil diese unvermeidlich eine innere Verbindung von authentischer Sinnlichkeit und offener Vernunft voraussetzt. Eine inszenierte Ästhetisierung, die aber gerade auf die Knalleffekte unmittelbarer Sinnesreizung zielt, erscheint ebenso als Anlaß wie als Hindernis ästhetischer Welterfahrung.

Teil I: Die Ästhetisierung der sozialen Welt

Eine Ästhetisierung der sozialen Welt ist gegenwärtig in vier Dimensionen zu beobachten: 1. in der Lebenswelt, 2. in der Politik, 3. in den Lebensstilen, 4. in der sozialen Segmentierung. Jede dieser Dimensionen sowie der zwischen ihnen existierende Zusammenhang prägen die politische Kultur und konfrontieren politische Bildung mit neuartigen Herausforderungen.

1. Die Ästhetisierung der Lebenswelt

Die seit kurzem häufig gestellte Diagnose, die heutige Lebenswelt sei vor allem ästhetisch verfaßt, besagt weder, daß in ihr die Kunst zum ausschlaggebenden Faktor geworden ist, noch daß dies eine Welt sei, in der das Schöne das Leben beherrscht. Gemeint ist vielmehr der prosaische Sachverhalt, den Wolfgang Welsch beschrieben hat: „Zunehmend entstehen Lebensformen, die durch Wahrnehmungen konstruiert sind und auf Erweiterung der Wahrnehmungsfähigkeit und -relevanz zielen".[1] Ästhetik in dem dabei zugrunde gelegten Sinne bedeutet gerade nicht den hochkulturellen Anspruch des Schönen oder der Lehre vom Schönen, sondern den Bedeutungszuwachs und die Thematisierung von „Wahrnehmungen aller Art".[2] Gemeint ist, wenn von einer zunehmenden Ästhetisierung der Wirklichkeit die Rede ist, vor allem der in seinen Folgen durch und durch problematische Sachverhalt einer zunehmenden „Bildlichkeit dieser medialen Welt".[3] Es geht um eine neue Form der Versinnlichung von Kommunikationsweisen, Lebensweisen und Sozialbeziehungen, die zwar auch neue Chancen für eine umfassende Welt- und Selbsterfahrung eröffnet, in ihrer gegenwärtigen Realität aber zunächst einmal vor allem ungewohnt hohe Risiken der Blendung und der Unmündigkeit schafft.

Dieser Befund stützt sich auf die beiden Voraussetzungen, daß die mediale Welt der Gegenwart eine Welt ist, in der das Fernsehen zur alles prägenden Kulturmetapher geworden ist, und daß jenes Medium, das nach dem zum Klassiker gewordenen Urteil Mc Luhans selber schon die

---

1 Wolfgang Welsch: Ästhetisches Denken, Stuttgart 1991, S. 77
2 Welsch 1991, S. 9
3 Welsch 1991, S. 15

Botschaft ist, nicht nur als Medium in der sozialen Welt wirkt, sondern zum Medium wird, das eine soziale Welt prägt, also selber den Rang eines Zweckes in der Lebenswelt erobert.

Am radikalsten hat der französische Philosoph Jean Baudrillard diese Diagnose gestellt.[4] Die Bildwelt des Fernsehens bestimmt nicht nur mehr und mehr die Informationsgewohnheiten der Menschen, sie wird vielmehr in der Form ihrer unterhaltsamen, kontextlosen Bildlichkeit zum Paradigma zugleich der Wahrnehmung und des Verständnisses der Welt im ganzen. Visualität wird zum Charakter der sozialen Welt und gleichzeitig zum beherrschenden Medium ihrer Deutung. Die Sinneswahrnehmung der bildlichen Repräsentation wird zur Sinnwahrnehmung der Welt. Die Sinnlichkeit der produzierten Bildeindrücke beansprucht in der sozialen Welt immer mehr den Rang ihres letzten Sinnes.

Ästhetisierung der Wirklichkeit als Visualisierung der sozialen Erlebnis- und Erkenntnisformen bedeutet in dieser Hinsicht vor allem zweierlei. Das eine betrifft den Kreislauf der Bilder. In den sozialen Lebensformen und Reaktionsmustern scheinen sich die Bilder des Fernsehens und der Werbung, die ersteren gleichen, ebenso abzubilden, wie Werbung und Fernsehen wiederum als Abbilder einer Wirklichkeit auftreten, die mehr und mehr vom Imitationszwang, den ihre Bilder ausüben, erst geschaffen wird. Diese Tendenz zum inszenierten Bilderkreislauf ohne festen sozialen Boden verschafft den Bildern, um die es dabei geht, eine hochgradige soziale Eigenrealität.[5] Eine bestimmte Form der Visualisierung von Informationen, Deutungen, Botschaften, Normen, Elementen von Weltbildern, Vorbildern und was sonst noch in diesen Bildproduktionen stecken mag, wird zum prägenden Element der Erfahrung der sozialen Welt und ihrer Gestaltung.

Zum anderen, und das ist für die politische Kultur von ausschlaggebender Bedeutung, verdrängt dieser Stil der visuellen Eindrücklichkeit die diskursive Erfahrung der sozialen Welt, die rationale Verständigung und den kritischen Diskurs aus dem Kernbereich der sozialen Welterfahrung.[6]

Die stupende Wahrnehmung, eine Wahrnehmung vornehmlich des Auges, die zugleich überraschend, eindrücklich, unterhaltsam und anspruchslos ist und sozusagen direkt unter die Haut geht, wird zum Paradigma von Erlebnissen, Erlebnisfähigkeit und der Produktion von erlebnisfähigen Kommunikationsangeboten.

---

4 Jean Baudrillard: Die Agonie des Realen, Berlin 1978
5 Baudrillard spricht in diesem Zusammenhang von der „Prozession der Simulakra".
6 Vgl. vor allem Neil Postman: Wir amüsieren uns zu Tode, Frankfurt 1985

Wenn heute häufig vom Ende der „Gutenberg-Galaxis" die Rede ist,[7] das eine Mal kritisch und warnend, das andere Mal jubelnd und voller Erwartungen, so ist damit genau diese kulturelle Grundtendenz der zunehmenden Verdrängung der diskursiven Realitätsdeutung und der Gesprächsorientierung durch die unterhaltsame Abbildlichkeit gemeint. Es handelt sich dabei um eine andere Facette der postmodernen Behauptung des Endes der großen Erzählungen, der Ideologien, der rationalen Weltdeutungen, der umfassenden Sinnhorizonte.

Eine solche „Ästhetisierung" läßt dann auch die Verwendung der Sprache oder desjenigen, was von ihr bleibt, nicht unberührt. Sprache wird verkürzt und verformt, als wenn sie sich selber an den herrschenden Stil kontextloser, eindrücklicher Bildlichkeit anpassen müßte, um in einer solchen Welt überleben zu können.[8] Die Logik der bildgeprägten Information und Unterhaltung, wie sie im Medium des Fernsehens kultiviert wird, entwickelt sich zunehmend zur Logik von Massenkommunikation und Welterfahrung im ganzen. Sie prägt mehr und mehr die Wahrnehmungsformen und die Kommunikationsgewohnheiten vieler. Neil Postman spricht vom Triumph der „Guck-Guck Kultur" über die Kultur der Diskussion, der Sprache und der Reflexion.[9]

Denken kommt auf dem Bildschirm nicht gut an. Der Eindruck zählt, nicht das Argument. Gegebenenfalls ist die Darstellung von Nachdenklichkeit wirkungsvoller als eine Redeweise, in der sie sich vielleicht verkörpert. Es herrscht die Wahrnehmung, nicht die Sprache oder das Denken. Geschichte und Zusammenhänge, Erörterungen, Differenzierungen langweilen eher, lenken ab, verscherzen die Aufmerksamkeit des Publikums, passen nicht zum Medium und seinen umfassenden Möglichkeiten. Es gilt, sekundenschnell und im raschen Wechsel starke Eindrücke zu wecken, notfalls auch noch unter dem Anspruch, daß es sich dabei um eine Form von Diskurs handle. Prototyp dieser Fernsehlogik ist der „Heiße Stuhl", auch wenn in seriöseren Sendungen wie „Ich stelle mich" das spektakuläre, abenteuerliche, vulgär-voyeuristische Gepräge des fernsehgerechten Infotainments weit zurückgenommen wird. Die Logik der Bilder ist letztlich dieselbe.

Wer nach den Gesetzen dieser Wahrnehmungslogik erfolgreich sein will, muß den Eindruck über sich selbst, die Informationen und Wirkungen, auf die er hinaus will, wie Bilder plazieren, die für sich selber stehen und wirken: einzeln, stark, ohne Kontinuität, Hintergrund und Zusammenhang. Es geht um ein Mosaik kontextgereinigter Seheindrücke oder

---

7 Vgl. Norbert Bolz: Theorie der neuen Medien, München 1990.
8 Vgl. Vilem Flusser: Die Schrift, Frankfurt 1992
9 Postman 1985, S. 83 f.

vielleicht allenfalls noch Höreindrücke, sofern sie der Logik der Seheindrücke folgen. So entsteht eine amüsante, unterhaltsame, sinnliche Bruchstückwelt, die den Zusammenhang, in dem sie jeweils präsentiert wird, nicht dem Vorbild verdankt, als dessen Abbild sie auftritt, und erst recht nicht der Absicht der Aufklärung, sondern einzig dem Willen der Regie.

Die Dominanz des Bildes, des abbildförmigen, fotografischen Bildes in dieser von Fernsehen und Werbung geprägten Form einer Ästhetisierung der Lebenswelt hat vor allem zwei nachhaltige Folgen für die politische Kultur. Das ist zum einen die Vorherrschaft der Logik der Bildunterhaltung über diejenige der Sprachlichkeit und des Dialoges. Die andere besteht im Unsichtbarwerden der Urheberschaft willentlich produzierter Weltbilder.[10] In ihrem Zusammenwirken könnte man beide Aspekte als Logik des Scheins charakterisieren.

In der Logik des Scheins werden Aufmerksamkeit und Wahrheit, Attraktion und Legitimation auf abgründige Weise eins. Der amerikanische Fernsehkritiker Jerry Mander hat den Kanon der Logik der Bildunterhaltung in einer bitteren Liste resümiert, die in ihren Überspitzungen gleichwohl den Kern der Differenz präzise markiert.[11]

Krieg ist fernsehgerechter als Frieden. Gewalt ist fernsehgerechter als Gewaltlosigkeit. Geschehnisse sind fernsehgerechter als Informationen. Waren sind fernsehgerechter als Werte. Objekte sind fernsehgerechter als Lebendiges. Charismatische Führer sind fernsehgerechter als Botschaften. Personen sind fernsehgerechter als Bewegungen. Symbole sind fernsehgerechter als Philosophie. Zentren sind fernsehgerechter als Beteiligung. Oberfläche ist fernsehgerechter als Tiefe. Kürze ist fernsehgerechter als Zusammenhänge.

Ergebnisse wirken stärker als Prozesse. Verbale Informationen als sinnliche Erfahrung. Konflikt als Übereinstimmung. Lust als Zufriedenheit. Leidenschaft und Angst als Gelassenheit. Konkurrenz als Kooperation. Habsucht als Geistigkeit. Handeln als Sein. Lautes als Leises. Nahes als Fernes. Einfaches als Komplexes.

Lineares hat Vorrang vor dem Verschachtelten. Das Einzelne vor dem Zusammengesetzten. Das Spektakuläre vor dem Vieldeutigen. Das Starre vor der Entwicklung. Das Statische vor dem Fließenden. Das Ausgefallene vor dem Gewöhnlichen. Fakten vor Meinungen. Das Besondere vor dem Allgemeinen. Der Gefühlsausdruck vor dem Gefühl. Das Verbale vor dem Non-Verbalen. Die Werbung vor dem Leben. Die Quantität vor

10 Vgl. Thomas Meyer: Die Inszenierung des Scheins. Voraussetzungen und Folgen symbolischer Politik, Frankfurt 1992
11 Jerry Mander: Schafft das Fernsehen ab, Reinbek 1979

der Qualität. Die Gymnastik vor dem Yoga. Das Endliche vor dem Unendlichen. Der Tod vor dem Leben.[12]

Postmans Warnung „Wir amüsieren uns zu Tode" beruht auf der Diagnose, daß die visuelle Logik der unterhaltsamen Bilder im Fernsehen zunehmend zur Logik der Kommunikation der vom Fernsehen geprägten Kultur im ganzen wird. Fernsehen als „Kulturmetapher" heißt, daß wir uns daran gewöhnen, die Welt so zu sehen und so sehen zu wollen, wie wir sie im Fernsehen sehen, auch wenn wir nicht fernsehen. Was Platz finden soll in diesem Bild von der Welt und seiner Wahrnehmung, muß den Kanon der visuellen Logik beherrschen und beherzigen bis hinein in eine zunehmende Zahl von Printmedien. Das kulturell dominante Medium und seine Logik bestimmen die Diskursstruktur, auch dort, wo es selbst nicht im Spiele ist. Der Kanon der visuellen Logik des wirksamen Managements der Wahrnehmung bestimmt die Grammatik des öffentlichen Diskurses und die Kanäle des Anschlusses, die die einzelnen zu ihm finden. Er bestimmt die Form und die Geltungsbedingungen öffentlicher Auftritte und des privaten Interesses an ihnen. Er wird also zu dem, was Foucault ein Macht-Diskurs-Dispositiv genannt hat, eine unsichtbare, unbewußte Zutrittsbedingung zum öffentlichen Diskurs und den Bedingungen seiner sozialen Wirkung.

Die zweite Folge der Vorherrschaft fotografischer Bildlichkeit in der gegenwärtigen Kommunikationskultur ist ebenso weitreichend. Sie besteht im Verlust der Distanz zwischen den angebotenen Weltdeutungen und den Menschen, an die sie sich wenden. Dabei resultiert dieser Distanzverlust nicht einmal in erster Linie aus dem, was in der Medientheorie die „Taktilität" der neuen Medien genannt wird, ihre Fähigkeit, sozusagen direkt unter die Haut zu gehen. Sie entspringt schon der Vorherrschaft bewußt inszenierter fotografischer Bilder, die aber durch ihre distanzlose Einmischung in die alltägliche Lebenswelt und durch ihren scheinbar abbildrealistischen Charakter nicht mehr zu erkennen geben, daß sie absichtsvoll inszenierte Kunstprodukte sind, sondern wie unvermittelte Elemente der Lebenswelt wirken. Die Regisseure verschwinden hinter ihren Bildern in viel radikalerer Weise als je ein Autor hinter seinem Text oder ein Gesprächspartner hinter seiner Rede verschwinden könnte. Die Urheberschaft der gemachten Bilder gerät aus dem Blick.

Sprachwahrnehmung und Bildwahrnehmung haben nicht denselben anthropologischen Rang. Das Wort bedarf in der modernen Kultur der Rechtfertigung durch viele Worte, die immer wieder der Rechtfertigung bedürfen. Sein Urheber ist in der Sprache stets gegenwärtig. Das Bild als Abbild ist seine eigene fraglose Beglaubigung, ein Stück realster Realität

---

12 Mander 1979, S. 274–279

selbst, wie es scheint. Worte, erst recht Sätze, sind Konzeptionen, die immer mehr umfassen, als sich durch sinnliche Wahrnehmung jemals einlösen ließe. Bilder erscheinen als das konkrete Einzelne, das keiner Erläuterung durch Zusammenhänge bedarf, an dem sich vielmehr jede Behauptung über Zusammenhänge letztinstanzlich auszuweisen hat. Wer also argumentiert oder erzählt, setzt den Zweifel voraus und muß sich auf ihn einlassen. Wer fotografische Bilder zeigt, kann auf die metaphysische Gewißheit des Augenscheins bauen, Realität ohne Mittlerdienste fremder Urheberschaft zu erfahren. Das Abbild, das unweigerlich stets ebenso gemacht ist wie sprachliche Weltdeutung, verschweigt nicht nur seinen Urheber, sondern sogar die Tatsache, daß es unvermeidlich stets einen solchen hat. Das Wort, seit es nicht mehr nur die liturgische Reproduktion des göttlichen logos ist, verweist immer auf Urheberschaft und Urheber. Abbilder hingegen treten auf, als kopiere sich die objektive Welt in der technischen Apparatur selbst. Das Sagen wirkt unvermeidlich wie etwas, das zwischen uns und die Sache tritt. Das Zeigen hingegen wirkt, als würde lediglich ein Vorhang beiseite geschoben. Dabei kann es uns gleichgültig sein, von wessen Hand. Beim ersten Vorgang kommt also alles auf den Urheber an, beim zweiten scheint er keine Rolle zu spielen. Der ontologische Vorrang der Bilder erzeugt ihre überlegene Glaubwürdigkeit, auch wenn sie lügen wie gedruckt. Visuelle Wahrnehmungen machen Zusammenhänge überdies leichter faßlich und wirken weit länger im Gedächtnis.

Die Medienwirkungsforschung hat dafür viele Bestätigungen erbracht. Die Bildwelt des Fernsehens ist die einprägsamste aller Medien und sie wirkt am längsten nach.[13]

Es liegt auf der Hand, daß die Dominanz willentlich inszenierter Bilder, die sich als solche unkenntlich zu machen verstehen, Bilder, über welche die Struktur einer Welt und ihre Deutung transportiert werden, über welche Absichten als Realitäten und Interessen als Berichte ausgegeben werden, in der Lebenswelt der Gegenwart für die politische Kultur der Demokratie ein beispielloses Problem aufwirft. An die Stelle der Ideologien, der falschen interessegeleiteten Weltbilder des diskursiven Zeitalters der „Gutenberg-Galaxis" treten bildliche Scheinwelten, die dieselbe Funktion ausüben, nur sehr viel ungreifbarer und damit allerdings wirkungsvoller.

Die Inszenierung eines interessegeleiteten Scheins von Wirklichkeit durch Bilder ist der Konstruktion diskursiver Ideologie turmhoch überlegen. Solche Bildinszenierung muß nichts behaupten und ist in ihrer Aussage doch unwiderleglich. Sie kann zeigen, was nicht ist, ohne lügen

---

13 Michael Schenk (Hg.): Medienwirkungsforschung, Tübingen 1987, S. 78 ff.

zu müssen. Sie prägt sich der Erfahrung unvergeßlich ein, auch wenn der Verstand später der Täuschung gewahr wird. Das Interesse, die Macht, der fremde Wille überreden nicht mehr, sie zeigen uns, oder vielmehr unseren Sinnen, nur noch ihre Welt.

Die voranschreitende Vorherrschaft inszenierter Bilder in unserer Lebenswelt verändert die Kommunikationskultur der Gesellschaft und mit ihr die politische Kultur im ganzen.

Es dürfte deutlich geworden sein, daß Ästhetisierung in den beschriebenen Zusammenhängen nicht etwa den Triumphzug der Kunst durchs Alltagsleben beschreibt und alles andere ist als eine „geschmäcklerische" Seite des sozialen Lebens.[14] Sie prägt vielmehr die Wahrnehmungs- und Kommunikationsformen auf tiefgreifende und folgenreiche Weise. Folgenreich ist vor allem der Anspruch auf demokratische Mündigkeit, der auf der Urteilsfähigkeit der Bürger beruht. Seine Chancen verringern sich im selben Maße, wie die Deformation politischer Kultur voranschreitet: eine Ästhetisierung, die durch und durch zwiespältig ist, weil sie zwar das Versprechen der Sinnlichkeit macht, aber doch nur die Indienstnahme der Sinne will.

2. Die Ästhetisierung der Politik

Wenn Martin Greiffenhagen ein Buch „Der schöne Staat"[15] vorlegt und andere Autoren über „Politik als Showgeschäft" oder das „Staatsschauspiel" schreiben, so verkünden unter den gegenwärtigen Bedingungen einer immer mehr über die Massenmedien vermittelten Politik solche Titel nicht auf neue Weise die alte Wahrnehmung, daß Politik immer auch eine repräsentative, ornamentale Seite hat. Das wäre weder originell noch aufregend noch problematisch. Problematisch, und darum geht es in den neueren Analysen, ist vielmehr die andere Seite im fortschreitenden Prozeß der Ästhetisierung von Politik.

Politik nimmt in der Mediengesellschaft in einem irritierenden Ausmaß die Form eines sinnlichen Scheins vom wirklichen Handeln an, dem aber wirkliches Handeln immer weniger entspricht. „Der schöne Staat" ist ein Gemeinwesen, in dem Politiker unter Ausnutzung der Übermacht der visuellen Medien eine Politik spielen, die nicht stattfindet, einen Augenschein von politischem Geschehen erzeugen, der an die Stelle von Realhandlungen tritt und verdeckt, wo sie ausbleiben.

---

14 Vgl. Thomas Ziehe: Vom Lebensstandard zum Lebensstil, Manuskript 1992
15 Im Erscheinen, Frankfurt 1993

17

Symbolische Politik ist Plazebopolitik zu Verstellungszwecken.[16] Sie liegt vor, wenn z. B. Reagan sich im Gespräch mit Schülern und Lehrern auf Schulbänken fernsehgerecht in Szene setzt, während er zur selben Zeit den Schuletat des Landes drastisch kürzt. Sie liegt vor, wenn z. B. Bundesumweltminister Töpfer mit großem Fernsehaufgebot persönlich durch den Rhein schwimmt – zum physischen Beweis, daß der Rhein wieder sauber sei, während die Verseuchung nachweislich fortbesteht. Sie liegt vor, wenn Handlungen ins Bild gesetzt werden und als solche reale Erfahrungen vorspiegeln, während in Wahrheit gerade unterbleibt, worauf die Bilder verweisen.

Symbolische Politik in diesem Sinne ist nicht dasselbe wie politische Symbolik. Politische Symbolik ist eine universelle Voraussetzung aller Politik, denn diese kann sowenig wie jede andere Form der Kommunikation und des menschlichen Handelns auf symbolische Vermittlung verzichten. Symbolische Politik ist vielmehr symbolisches Handeln zu strategischen Zwecken. Es ist ein Handeln, daß nicht Symbole benutzt, um sich zu vermitteln, sondern das selbst in die Rolle des Symbols schlüpft, um wie jedes Symbol auf etwas anderes zu verweisen. Das andere, auf das symbolische Politik verweist, nämlich fürsorgliches Handeln für das Wohl von Schule und Schülern im Falle Reagans, die Reinigung des Rheins im Falle Töpfers und tausenderlei anderes in tausend anderen Fällen, existiert aber nirgends sonst als im Schein der Wahrnehmung der Symbolhandlung selbst.

Zwar hat alles politische Handeln stets auch eine expressiv-symbolische Seite. Im kritischen Fall – im Fernsehzeitalter mittlerweile sehr häufig – stellt symbolische Politik ein Handeln zur Schau, das nicht wie real fungierende Symbole etwas Wirkliches verdichtet oder auf etwas Wirkliches verweist. Bei solchen symbolischen Inszenierungen ist nicht die Handlung der Schein, sondern der Verweis, den sie durch die scheinbare Handlung auf suggestive Weise nahelegt.

Symbolische Politik ist ein strategisches Handeln, das keine Argumente bietet und keine wahrhaftige Beziehung zwischen seinem ästhetischen Schein und seinem realen Wesen kennt, obgleich sein Schein gerade diese Beziehung sinnlich-bildhaft darstellt, ohne im diskursiven Sinne irgend etwas zu behaupten.

Es gibt auch andere Formen symbolischer Politik durch Sprachhandlungen und Ersatzhandlungen vielfältiger Art. Ulrich Sarcinelli hat viele

---

16 Ulrich Sarcinelli: Symbolische Politik. Zur Bedeutung symbolischen Handelns in der Wahlkampfkommunikation der Bundesrepublik Deutschland, Opladen 1987. Vgl. ferner Thomas Meyer, 1992.

von ihnen einer systematischen Analyse unterzogen.[17] Unter dem Gesichtspunkt der Ästhetisierung von Politik, nämlich einer strategischen Indienstnahme der Wahrnehmung für eine Urteilsbildung des Bürgers, die den Tatsachen widerspricht, ist aber gerade jene besonders verbreitete und besonders wirkungsvolle Inszenierung des politischen Scheins von Interesse, die gesteuerte Sinneseindrücke, in Dienst genommene Bildlichkeit an die Stelle von Information, Interpretation und Diskurs setzt. Für die zunehmende Möglichkeit symbolischer Politik gibt es gewichtige Gründe. Zu ihnen gehören die schmaler werdenden tatsächlichen Gestaltungsspielräume von Politik in hochkomplexen Gesellschaften ebenso wie die immer umfassendere Medienvermittlung der politischen Erfahrung und die wachsende Kluft zwischen der in der öffentlichen Selbstdarstellung immer noch in Anspruch genommenen Allkompetenz der miteinander um öffentliche Gunst und Macht konkurrierenden Politiker und ihrer immer weiter schrumpfenden tatsächlichen Fachkompetenz auf stets kleiner werdenden Feldern. Es gibt eine funktionalistische Erklärung dafür, warum solche Inszenierungen von Politik in unüberschaubar werdenden Gesellschaften ein Segen sind und dafür sorgen, daß sich die Menschen nicht resigniert abwenden. Sie erklärt viel, zu viel, denn sie läßt alle wirklichen Probleme, die daraus für den Anspruch der Demokratie auf mündige Staatsbürger entstehen, offen.

Symbolische Politik ist eine kalkulierte Indienstnahme der Wahrnehmung, um die Urteilsfähigkeit der Bürger zu unterlaufen. Sie erfolgt in der Regel durch Politiker-Medien-Symbiosen, in denen die Politiker das Geschehen so inszenieren, wie es die Medien brauchen, damit es mediengerecht gebracht werden kann. Die Medien können dann, wenn das Geschehen ihnen so geliefert wird, wie es allein die Chance hat, von ihnen bildlich aufgenommen zu werden, darauf verweisen, daß sie nichts anderes tun, als Realitäten zu berichten und darzustellen. Die Mediengesetze und das Darstellungsinteresse der Politik verwachsen zu einem kaum noch zu unterscheidenden Syndrom. Es wird zunehmend zum geheimen Produktionszentrum ästhetischer Politik.

Was aber ist die Folge, wenn die Verführung zur symbolischen Inszenierung als medienbedingter Dauerreiz in der Mediengesellschaft wirkt, wenn die einen vom täuschenden Schein fortwährend geblendet werden und andere das Spiel bald durchschauen und sich verdrossen von ihm abwenden?

Bernhard Claußen hat für die politische Sozialisationsforschung eine Diagnose gestellt: „Es steht zu befürchten, daß im Bewußtsein der Adressaten Politik mehr und mehr zu einer inhaltsarmen Angelegenheit

---

17 Sarcinelli 1987, S. 116 ff.

19

sportiv und locker dreinschauender Akteure wird, denen man als unerreichbare Elite zwar vielleicht generell mißtraut, im häufigen Zweifelsfall dann aber doch die Entscheidung überläßt. Auch wenn Marketing-Gesichtspunkte bei Politikvermittlern allein noch nicht darauf schließen lassen, daß Politik ihre Resteigentümlichkeiten gegenüber der Wirtschaft völlig einbüßt, sind sie doch ein Indikator dafür, daß – ähnlich wie auf dem Felde der industriellen Konsumgüter-Produktion – die Verpackung allmählich wichtiger als das Produkt wird. Wenn es aber dank der dadurch angestifteten Einstellungen und Erwartungen der Wahlbürger dazu erst einmal kommt, werden Politik substanzleer und Demokratie aussichtslos".[18]

3. Die Ästhetisierung der Lebensweise

W. F. Haug hatte in seiner „Kritik der Warenästhetik" schon zu Beginn der siebziger Jahre gezeigt, wie sich die Befriedigung individueller Bedürfnisse in der durch Verführungswerbung vermittelten Massenproduktion auf das Konsumieren des Scheins der Waren verlagert, den die Werbebilder den einzelnen Objekten anheften. Wer ein bestimmtes Waschmittel benutzt, konsumiert den Familienfrieden, den weiße Hemden beim Gatten und bunte Farben bei den Kindern schaffen. Wer eine bestimmte Kaffeesorte anbietet, präsentiert seinen Gästen vor allem seinen eigenen guten Geschmack und das soziale Prestige, das er gern hätte. Wer eine bestimmte Zigarettenmarke raucht, sonnt sich in einer Stimmung der Welterfahrenheit oder der Flucht in entlegene Oasen der Sehnsucht. Die vom Werbeschein glorifizierten Waren werden aus Gebrauchsgegenständen in der Praxis einer sozialethischen Lebensführung selber zu Modellen eines Lebensstils. Der ästhetische Schein eines Lebens tritt an die Stelle des Lebens.

Diese Entwicklung ist durch die prägende Gewalt der Fernsehbilder und der Werbung heute so weit vorangeschritten, daß die ästhetischen Symbole der Lebensführung in beispiellosem Ausmaß aus Ornamenten des Alltagslebens zu dessen Bausteinen werden. Das gilt sowohl im Hinblick auf die Darstellung der eigenen Lebensführung nach außen in ihren für jedermann sichtbaren Zeichen und Symbolen, aber auch – in zunehmendem Maße – nach innen. Die Zeichen und Symbole selbst überneh-

---

18 Bernhard Claußen: Politikvermittlung als Problem lebenslangen Lernens, in: U. Sarcinelli (Hg.): Politikvermittlung. Beitrag zur politischen Kommunikationskultur, Bonn 1987, S. 95.

men dann die Rolle der Sinngebung in der Lebensführung und im Selbstverständnis des einzelnen. Sie werden aus Signalen einer Identität zu ihrer Struktur.

Das gilt für die unterschiedlichen sozialen Gruppen offenbar in unterschiedlichem Ausmaß und jedenfalls in sehr verschiedener Weise. Diese Unterschiede markieren die Differenzen zwischen den sozialen Milieus, in die sich die Gesellschaft der Gegenwart ausfächert. Die Lebensphilosophien, soweit das anspruchsvolle Wort für diesen Wandel noch Sinn macht, nehmen die äußeren Bilder auf und machen sie zu Vorbildern eines Lebensentwurfs im ganzen. Ausdrücklichkeit und Eindrücklichkeit, der Wunsch, die eigene Lebensführung in alltagsästhetischen Symbolen und Zeichen zum Ausdruck zu bringen, und die Übernahme der äußeren Zeichen und Symbole, die an Waren, Verhaltenssritualen, Formen individueller Selbststilisierung, von der Frisur über die Brille, die Kleidung bis hin zur Gestik und Sprache haften, gewinnen identitätsbildende Kraft für die Menschen selbst, weil schon in das vorgeführte Design divergente „Lebensphilosophien" demonstrativ hineingelegt worden sind.

Das war in einem gewissen Ausmaß schon immer so, aber die Gewichte verschieben sich immer deutlicher von der bloßen Ausdrücklichkeit zur Eindrücklichkeit. Für diese Entwicklung gibt es viele Gründe, die allesamt in der Dynamik der modernen Gesellschaft angelegt sind. Sie sind in der soziologischen Literatur vielfach beschrieben worden. Drei dieser Ursachen stechen hervor.

Erstens: Die Lockerung der gebieterischen Knappheit und Not im größeren Teil der sozialökonomischen Unterschichten erlauben ihren Mitgliedern auf dem heutigen Stand der Einkommensentwicklung erstmals eine Orientierung des Lebensentwurfs über die Zwänge des unmittelbaren Überlebenskampfes hinaus. Die Befriedigung der Grundbedürfnisse ist gesichert, ihre Sicherung setzt Energien für einen weiterreichenden Lebensentwurf und eine Fülle nicht auf sie allein bezogener Aktivitäten frei.

Zweitens: Gleichzeitig sind die traditionellen Zwänge der Lebensführung, denen sich anpassen mußte, wer nicht aussondernden sozialen Sanktionen verfallen wollte, in raschen, energischen Schüben innerhalb einer einzigen Generation so weit gelockert worden, daß der einzelne heute zwischen einer Fülle möglicher Entwürfe der Lebensführung nicht nur wählen kann, weil keine sozialen Sanktionen mehr drohen, sondern wählen muß, weil keine verbindlichen Orientierungen mehr verfügbar sind. Darin besteht das Dilemma der Modernisierung. Die Kehrseite der Freisetzung des einzelnen zu einem Lebensentwurf seiner eigenen Wahl, soweit die materiellen Voraussetzungen sie jeweils zulassen, ist die Auflösung verbindlicher Lebensorientierungen.

Drittens: Ebenso wie die sozialen und politischen Institutionen nun zur Disposition des Urteils der von ihnen Betroffenen stehen, können die übergreifenden Weltbilder keine andere Beglaubigung mehr geltend machen als ihre Fähigkeit, viele einzelne halbwegs zu überzeugen. Die Offenheit der sozialen Welt und die Ungewißheit der großen Systeme der Weltdeutung, zumal der Religion, führen dazu, daß der einzelne, der ja seine Identität nur in der Auseinandersetzung mit der gegebenen Welt und ihren Deutungen ausbilden kann, in der Moderne selbst nur noch, wie Peter Berger es nannte, zu einer prekären, unsicher bleibenden Identität gelangt, immer auf der Suche nach sich selbst, stets im Übergang, immer im Ungewissen bleibend, in hohem Maße „bekehrungsanfällig".[19] Da sich nun aber mit der unbezweifelten Geltungsmacht der Religion auch die an ihr orientierte gesellschaftliche Lebenswelt bis auf geringe Restbestände aufgelöst hat und mittlerweile auch die in vielerlei Hinsicht negativ auf sie bezogene große weltanschauliche Subkultur der Arbeiterbewegung, ist der moderne Mensch bei der Auswahl zwischen den in seiner sozialen Welt sichtbaren Lebensformen auf sich allein gestellt. Die Wahl, die er treffen kann, bleibt immer prekär, die Inhalte können kaum noch von einer verbindlichen Metaphysik zusammengehalten und sinnvoll geformt werden.

Unter diesen Umständen gewinnt die sinnliche Symbolstruktur der alltäglichen Bedürfnisbefriedigung und sozialen Kommunikation mit ihren sehnsuchtsvollen Überhöhungen eine neue Bedeutung. Lebensstil wird zum Inhalt. Eine Art symbolischen Lebens findet statt, in dem vieles, was geschieht, nur eine Imitation der in den Medien präsentierten Bilder ist. Es steht nicht für sich selbst, sondern lebt aus den Inhalten, Verheißungen, Sinnversprechungen, die die Medien mit den ästhetischen Symbolen, Zeichen und Objekten verbinden. Symbolisches Leben spielt sich in einer Zeichenwelt ab, die auf einen Sinn verweist, den andere den Zeichen gegeben haben, der aber nicht real, sondern allenfalls bruchstückhaft in der Imagination der Zeichenkonsumenten eingelöst wird.

Die Wahl von Stilen der Alltagsästhetik steht dem einzelnen in einem nie gekannten Ausmaß frei. Damit gewinnt die getroffene Wahl zugleich auch in dem Sinne eine neue Bedeutung, als dem einzelnen selbst und den anderen jederzeit deutlich vor Augen steht, daß der je eigene alltagsästhetische Stil Produkt einer Wahl und nicht von Umständen ist. Er gewinnt daher für die Selbstinterpretation der Person sowie ihre Fremdinterpretation durch andere die Bedeutung einer Selbstenthüllung des eigenen „Wesens". Für den einzelnen wird der alltagsästhetische Stil damit in der Tendenz zu einem symbolischen Korsett, das die prekären

19 Peter L. Berger u. a.: Das Unbehagen an der Modernität, Frankfurt, New York 1975

Suchbewegungen des Ich zusammenhält. Der sinnliche Schein wird zum „Wesen".

Da alltagsästhetische Stilentscheidungen offensichtlich Produkte individueller Wahl geworden sind, gewinnen sie für den einzelnen und die anderen, die ihn wahrnehmen, auch in den Fällen eine herausragende Orientierungs- und Deutungsfunktion, wo sie tatsächlich in ausschlaggebendem Maße eine ethisch bestimmte Lebensphilosophie zum Ausdruck bringen, die diesen Namen im alten Sinne noch verdient.

In jedem Falle werden Wahrnehmungen für die Bestimmung der eigenen Identität, die Zuschreibung einer Identität an die anderen und die Deutung der sozialen Welt in einem Maße bedeutsam, die beispiellos ist. Die Ästhetisierung der individuellen Lebensentwürfe bestimmt das Gesicht der sozialen Welt der Gegenwart. Es ist sehr die Frage, in welchem Maße die einzelnen diese Mechanismen durchschauen. Die Gefahr, daß sie selbst und ihr Leben von Bildern und Wahrnehmungen beherrscht werden, die sie ihrerseits nicht durchschauen und beherrschen, ist groß. Um so größer, als die Suggestivkraft der Bilder auf sinnlichen Wegen wirkt, die ebenso schwer zu durchschauen wie individuell zu meistern sind.

Für die politische Kultur und folglich auch die Aufgaben der politischen Bildung hat diese Ästhetisierung der Lebensweise unter anderem zwei bedeutsame Konsequenzen. Zum einen ist davon auszugehen, daß die Wahrnehmung von Politik und die Hinneigung zu bestimmten Formen der Politikvermittlung von der je spezifischen ästhetischen Lebensweise des einzelnen in ausschlaggebendem Maße geprägt werden. Sie wirkt wie ein ästhetischer Filter. Das wird in den folgenden Kapiteln für die unterschiedlichen sozialen Milieus auf empirischer Grundlage gezeigt werden. Zum anderen ist zu beobachten, daß der einzelne die gebotenen politischen Kommunikationschancen nur noch nutzt, wenn der alltagsästhetische Rahmen, in dem das geschieht, den Prägungen entspricht, die seine ästhetische Lebensweise im ganzen kennzeichnet. Die ästhetische Lebensweise hat mithin eine hochselektive Wirkung für die Situationen und Formen von Politikvermittlung, die die Menschen je nach ihren unterschiedlichen sozialen Milieus suchen oder meiden.

4. Die sozialästhetische Segmentierung

Die Ästhetisierung der Lebensweise bewirkt, daß die westlichen Wohlstandsgesellschaften sich in neuartigem Muster entlang der Unterscheidungslinien der alltagsästhetischen Stile segmentieren. Soziale Milieus sind Lebensstilgemeinschaften, in denen sich Menschen wiedererkennen, die Vorlieben und Abneigungen in der Lebensführung, im Ausdruck der eigenen Person, in ihren Gewohnheiten, in ihrer Sicht der Dinge, ihren Kommunikationsgewohnheiten teilen.

Dies geschieht vermittelt über ein System von Zeichen, das einerseits für jedermann deutlich wahrnehmbar ist und für das sich andererseits jeder im Kontakt mit anderen vorrangig interessiert, um sich im sonst verwirrend vielfältigen und unübersichtlichen Raum der sozialen Beziehungen zu orientieren.

Die neuere, empirisch orientierte Sozialforschung ist sich seit den für diese Sicht bahnbrechenden Arbeiten Bourdieus über die beiden diesen Befund im wesentlichen markierenden sozialen Sachverhalte selbst sehr weitgehend einig: daß nämlich zum einen die Wahrnehmbarkeit und die Wahrnehmung von Lebensstilen in sinnlich ausdrucksvollen Zeichensystemen der Präsentation, des Verhaltens und der typischen Umgebung von Personen deren soziale Zuordnung bestimmen und daß zum anderen die sozialen Großgruppen in ihren inneren Zuneigungen und äußeren Abneigungen gegeneinander in ausschlaggebender Weise von diesen sinnfälligen Zeichensystemen bestimmt werden.

Gerhard Schulze hat in seiner großangelegten Untersuchung über die deutsche Gegenwartsgesellschaft diesen theoretischen Befund noch einmal treffend resümiert. Die sozusagen harmlosen alltagsästhetischen Zeichensysteme, die der einzelne bei der Organisation eines befriedigenden Lebens für sich im Verlaufe einer Lebensgeschichte entwickelt, werden dadurch sozial brisant, daß sie neben ihrer Bedeutung für das Individuum stets zwei weitere Funktionen übernehmen.[20]

Sie symbolisieren seine Lebensphilosophie im ganzen. In ihnen zeigt sich, welche „grundlegenden Wertvorstellungen, zentralen Problemdefinitionen, handlungsleitenden Wissensmuster über Natur und Jenseits, Mensch und Gesellschaft" den einzelnen kennzeichnen. Sie sind also nicht eine verspielte Oberfläche, die mit dem „Wesen" der Menschen nichts zu tun hat, sondern vielmehr der signalhafte Ausdruck dieses „Wesens" selbst.

Und sie dienen – ebendarum – zweitens der Distinktion, der Abgrenzung von anderen mit ihren anderen Lebensstilen und Lebensphilosophien. Wie am Beispiel der beiden sozialen Milieus der Hedonisten und der Kleinbürger im Sinus-Modell sichtbar werden wird, können die Unterschiede in Lebensstil und Lebensphilosophie sich bis hin zur scharfen Entgegensetzung in fast jeder sozial bedeutsamen Hinsicht ausprägen.

Im persönlichen Stil kommt immer gleichzeitig die Zuordnung des einzelnen zu einer sozialen Großgruppe und die Distanzierung oder ge-

---

20 Gerhard Schulze: Erlebnisgesellschaft, Frankfurt 1992

pflegte Ablehnung gegenüber anderen sozialen Gruppen zum Ausdruck. „Distinktion ist immer ‚anti‘, sie setzt voraus, daß man sich von den anderen ein Bild macht, das als Vermeidungsimperativ in die eigene Alltagsästhetik umgesetzt wird . . . Zwischen den Zeilen des Frühlingsgedichtes finden wir eine andere Botschaft: die negative, distinktive Sinngebung der Verachtung des Gewöhnlichen, Brutalen, Schlampigen, Materiellen, Unsauberen, Unbeherrschten".[21]

Weil nun in der Gegenwartsgesellschaft die alltagsästhetischen Elemente der Existenzform gegenüber anderen immer mehr an Bedeutung gewinnen und weil sie selbst immer mehr sind als nur Alltagsästhetik, nämlich der sichtbare Teil einer ethischen Lebensführung, auch wenn die Verbindlichkeit solcher Ethik in nichts anderem mehr besteht als der orientierenden Macht der sinnlichen Zeichensysteme, sind Milieus als soziale Stilgemeinschaften weit mehr als nur Geschmackskoalitionen. Schulze pointiert wegen der grundlegenden Handlungsorientierungen, die – wenn auch mit unterschiedlichem Tiefgang – in den persönlichen Stil eingelagert sind, Stilgemeinschaften als „Glaubensgemeinschaften", mit der Folge, daß alltagsästhetischer Stilwandel von der sozialen Umwelt als eine „normative Konversion" empfunden und sanktioniert wird, so als hätte jemand tatsächlich die Religion gewechselt.

Solche Parallelen sind sicher mit Vorsicht zu genießen. Angesichts des weit vorangeschrittenen Bedeutungsverlusts religiöser und metaphysischer Glaubensüberzeugungen im Leben eines zunehmenden Teils der modernen Menschen in den westlichen Gesellschaften gewinnt dieser Vergleich aber ein beträchtliches Gewicht. Auch solche Verbindlichkeiten in der persönlichen Lebensführung, die im geschichtlichen Rückblick als oberflächlich und im Hinblick auf die großen Werte, die einst das Leben der Menschen beherrschten, als nebensächlich erscheinen mögen, können in einer Zeit, in der sie allein dem Leben des einzelnen Sinn und Richtung geben, für ihn selbst einen Rang gewinnen, der den alten religiösen Mustern in nichts nachsteht.

Da aber die alltagsästhetischen Muster auch gegenwärtig nicht nur für sich selber stehen, sondern für viele noch immer die sinnliche Seite ethischer Lebensformen sind, kommen in ihnen tiefreichende Differenzen in der Weltsicht von Individuen und Gruppen zum Ausdruck. In dieser Hinsicht treten sie das Erbe der sozialen Konfliktmuster an, die ehedem in so scharf absondernden Begriffen wie Stand und Klasse zum Ausdruck kamen.

Es wäre daher eine verhängnisvolle Irreführung, der vom Begriff der „Ästhetik" vielleicht nahegelegten Bagatellisierung zum Opfer zu fallen,

---

21 Schulze 1992, S. 111

es handle sich bei der sozialästhetischen Differenzierung der modernen Gesellschaft um Geschmacksunterschiede in der Lebensführung wie zwischen denen, die Kaffee bevorzugen und denen, die lieber Tee trinken.

Ihren tiefgreifenden, den vollen Ernst von Weltorientierungen mitmeinenden Charakter haben die modernen Milieudifferenzen auch dann, wenn die umstrittene Auffassung zugrunde gelegt wird, sie unterschieden sich heute nicht mehr so voneinander wie ehedem die sozialökonomischen Klassen, sondern nur noch wie Fußballmannschaften in unterschiedlichen Trikots, da es der einzelne selbst in der Hand habe, welchem der sozialen Milieus er sich zugesellt.

In der Soziologie ist die Kontroverse noch nicht ausgetragen, ob die nach alltagsästhetischen Kriterien erfolgende Segmentierung der sozialen Milieus in der Gegenwart nur der modernste Ausdruck der kapitalistischen Klassengesellschaft ist, wie Pierre Bourdieu es sah, oder ob sie eine neue Form der Pluralisierung der im Kern fortbestehenden Klassengesellschaft darstellt, wie Michael Vester meint,[22] oder ob sie eine neue gesellschaftliche Formation darstellt, bei der die soziale Lage und die alltagsästhetischen Lebensstile gleichermaßen für die gesellschaftliche Großgruppenbildung prägend sind, wie es den Analysen von Stefan Hradil entspricht,[23] oder ob es sich vielmehr um eine nur noch horizontale Auffächerung der Gesellschaft handelt, bei der – nun abgelöst von sozialökonomischen Bedingungsfaktoren – die „Beziehungswahl" vollends an die Stelle der „Beziehungsvorgabe" durch sozialökonomisch vorgegebene Lebenslagen getreten ist, wie Schulze es sieht.

Die Stellungnahme in dieser Kontroverse ist nicht nur von theoretischem Interesse, weil sie über die Sicht der Gegenwartsgesellschaft und die Grundfragen ihrer Politik entscheidet. Sie ist auch politisch ausschlaggebend, weil sie bestimmt, welche Art von Ungleichheiten in unserer Gesellschaft die menschlichen Beziehungen beherrschen, und wie sie zu bewerten sind, welche Lebenschancen auf welchem Wege den Menschen zugeteilt werden und wie sich diese Verteilungsprozesse vor dem Kriterium der Gerechtigkeit ausnehmen, das zur Rechtsgrundlage der modernen Gesellschaft gehört. Diese Fragen sind natürlich auch als Thema politischer Bildung von höchstem Interesse.

Für den Einfluß, den die sozialästhetische Differenzierung der Gesellschaft auf die politische Kultur hat, ob sie nämlich neuartige Barrieren der Verständigung errichtet und wie diese gegebenenfalls aus dem Weg geräumt werden können, um politische Kommunikation für demokratische

22 M. Vester, P. v. Oertzen u. a.: Neue Soziale Milieus und pluralisierte Klassengesellschaft, Hannover 1992
23 S. Hradil: Sozialstrukturanalyse in einer fortgeschrittenen Gesellschaft, Opladen 1987

Konsensbildung zu ermöglichen, ist indessen die Frage nach den Kommunikationsbeziehungen zwischen den Milieus von größerem Interesse. Soziale Milieus sind in ihrem Verhältnis zueinander durch zwei höchst gewichtige Merkmale gekennzeichnet. Es sind Gruppen mit erhöhter Binnenkommunikation und mit Distanzierungseinstellungen gegenüber den anderen sozialen Gruppen. Die Mitglieder sozialer Milieus suchen Alltagssituationen auf, in denen Kommunikationsmöglichkeiten zu ähnlichen Menschen zu erwarten sind, und sie meiden Situationen, in denen sie den Kommunikationserwartungen von Menschen anderer Milieuzugehörigkeit ausgesetzt wären. Das zerklüftet auf höchst folgenreiche Weise den sozialen Raum.

Die Selbstzuordnung zu dem einen Milieu und die Distanzierung gegenüber den anderen Milieus laufen über die Wahrnehmung von sichtbaren und schon über flüchtige Eindrücke erlebbaren alltagsästhetischen Signale, die jeder Mensch fortwährend unwillkürlich aussendet durch das, was er tut oder läßt, wie er sich gibt, wie er sich kleidet, bewegt, verhält, redet und auf die Situationen reagiert, in denen er sich von Fall zu Fall befindet. Schulze spricht von drei unvermeidlich stets geöffneten Fenstern, durch die jeder allen Beobachtern Einblick in seine Person verschafft: „Erstens Körpersprache (Gestik, Mimik, Bewegungsabläufe, Erregung, Schwitzen, Atmung, Stimme u. a.), zweitens alltagsästhetische Episoden (das Aufeinanderfolgen manifester Wahlen von Situationen, Personen, Erlebnisangeboten, denen Beobachter einen subjektiven Sinn unterstellen können), schließlich drittens gefühlsorientierte Selbstbeschreibungen, freilich oft getrübt durch Rationalisierungen, Beschönigungen, Verschleierungsversuche oder auch nur sprachliche Unfähigkeit".[24]

Die Gestalt der auf diese Weise unwillkürlich jederzeit wahrzunehmenden alltagsästhetischen Muster strukturiert gesellschaftliche Beziehungs- und Handlungsfelder und bildet in diesem Sinne die Bausteine einer Sozialästhetik. Der Begriff „Sozialästhetik" soll den sozialhistorisch neuartigen Sachverhalt zum Ausdruck bringen, daß die alltagsästhetischen Muster in zunehmendem Maße die alten sozialökonomischen Differenzierungsmuster überlagern und sie tendenziell zu verdrängen beginnen. Aus dieser Tendenz resultiert das enorme soziale Gewicht der alltagsästhetischen Unterschiede, das weit größer ist als der Begriff der Alltagsästhetik ahnen läßt, da dieser doch im alltagssprachlichen Verständnis eher an Geschmacksunterschiede nachgeordneter Bedeutung denken läßt, die mehr für die betroffenen Individuen selbst als für ihre sozialen Beziehungen zueinander von Bedeutung sind.

---

24 Schulze 1992, S. 253

Wenn die Selbstzuordnung zu sozialen Gruppen seit kurzem nicht mehr überwiegend durch die sozialökonomische Lage dem einzelnen gebieterisch vorgegeben ist, sondern immer mehr den Charakter einer Wahl zwischen vielen Möglichkeiten annimmt, diese Zugehörigkeit aber dennoch ihre weitreichende Bedeutung für die soziale Orientierung des einzelnen behält, dann gewinnen die sozialästhetischen Differenzierungsmuster eine erhebliche soziale Brisanz.

Alltagsästhetischen Mustern wächst unter diesen Umständen in einem, in der letztgültigen Gewichtung vielleicht umstrittenen, aber in jedem Falle beträchtlichen Ausmaß die Brisanz sozialer Konfliktlinien zu oder sie übernehmen, genauer gesagt, Funktionen, die bislang die sozialökonomischen Konfliktlinien innehatten. Das gilt zumindest für Kommunikationsbedürfnisse und -formen, es gilt aber auch für die Erwartungen an Politik, an die politische Kultur und an den Stil der politischen Auseinandersetzungen.

Mit folgenreicher Geräuschlosigkeit treten Entfremdung, der Abbruch von Kommunikationsbeziehungen und das Erlahmen gegenseitigen Interesses an die Stelle der alten sozialökonomischen Konfliktlinien und ihrer subkulturellen Ausdrucks- und Erlebnisformen. Konflikte machen sich im Gegensatz zu Entfremdung lautstark geltend und drängen in das Zentrum des öffentlichen Interesses. Sie bewirken die Thematisierung ihrer Ursachen und Inhalte und fordern politisches Handeln heraus. Die neue Form sozialästhetischer Entfremdung tut dies alles nicht. Sie zerreißt soziale und politische Kommunikations- und Lebenszusammenhänge, ohne daß dieser Sachverhalt ins öffentliche Bewußtsein dringt und politisches Handeln auf den Plan ruft. Eine stumme Segmentierung der Gesellschaft ist die Konsequenz, die möglicherweise folgenreicher ist und schwerer zu beheben, als es die Vorherrschaft der sozialökonomischen Klassenteilung der Gesellschaft sein konnte.

Die sozialästhetische Differenzierung der gegenwärtigen Gesellschaft zerklüftet deren politische Kultur auf neuartige Weise und schafft neuartige Schwierigkeiten und Hindernisse nicht nur für die Inhalte möglicher politischer Verständigung, sondern auch für die Formen der Kommunikation und Kooperation, in denen sie erfolgen kann. „Für die Konstitution sozialer Milieus haben Gestaltvorstellungen zentrale Bedeutung: Sie definieren milieuspezifische Normalität, regulieren die Richtung der Anpassung von Existenzformen, sind Kriterien stilbezogener Sanktionen, begünstigen milieuinterne Binnenkommunikation und wirken als Hindernis für die Aufnahme milieu-überschreitender Beziehungen."[25]

In den Diskussionen der Soziologie und der politischen Soziologie ist

---

25 Schulze 1992, S. 170

gegenwärtig umstritten, ob die in ihrer Existenz und alltagsästhetischen Verfassung weitgehend ähnlich beschriebenen und gedeuteten sozialen Milieus die alte sozialökonomische Klassenstruktur kapitalistisch verfaßter Industriegesellschaften tatsächlich verdrängen oder nur überlagern. Während Vester in seinen empirischen Analysen der sozialen Milieusegmentierung anhand der vom Sinus-Institut beschriebenen Sozialmilieus zu dem Ergebnis gelangt, daß die Möglichkeitsspielräume der subjektiven Zuordnung des einzelnen zu den gegenwärtig bestehenden Sozialmilieus weiterhin in ausschlaggebendem Maße durch die sozialökonomische Lage des einzelnen begrenzt sind und daher für die gesamte Milieustruktur den Begriff der „pluralisierten Klassengesellschaft" wählt,[26] sieht Schulze als Ergebnis seiner Untersuchungen die begrenzende Funktion der sozialen Lagen vollends schwinden, so daß er die fast nur noch durch subjektive Milieuwahl strukturierte Gesellschaft auf den Begriff der „Erlebnisgesellschaft" bringt. Unstrittig bleiben beide Male die Milieustruktur selbst in ihrer alltagsästhetischen Verfassung und die Bedeutung, die sie für die lebensweltliche Orientierung des einzelnen hat. Die Streitfrage ist nur, ob der einzelne sozusagen die freie Auswahl zwischen allen tatsächlich gegebenen sozialen Milieus hat oder nur innerhalb eines durch seine ökonomischen Möglichkeiten begrenzten Spektrums wählen kann. Das Lebensweltkonzept des Sinus-Instituts nimmt für die Abgrenzung der von ihm vorgeschlagenen Sozialmilieus gleichermaßen die Alltagsästhetik, die allgemeinen Wertorientierungen und die soziale Lage der Betroffenen in Anspruch, so daß die sozialen Milieus selbst schon die jeweils sozialökonomisch realistische Bandbreite der Wahlmöglichkeiten von Lebensstilen für das Individuum zum Ausdruck bringen.

Für die politische Kultur der Gesellschaft hat die enorm gewachsene Bedeutung der Alltagsästhetik im wesentlichen zwei strukturbildende Folgen, die ihrerseits in mehrfacher Hinsicht für politische Bildung von fundamentalem Interesse sein müssen. Zum einen entwickeln sich die Kommunikationsgewohnheiten der sozialen Milieus weit auseinander. Wie die empirischen Untersuchungen des Sinus-Instituts im einzelnen belegen, sind beispielsweise die Neigungen, politische Veranstaltungen zu besuchen, soziale Kommunikation im näheren und weiteren Umfeld zu suchen oder sich in der Freizeit im wesentlichen dem Fernsehen zu überlassen, höchst unterschiedlich ausgeprägt. Das gilt, wie wir aus anderen Untersuchungen wissen, besonders auch für die Formen politischer Kommunikation und politischen Handelns, die man schätzt und die man gegebenenfalls selber wählt. Vor allem in der Neigung und Fähigkeit, mit

---

26 Vester/von Oertzen u. a. 1992

anderen Gespräche zu führen, sind die Milieuunterschiede frappant und korrespondieren, kaum überraschend, negativ mit der Rolle des Unterhaltungsfernsehens in den Kommunikationsgewohnheiten der Milieus.

Gewohnheiten, die das Such- und Vermeidungsverhalten der Milieuangehörigen ausschlaggebend prägen und sich in der fortwährenden Wiederholung der entsprechenden alltagsästhetischen Erlebnisepisoden immer mehr verfestigen, prägen die Kompetenzen und sozialen Inkompetenzen der Milieuangehörigen nachhaltig. Für die Erreichbarkeit der auf diese Weise sehr unterschiedlich geprägten Menschen und für die Lernziele und Methoden, die politische Bildung wählen muß, um allen die soziale und politische Kompetenz zu ermöglichen, die politische Teilhabe wahrscheinlich macht und zum Erfolg werden läßt, sind diese Unterschiede als Ausgangslagen der unterschiedlichen Adressatengruppen von großer Bedeutung.

Die andere strukturelle Folge für die politische Kultur besteht in der wachsenden Segmentierung der sozialen und politischen Kommunikationsgewohnheiten. Sie und die ihnen zugrundeliegenden tiefergreifenden Weltbilddifferenzen zwischen den sozialen Milieus erschweren auf fatale Weise die Chance, auf politischem Wege Kommunikationsgelegenheiten zu organisieren, die von den Angehörigen der unterschiedlichen Milieus annähernd gleich gern genutzt werden, um die großen politischen Diskurse zu führen, von deren Ergebnissen doch alle am Ende gleichermaßen betroffen sein werden. Denn von den Kernfragen des Gemeinwesens, von der Wirtschafts- bis zur Bildungspolitik, von der Umwelt- bis zur Sozialpolitik, von der Verkehrs- bis zur Kommunalpolitik, um nur diese Beispiele zu nennen, bleiben unvermeidlich alle betroffen, wenn auch wie eh und je gerade nicht auf dieselbe Weise. Wenn politische Fragen einer alten Definition zufolge diejenigen Fragen des Gemeinwesens sind, von denen alle betroffen sind, dann handelt es sich eben immer um Fragen, an deren Entscheidung in der Demokratie alle beteiligt sein sollten, es sei denn, die Legitimationsgrundlage der Demokratie selbst soll in Frage gestellt werden. Und wenn die politischen Regulationsprinzipien der Demokratie Integration und Kompromiß sind sowie Mehrheitsentscheidungen über konkurrierende Gemeinwohlentwürfe, dann ist die politische Kultur der Demokratie ihrem Wesen nach auf die Chance der politischen Kommunikation zwischen mehrheitsfähigen Großgruppen und – potentiell – allen Mitgliedern der Gesellschaft im ganzen angewiesen.

Die aus der Milieusegmentierung der Gesellschaft resultierende hochgradige Zerklüftung zunächst der politischen Kultur und infolgedessen auch der politischen Organisationskultur zeigt die Tendenz zur zunehmenden Segmentierung auch der politischen Kommunikationszusammenhänge. Die Gesellschaft zerfällt in Klein- und Kleinstgruppen, zwischen denen die sozialen und politischen Fäden reißen. Der soziale Raum wird, was politische Kultur und politische Kommunikation anbelangt, durch viele Barrieren verschlossen. Die großen politischen Parteien können seit langem ein Lied davon singen. Mit dieser Zerklüftung schwindet aber die stets über Kommunikation und Kommunikationschancen vermittelte politische Integrationsfähigkeit komplexer Demokratien im ganzen. Um das Dilemma an einem Beispiel aus der SPD und den Milieus ihres sozialen Einzugsbereichs zu veranschaulichen. Wie müßte eine Ortsvereinsversammlung beschaffen sein, damit sich in ihr gleichermaßen Arbeiter aus dem Traditionslosen Arbeitermilieu, die Fernsehunterhaltungskonsum als Gipfel des Freizeit- und Kommunikationsvergnügens empfinden und ihre Freizeit ausschlaggebend nach diesem Maßstab organisieren, Arbeiter aus dem Traditionellen Arbeitermilieu, für die noch die Überlieferungen der alten Arbeiterbewegung Bedeutung haben, Kleinbürger mit ihrer Harmonie- und Ordnungswelt und ihrer Vorliebe für die private Idylle, Vertreter des Technokratisch-liberalen Milieus mit ihrer Kommunikationskultur der Effizienz und der Abneigung gegen Stallgeruch und Vereinsatmosphäre und schließlich Hedonisten mit ihrer Kultur gepflegter Sinnlichkeit einigermaßen wohlfühlen und im übrigen überzeugt sein können, politisch wirkungsvoll zusammenzuarbeiten?

Die divergenten Ansprüche an eine den jeweiligen Bedürfnissen der Alltagsästhetik gerecht werdende Veranstaltungskultur, die zudem noch den unterschiedlichen Kriterien politischer Rationalität und Effektivität entsprechen soll, kommt einer Quadratur des alltagsästhetischen Kreises gleich. Kein Wunder, daß das Erfolgsrezept für diese widerspruchsvolle Integrationsaufgabe bis heute nicht gefunden ist. Wie aber soll dann eine politische Integration der Erfahrungen, der Zugehörigkeitsgefühle, der Interessen, der sozialen und politischen Wahrnehmungen erfolgen, in der sich alle einigermaßen authentisch repräsentiert fühlen können? Die Antwort ist einfach. Sie bleibt aus. Entfremdung, Distanz, Differenzen wachsen. Der soziale Raum ist blockiert. Wege zur Öffnung des sozialen Raumes sind kaum noch zu sehen. Die alltagsästhetischen Adern und Kapillargefäße, aus denen sich Gemeinschaftserfahrungen und soziopolitische Einigungsprozesse speisen könnten, sind abgeklemmt. Parteien und andere soziale und politische Großorganisationen werden ihrer originären und für die Demokratie überlebenswichtigen Aufgabe der politischen Integration immer weniger gerecht.

Eine politische Kultur, die unter diesen veränderten Umständen sozialästhetischer Segmentierung die Chancen zu einem gesamtgesellschaftlichen politischen Diskurs in den sozialen Kommunikationsformen schafft, müßte die Offnung des sozialen Raumes organisieren. Daran mitzuwirken dürfte künftig eine der zentralen Aufgaben politischer Bildung sein.

Es zeigt sich, daß die Überlagerung oder gar Verdrängung der alten industriegesellschaftlichen Konfliktlinien durch die neuen Mechanismen der sozialästhetischen Differenzierung einen hohen Preis fordert. An die Stelle des Konflikts treten Entfremdung und die Abwendung voneinander. Das ist nicht nur deswegen ein gravierendes Problem für die politische Kultur der Demokratie, weil auf diese Weise Verständigung oder Streit über fortbestehende Konflikte erschwert und diese durch Entthematisierung verhärtet oder verdrängt werden. Es handelt sich vor allem deshalb um eine ernste Herausforderung, weil unter den neuen Bedingungen die sozialen Abgrenzungslinien vervielfältigt werden und selbst zwischen den Teilgruppen, die bei den großen sozialökonomischen oder anderen politischen Konfliktlinien auf derselben Seite stehen, Kommunikation und Verständigung unwahrscheinlicher werden: eine Herausforderung, die im Interesse gesamtgesellschaftlicher Integration dringend praktischer Antworten bedarf.

Teil II:
Alltagswelt, Lebensstile und soziale Milieus

1. Die Alltagswelt: Zur Objektivität des Subjektiven

Die „Alltagswelt" als sozialphilosophische und soziologische Kategorie geht zurück auf den Versuch Husserls und seines Schülers Schütz, dem (naiven) Objektivismus der positivistischen Wissenschaften durch Rückbesinnung auf „die Lebenswelt als der allen Deutungen vorausliegenden Welt"[1] eine phänomenologisch-subjektivistische Analyse von Sinnkonstitution gegenüberzustellen. Die *Lebenswelt* ist nach Berger/Luckmann dem erkennenden Subjekt nicht nur als universale Wirklichkeit zugeordnet und vorgegeben, es ist sich „der Welt als einer Vielfalt von Wirklichkeiten (auch) bewußt".[2]

Die Alltagswelt ist im Verständnis dieser beiden Autoren mit der Lebenswelt (dem Insgesamt von Wirklichkeiten) jedoch nicht einfach identisch, sondern ihr „vornehmster" Spezialfall, „Wirklichkeit par excellence". Alltagswelt konstituiert sich im Bewußtsein des Individuums „in der massivsten, aufdringlichsten, intensivsten Weise. In ihrer imperativen Gegenwärtigkeit ist sie unmöglich zu ignorieren, ja auch nur abzuschwächen". Sie wird von ihm als „normal und selbstverständlich" angesehen.[3]

Was hat es nun aber mit dieser Alltagswirklichkeit auf sich, die wir angeblich als normal und selbstverständlich erfahren? Berger/Luckmann beschreiben sie als „um das ‚Hier' meines Körpers und das ‚Jetzt' meiner Gegenwart herum angeordnet". Man erlebe die Alltagswelt in verschiedenen Graden von Nähe und Ferne, räumlich wie zeitlich. Dem Individuum am nächsten sei die Welt der „direkten körperlichen Handhabung . . ., die Welt, in der ich mich betätige, deren Wirklichkeit ich modifizieren kann, die Welt, in der ich arbeite". An diesen Bereich alltagsweltlicher Unmittelbarkeit – nach Schütz die einzige Welt, in die wir uns durch unsere Handlungen einschalten können – schlössen sich fernere Zonen von Wirklichkeit an, die auf diese Weise nicht zugänglich und

---

1 Ronald Hitzler und Anne Honer: Lebenswelt – Milieu – Situation, in: KZfSS, Jg. 36, 1984, S. 58

2 Peter L. Berger/Thomas Luckmann: Die gesellschaftliche Konstruktion der Wirklichkeit, Frankfurt/Main 1969, S. 24

3 Berger/Luckmann 1969, S. 24

für das Individuum daher zumeist auch von weniger drängendem Interesse seien. So sei ein Automechaniker von dem, was in seiner Werkstatt vor sich gehe, unmittelbarer betroffen als von den Vorgängen in den Testlaboratorien der Automobilindustrie, die sich jedoch unter Umständen auf seine Alltagswelt auswirken könnten. Darüber hinaus könne man sich z. B. auch dafür interessieren, was in einem Raumfahrtzentrum vor sich gehe oder gar im Weltraum, doch derartiges Interesse sei „eher Privatsache, ‚Freizeitbeschäftigung' nach Wahl, keine dringende Notwendigkeit meiner Alltagswelt", so Berger/Luckmann.[4] Etwas lakonischer fällt das Anwendungsbeispiel bei anderen Autoren aus: „Tapetenwechsel im Wohnzimmer" wird im Alltagsleben gemeinhin als große Veränderung wahrgenommen, „kaum jedoch ein Regierungswechsel"![5]

Wir sehen, das Theorem der Alltagswelt läßt sich zunächst nicht ohne Irritationen aus der Welt phänomenologischer Reflexion in die auf stimmige Operationalisierungen erpichte Welt empirischer Alltagsforschung verpflanzen. In der Tat bereitet es einige Schwierigkeit, den Begriff der Alltagswirklichkeit von Wirklichkeiten anderer Art abzugrenzen, zumal erstere phänomenologisch als „oberste" Wirklichkeit gedeutet wird, als die Sphäre subjektiver Sinnkonstitution schlechthin, in welcher andere Wirklichkeiten „umgrenzte Sinnprovinzen" bilden, „Enklaven" gleich: „Ihre Grenzen sind markiert durch fest umzirkelte Bedeutungs- und Erfahrungsweisen. Die oberste Wirklichkeit umhüllt sie gleichsam von allen Seiten und das Bewußtsein kehrt immer wieder wie von einer Reise zu ihr (der Alltagswirklichkeit, d. Verf.) zurück."[6] So siedeln Berger/ Luckmann religiöse, aber auch ästhetische Erfahrungen als „Wirklichkeitsenklaven", d. h. nicht-alltägliche Wirklichkeiten, außerhalb der Alltagswirklichkeit an. Kunst und Religion werden somit durch *Grenzübergänge* zwischen Alltagswirklichkeit und ihren „Enklaven" erfahrbar.

Aus Sicht der empirischen Sozialforschung erscheinen solcherart idealisierende Festlegungen des Alltagsbegriffs wenig praktikabel, zumal sie im Einzelfall zu einer angreifbaren Kasuistik führen müßten, was denn nun z. B. eine alltagsästhetische Erfahrung sei und wo die Grenze zur „Sinnprovinz" Kunst überschritten wird, was zur alltäglichen religiösen Übung von Menschen gehört und wo nicht-alltägliche religiöse Erlebnisse beginnen. Uns erscheint es plausibler, sinnvoller und konsequenter, die Alltagswirklichkeit, besser: die Alltagswirklichkeit*en*, von Menschen jeweils aus deren subjektiver Sicht, so, wie *sie* ihren „Alltag"

---

4 Berger/Luckmann 1969, S. 25
5 Kurt Hammerich und Michael Klein: Alltag und Soziologie, in: dies. (Hrsg.): Materialien zur Soziologie des Alltags, KZfSS, Sonderheft 20/1978, S. 12
6 Berger/Luckmann 1969, S. 28

sehen und verstehen, zu erforschen und zu beschreiben. Berger/Luck-
mann liefern für diese empirisch-subjektive Bestimmung des Alltagsbegriffs selbst die überzeugendste Argumentation:
„Wenn wir jedermanns Wirklichkeit beschreiben wollen, müssen wir
uns mit jedermanns Interpretation seiner Wirklichkeit auseinandersetzen
und dem Charakter der ‚Gewißheit' von jedermanns Wirklichkeit Rechnung tragen . . ."[7]
Der Fairneß halber sollten wir anfügen, daß die Autoren diese Aufforderung in „phänomenologischen Klammern", wie sie schreiben, verstanden wissen wollen, was uns nicht daran hindern soll, sie als überzeugende
sozialwissenschaftliche Programmatik außerhalb der bewußten Klammern zu akzeptieren, ermöglicht sie uns doch zu leisten, was wir
erreichen wollen, nämlich die *subjektive* Dimension gesellschaftlicher
Wirklichkeit wissenschaftlich erfahrbar zu machen. Allerdings hielten
wir es für wenig überzeugend, die Einäugigkeit sogenannter objektivi-
stischer sozialwissenschaftlicher Sichtweisen unsererseits nun durch
subjektivistische Einäugigkeit zu ersetzen. „Es gibt keinen Grund",
schrieb Norbert Elias der ‚Soziologie des Alltags' ins Stammbuch, „daß
die Erforschung von Strukturen des gesellschaftlichen Zusammenlebens
(die, wenn einseitig betrieben, gewiß ‚objektivistisch' genannt werden
kann) und die Erforschung des Sinnes, in dem die beteiligten Menschen
selbst die verschiedenen Aspekte ihres Zusammenlebens erfahren (die,
wenn einseitig betrieben, recht wohl ‚subjektivistisch' genannt werden
kann), miteinander unverträglich seien".[8]
Der von uns in der zweiten Hälfte der siebziger Jahre für das Sinus-
Institut entwickelte Milieuansatz versuchte diese Einsicht ebenso for-
schungspraktisch umzusetzen, wie z. B. – von anderer theoretischer Warte
aus – Bourdieus Untersuchungen zur Struktur der französischen Gegenwartsgesellschaft, deren Erkenntnislogik auf die dialektische Verknüpfung
von objektivem und subjektivem Sein zielt. Diese *in sich doppelte Realität*
des Seins, so argumentiert Bourdieu, erfordere die Überwindung der un-
sinnigen Alternative zwischen „Sozialphysik" (die sich häufig durch die
bloße Erfassung materieller Eigenschaften in ökonomistischem Objektivismus erschöpfe) und „Sozialphänomenologie" (die nicht selten –
idealistischem Weltverständnis nacheifernd – rein subjektivistische oder
nominalistische Definitionen sozialer Wirklichkeit liefere). Bourdieus
soziokulturelle Klassentheorie, auf die wir später noch genauer eingehen
werden, versucht nun in der Tat, die „Physik" mit der „Phänomenologie" zu
versöhnen, indem sie Interdependenzen zwischen Sozialstruktur und Ge-

---

7 Berger/Luckmann 1969, S. 23
8 Norbert Elias: Zum Begriff des Alltags, in: Hammerich und Klein 1978, S. 23

35

schmackskulturen nachspürt, also gleichsam die ästhetischen Ausformungen (klassen)spezifischer sozialer Ungleichheit in ihren vielfältigen Wirkungszusammenhängen offenzulegen sucht (Bourdieu: die „Dialektik zwischen Klassenlage und Klassensinn"!).[9] Klassenanalyse und Lebensstilanalyse sind für ihn kein Widerspruch trotz der sehr unterschiedlichen Denk- und Forschungstraditionen, die sie repräsentieren.

Bevor wir nun unseren eigenen Ansatz näher erläutern, wollen wir zunächst einige Arbeiten der jüngeren Lebensstilforschung diskutieren (Bourdieu eingeschlossen), die sich mit der Untersuchung der ästhetischen Dimension sozialer Ungleichheit befassen.

2. Lebensstilanalyse: Zur empirischen Bestimmung sozialästhetischer Ungleichheit

Als Gründerväter des Lebensstil-Theorems gelten den Sozialwissenschaften heute Max Weber, Thorstein Veblen und Georg Simmel.[10]

Für Simmel ist der „Stil des Lebens" in der Moderne dadurch gekennzeichnet, daß dem unablässigen Wachstum der kulturellen Vielfalt ein „Objektivierungsprozeß der Kulturinhalte" gegenüberstehe, der „zwischen dem Subjekt und seinen Geschöpfen eine immer wachsende Fremdheit stiftet", bis „in die Intimitäten des täglichen Lebens hinunter (Die Wohnungseinrichtung, die Gegenstände, die uns zu Gebrauch und Zierde umgeben . . .")[11]. „Daß die sämtlichen Anschauungsinhalte unseres Kulturlebens in eine Vielheit von Stilen auseinandergegangen sind, löst jenes ursprüngliche Verhältnis zu ihnen, in dem Subjekt und Objekt noch gleichsam ungeschieden ruhen, und stellt uns einer Welt nach eigenen Normen entwickelter Ausdrucksmöglichkeiten, der Formen, das Leben überhaupt auszudrücken, gegenüber, so daß eben diese Formen

---

9 Pierre Bourdieu: Sozialer Sinn. Kritik der theoretischen Vernunft, Frankfurt/Main 1987a, S. 256

10 Vgl. dazu: Hans-Peter Müller: Sozialstruktur und Lebensstile. Der neuere theoretische Diskurs über soziale Ungleichheit, Frankfurt/Main 1992, S. 371ff. und ders.: Lebensstile. Ein neues Paradigma der Differenzierungs- und Ungleichheitsforschung, in: KZfSS, Jg. 41, 1989, S. 54f.; Müller weist auf die Paradoxie (so der Autor) hin, daß Webers Begriff der „Lebensführung", von Gerth/Mills (Hans H. Gerth/C. Wright Mills, Hrsg.: From Max Weber. Essays in Sociology, New York 1946) und Tumin (Melvin Tumin: Schichtung und Mobilität, München 1968) als „style of life" ins Englische übertragen, erst auf dem Umweg über die amerikanische Literatur wieder nach Deutschland zurückgekommen ist.

11 Georg Simmel: Philosophie des Geldes, München und Leipzig 1922[4], S. 519 (zuerst 1900)

einerseits und unser Subjekt andrerseits wie zwei Parteien sind, zwischen denen ein rein zufälliges Verhältnis von Berührungen, Harmonien und Disharmonien herrscht."[12] Die Pluralisierung des stilistischen Repertoires ermöglicht einerseits, so Simmel, die Freiheit des Individuums, zwischen unterschiedlichen Stilen zu wählen, bewirkt aber andererseits auch die moderne Bindungslosigkeit zwischen diesem und den ihm in unübersichtlicher Fülle „objektiv" gegenüberstehenden kulturellen Inhalten. Simmel formulierte damit bereits um die Jahrhundertwende eine im Grunde anomietheoretische Deutung sozialästhetischer Segmentierung, auf die wir noch zurückkommen werden.

Veblen beschreibt in seiner „Theorie der feinen Leute" die Distinktionssymbolik, mit der auf unterschiedlichen Stufen der gesellschaftlichen Entwicklung die jeweils herrschenden Schichten ihren Status zum Ausdruck bringen. In der vormodernen agrarischen Gesellschaft geschehe dies z. B. durch demonstrative Muße („conspicuous leisure"), in der modernen, meritokratisch orientierten Gesellschaft über die Demonstration prestigeträchtigen Konsums („conspicuous consumption").[13] Am nachhaltigsten hat jedoch wohl Webers Begriff der „Lebensführung" das heutige soziologische Lebensstil-Konzept beeinflußt.

Webers Gesellschaftsanalyse unterscheidet grundsätzlich zwischen „Klassen" (z. B.: „Besitz- und Erwerbsklassen") und „Ständen" (z. B.: Adel, Honoratioren, bestimmte Berufsstände). Klassen sind durch ökonomische Faktoren, durch ihre Stellung im Produktionsprozeß, definiert, „Stände" dagegen durch ihre Lebensführung, d. h. durch gemeinsame stilistische Merkmale, die sie von anderen abgrenzen sollen (z. B. durch Heirat, Kleidung, Traditionen, Berufe, die „man" ergreift oder nicht usw.). So kann die Klassenlage eines Adeligen, je nachdem ob er besitzend ist oder nicht, durchaus variieren, durch die Symbolik seiner Lebensführung signalisiert er jedoch seine spezifische Standeszugehörigkeit. Für unsere Gedankenführung ist nun unwesentlich, daß es zwischen den Weberschen Klassen und Ständen natürlich Berührungen, Verknüpfungen und Überschneidungen gibt, wichtig ist vielmehr, daß hier soziale Gruppen durch ihren *Lebensstil* definiert werden, durch „charakteristische Gemeinsamkeiten des Denkens und Handelns"[14] bis hin zu Merkmalen, die wir als alltagsästhetische Ausdrucksformen identifizieren würden.

---

12 Simmel 1922, S. 523 f.
13 Thorstein Veblen: Theorie der feinen Leute. Eine ökonomische Untersuchung der Institutionen, Frankfurt/Main 1986² (zuerst 1899)
14 Karl Martin Bolte/Stefan Hradil: Soziale Ungleichheit in der Bundesrepublik Deutschland, Opladen 1988, S. 44

Der Heidelberger Soziologe Hans-Peter Müller weist in seiner sehr gründlichen Aufarbeitung des Lebensstil-Ansatzes darauf hin, daß in den Arbeiten dieser Klassiker bereits alle theoretischen und analytischen Elemente moderner sozialwissenschaftlicher Lebensstilforschung angelegt seien. Er unterscheidet dabei zwischen soziologischen und psychologischen Lebensstil-Konzepten. Während der psychologische Lebensstilbegriff im Sinne persönlichkeitspsychologischer Deutung auf die „ganzheitliche Organisation der Persönlichkeit", auf den „Persönlichkeitsstil" ziele, bezeichne „Lebensstil" in der Weberschen Tradition stets die spezifische Lebensweise von Gruppen.[15]

In der modernen soziologischen Lebensstilanalyse sieht Müller jedenfalls den erfolgversprechendsten theoretischen Ansatz für die Erforschung sozialer Ungleichheit überhaupt, da sie eine Art „Mittelweg zwischen den beiden extremen Gesellschaftsinterpretationen – der These von der unverminderten Fortexistenz einer Klassengesellschaft und der These einer hochdifferenzierten und individualisierten ‚Risikogesellschaft'" eröffne.[16] Als analytisches Gerüst schlägt er schließlich vier Verhaltensdimensionen vor, die Lebensstile konstituieren: 1. „expressives Verhalten" (Freizeitaktivitäten, Konsummuster), 2. interaktives Verhalten (Geselligkeitsformen, Heiratsverhalten, Muster der Mediennutzung), 3. evaluatives Verhalten (Wertorientierungen und damit verknüpfte Verhaltensmuster), 4. kognitives Verhalten, das „die Selbstidentifikation, die Zugehörigkeit und die Wahrnehmung der sozialen Welt überhaupt steuert". Im Rahmen dieser vier Dimensionen, so Müller, können Lebensstile „soziologisch aussichtsreich" erforscht werden.[17]

Müller sucht mit seiner Akzentuierung des Lebensstilkonzepts in einem Streit zu vermitteln, der die soziologische Diskussion der letzten Jahre in der Bundesrepublik beherrscht hat. Letztendlich geht es dabei um die Frage nach Grad und Art der Differenziertheit moderner Industriegesellschaften und deren strukturbildenden Prinzipien ebenso wie nach dem Ausmaß der Freiheit des Individuums, seinen Lebensstil selbst zu be-

---

15 Müller 1992, S. 373f.
16 Müller 1992, S. 380; Becks These vom Entstehen einer „Risikogesellschaft" behauptet die allmähliche Auflösung aller zwischen dem einzelnen und der Gesellschaft vermittelnden Strukturen: „. . . Individuum und Gesellschaftsstruktur werden mehr und mehr sozusagen *direkt* kurzgeschlossen, so daß das *Kollektivschicksal unmittelbar in ein individuelles Schicksal und in psychische Konflikte umschlägt und durchschlägt"*, Ulrich Beck: Jenseits von Klasse und Stand? Soziale Ungleichheiten, gesellschaftliche Individualisierungsprozesse und die Entstehung neuer sozialer Formationen und Identitäten, in: Reinhard Kreckel (Hrsg.): Zur Theorie sozialer Ungleichheiten, Sonderband 2 der Sozialen Welt, Göttingen 1983, S. 57; vgl. auch ders.: Risikogesellschaft. Auf dem Weg in eine andere Moderne, Frankfurt/Main 1986
17 Müller 1992, S. 377 f.

38

stimmen. Sind „alltagsästhetische Beziehungswahlen" – um die Frage auf unser Erkenntnisziel zuzuspitzen – tatsächlich in die Beliebigkeit des einzelnen gestellt, unabhängig von Schichtzugehörigkeit oder Klassenschicksal, oder bilden wir uns diese Freiheit, auf die wir nach jedem gelungenen Einkaufsbummel so stolz sind, nur ein? Bourdieus Antwort jedenfalls fällt eindeutig aus. So demonstriert er am Beispiel von Musikstücken, denen er unterschiedliche Geschmacksdimensionen zuordnet, den Zusammenhang zwischen sozialer Lage und ästhetischem Urteil. Während z. B. Bachs „Wohltemperiertes Klavier" (*legitimer Geschmack*) von Angehörigen des Bildungsbürgertums bevorzugt wird (Gymnasiallehrer, Hochschullehrer), erreicht die „Rhapsody in Blue" (*mittlerer Geschmack* = „minderbewertete Werke der legitimen Künste") bei gehobenen Verwaltungsangestellten und Technikern, aber auch in Teilen des alten Besitzbürgertums (Industrielle, Großkaufleute) hohe Akzeptanzwerte, während sich Arbeiter, Dienstpersonal, Handwerker, Kleinkaufleute und untere Angestellte am ehesten für die „Schöne blaue Donau" (*populärer Geschmack* = „leichte' oder durch Verbreitung entwertete ‚ernste' Musik") begeistern können.[18] Offensichtlich korrespondieren ästhetische Geschmacksurteile spezifischen Bildungsniveaus, in denen sich wiederum unterschiedliche Klassenlagen ausdrücken. Bourdieu interessiert sich nun weniger für diesen zunächst banal anmutenden Zusammenhang an sich, sondern vielmehr für das Erzeugungsprinzip seiner gesellschaftlichen Praxisformen (vom Kunstkonsum bis zu den täglichen Eßgewohnheiten), den *Habitus*. Die habituellen Grundmuster, die er herausarbeitet, werden in der Tat ebenso sozialen Klassen zugeordnet, wie die *Lebensstile*, die sie hervorbringen: der Sinn für Distinktion der Bourgeoisie, die prätentiöse Bildungsbeflissenheit des Kleinbürgertums und der Notwendigkeitsgeschmack des Proletariats.[19]

Unterschiedliche Lebensstile reflektieren, so Bourdieus klassentheoretische Logik, unterschiedliche Verteilungsmuster der drei Kapitalsorten, über welche einzelne bzw. Gruppen grundsätzlich verfügen: 1. ökonomisches Kapital (Geld und Besitz), 2. soziales Kapital (Beziehungen, soziale Netzwerke), 3. kulturelles Kapital (Wissen, Kulturgüter).[20]

---

18 Pierre Bourdieu: Die feinen Unterschiede. Kritik der gesellschaftlichen Urteilskraft, Frankfurt/Main 1987 b, S. 36 ff.
19 Bourdieu 1987 b, S. 403 ff.
20 Dazu ausführlich: Hans-Peter Müller: Klassen, Klassifikationen und Lebensstile. Pierre Bourdieus Theorie soziokultureller Ungleichheit, München 1986; Müller vermerkt zu Recht, daß Bourdieu mit dem Begriff „symbolisches Kapital" (Soziale Wahrnehmung der Kapitalsorten = „Prestige") im Grunde eine vierte Kapitalsorte einführt, Müller 1992, S. 283; Bourdieu: „Weil Individuen und Gruppen objektiv nicht nur durch ihr Sein definiert sind, sondern auch durch das, was sie angeblich sind, durch ihr *wahrgenom-*

Kunst und Kultur, die ästhetische Dimension des Alltags schlechthin, spielen in Bourdieus Verständnis und Definition von Lebensstilen dabei eine so herausragende Rolle, wie sie in der soziologischen Ungleichheitsforschung bisher nicht zu finden war (dies macht wohl auch die Einzigartigkeit seines Werkes aus). *„Bourdieu (geht) davon aus, daß die ästhetische Einstellung die Tendenz hat, sich auf alle möglichen Lebensbereiche auszubreiten. Gerade diese Eigenschaft prädestiniert sie dazu, konstitutives Element des Lebensstils zu werden.* "[21] Alltagsästhetische Ausdrucksformen, in denen sich augenscheinlich sehr verschiedenartige Lebensstile spiegeln, wie der „ästhetische Aristokratismus" des Bildungsbürgertums und der „Sinn für Luxus" des Besitzbürgertums, lassen sich – folgt man Bourdieus Gedankenführung – dennoch *immer* in ihrer Klassenbezogenheit erkennen und interpretieren. Kultur ist für ihn eben nicht das Reich von den Fesseln sozial-physikalischer Determination befreiter Geistigkeit, sondern, wie Müller zuspitzt, „das entscheidende Medium zur Reproduktion der Klassenstrukturen in spätkapitalistischen Konsumgesellschaften".[22] Bourdieu bleibt daher in allen Verästelungen seiner (unvergleichlich materialreichen) Beobachtungen und Analysen letztendlich Gefangener seines selbstgewählten klassentheoretischen Interpretationsrahmens. Dies macht ihn aber vergleichsweise unsensibel für Ursachen, Inhalte und Dynamik des gesellschaftlichen Wertewandels, der die französische Gegenwartsgesellschaft ebenso nachhaltig verändert hat wie die deutsche. So beobachtet er zwar die Herausbildung neuer Lebenswelten, z. B. die *„neue Bourgeoisie"* (typisch: jüngere Manager im privaten Dienstleistungssektor), die einen „moderneren", „jüngeren", „lockereren" Lebensstil pflegt als die „alte" – Bourdieu spricht von den „neuen *taste-makers*" –, versteht diesen Prozeß aber ausschließlich aus dem Blickwinkel kapitalistischer Transformationslogik. Bourdieu: „An die Stelle der asketischen Moral von Produktion und Akkumulation, die sich auf Enthaltsamkeit, Nüchternheit, Sparsamkeit und Kalkül gründete, setzt die neue Wirtschaftslogik eine hedonistische Moral des Konsums, gegründet auf Kredit, Ausgaben, Genuß."[23] Mag Bourdieus klassentheoretische Argumentation (vorausgesetzt,

---

menes Sein, das zwar eng von ihrem Sein abhängig ist, doch nie völlig darauf zurückgeführt werden kann, muß die Sozialwissenschaft die beiden Arten von Eigenschaften berücksichtigen, die objektiv mit jenen Seinsarten verknüpft sind: einerseits die materiellen, die sich, wie schon der Leib, wie Beliebiges aus der physischen Welt zählen und messen lassen, und andererseits die symbolischen Eigenschaften, die nichts anderes als in ihren Wechselbeziehungen, d. h. als Unterscheidungsmerkmale aufgefaßte materielle Eigenschaften sind", Bourdieu 1987 a, S. 246
21 Müller 1992, S. 316
22 Müller 1992, S. 240
23 Bourdieu 1987 b, S. 489

man folgt ihr überhaupt) zum Verständnis der „neuen Bourgeoisie" noch einiges beitragen, verliert sie spätestens bei der Analyse des „neuen Kleinbürgertums" (Bourdieu bildet insgesamt drei kleinbürgerliche Klassenfraktionen) nicht nur ihre Überzeugungskraft, sondern auch die intellektuelle Brillanz, die sie zunächst so verführerisch macht.

Unter den Sammelbegriff „neue Kleinbürger" subsumiert Bourdieu zahlreiche Berufsgruppen in der unteren Mitte der Gesellschaft, von neuen „Vertreterberufen" und „Kulturvermittlern" (Public-Relations-Spezialisten, Radio-, Fernseh- und Pressejournalisten, Animateure, Erzieher) bis hin zum medizinischen und sozialen Dienstleistungspersonal (Krankenschwestern, Eheberater, Sexologen, Berufsberater usw.). Aber auch „alte" Berufe, wie Kunstschmiede, Kunstschreiner, Juweliere, Graveure usw., die sich „in ihrem Lebensstil den Kulturvermittlern nähern", werden dazugerechnet.[24] Die Lebensstile und ästhetischen Neigungen dieser Gruppen, die er reichlich verständnislos schildert, bilden so ziemlich alles ab, was sich seit dem Mai 1968 in Frankreich an Emanzipativem, Hedonistischem und Alternativem entwickelt hat, vom body-bewußten Werbetexter bis zur Krankenschwester, die Dario-Fo-Plakate an die Wand hängt und „gerne kreativ" ist, vom Fitneßkult bis zur Therapieszene.

Bourdieus Versuch, gemeinsame habituelle Grundmuster für die neuen „Kleinbürger" zu finden, schlägt nicht nur fehl, sondern verstellt auch den Blick auf den Formenreichtum von Lebensstilen und Lebenszielen, die der gesellschaftliche Wertewandel im modernen Mainstream der französischen Gegenwartsgesellschaft hervorgebracht hat. Bourdieus Bemühen, all dies klassenanalytisch auf den Begriff zu bringen, engt sein theoretisches Operationsfeld sichtlich ein und führt letztendlich doch zu einer Verkennung jener Subjektivität gesellschaftlichen Seins, deren Verständnis die Milieuanalyse von der Klassenanalyse trennt.[25]

In der neueren soziologischen Ungleichheitsforschung fand die klassenanalytische Lebensstilanalyse – trotz aller Bewunderung für Bourdieus Arbeit – hierzulande bisher vergleichsweise wenig Resonanz, sieht

---

24 Bourdieu 1987 b, S. 563
25 Eine Milieuanalyse, die Sinus 1989/90 im Rahmen der Internationalisierung der Lebensweltforschung in Frankreich und anderen westeuropäischen Ländern durchgeführt hat, zeigt für den vom Wertewandel besonders stark geprägten Teil der französischen Gegenwartsgesellschaft fünf recht unterschiedliche soziale Milieus: „Les Managers Modernes" (mit Bourdieus „neuer Bourgeoisie" durchaus vergleichbar), „Les Nouveaux Ambitieux" (Aufstiegsorientiertes Mittelschichtmilieu), „Les Néo-Moralistes" (Gesellschaftskritisches, (links)-intellektuelles Milieu), „Les Post-Modernistes" (Junge Lifestyle-Avantgarde mit zumeist hoher Formalbildung) und „Les Rebelles Hédonistes" (proletarisches Jugendmilieu); vgl. Norbert Homma/Jörg Ueltzhöffer: The Internationalisation of Everyday-Life Research: Markets and Milieus, in: Marketing and Research Today, vol. 18/4, November 1990, S. 197-207

man von dem Versuch der „Forschungsgruppe Sozialstrukturwandel" an der Universität Hannover um Vester/von Oertzen einmal ab, die Klassenanalyse durch eine Fortentwicklung des Bourdieuschen Habitus-Begriffs mit der Milieuanalyse zu versöhnen (wir kommen später noch einmal darauf zurück).[26] In der deutschen Soziologie besteht weitgehend Einigkeit über die fortschreitende „*Entkoppelung* ,innerer' Lebensformen und 'äußerer' Lebensbedingungen" (Hradil)[27], also über die Zunahme der Freiheitsgrade, seinen Lebensstil unabhängig von klassen- bzw. schichtbestimmten internalisierten Zwängen selbst zu bestimmen. Gestritten wird nicht so sehr über das ob, sondern über das Ausmaß dieser Freiheit.

Vorwiegend in der zweiten Hälfte der achtziger Jahre entstanden in Deutschland Lifestyle-Studien, die eine inzwischen unübersichtlich gewordene Fülle an – vor allem großstädtischen – Lebensstilen zu Tage förderten. So berichtet Hradil von „Grumpies" (grown up matured people), „Negos" (nette Egozentriker), „Iltis" (Ikea-liberale-tolerante Individualisten) usw.[28] oder von einer Untersuchung in Berlin-Schöneberg, die eine kaleidoskopische Vielfalt an Lebensstilen fand:

die *„Homosexuelle Subkultur, das gutbürgerliche Schöneberg, die Drogenszene, die Punks, die erste New-Wave-Generation, die links-alternative Szene, die Alternativszene, die sogenannten neuen Mittelschichten, Altlinke, die intellektuelle Szene, die Aufstandskultur, der ästhetische Flügel der No-future-Generation, Söhne und Töchter des exekutiven Kleinbürgertums, die hier Gelegenheit hatten, den Bruch mit ihrem Herkunftsmilieu zu leben und zu zelebrieren, existentiell radikalisierte Spätjugendliche, die Nischen der Kulturszene, der Lebensstil des neuexistentialistischen Post-Punk, das Bewegungsmilieu, die Widerstandskultur, der aufgestylte Schicki-Micki aus dem City-Bereich, das proletarische Milieu . . . usw."[29]*

Man mag zwar über die bunte Semantik schmunzeln, die sich hier entfaltet, dennoch haben wir den Eindruck, daß „real existierende" groß-

26 Vgl. Michael Vester, Peter von Oertzen, Heiko Geiling, Thomas Hermann, Dagmar Müller: Neue soziale Milieus und pluralisierte Klassengesellschaft, Hannover 1992; Michael Vester: Neue soziale Bewegungen und soziale Schichten, in: U. C. Wasmuth, Hrsg.: Alternativen zur alten Politik? Neue soziale Bewegungen in der Diskussion, Darmstadt 1989, S. 38-63
27 Stefan Hradil: Epochaler Umbruch oder ganz normaler Wandel? Wie weit reichen die neueren Veränderungen der Sozialstruktur in der Bundesrepublik? in: Will Cremer/ Ansgar Klein (Hrsg.): Umbrüche in der Industriegesellschaft. Herausforderungen für die politische Bildung, Opladen 1990 a, S. 95
28 Hradil 1990 a, S. 94
29 Stefan Hradil: Die „objektive" und die „subjektive" Modernisierung. Der Wandel der westdeutschen Sozialstruktur und die Wiedervereinigung, in: Aus Politik und Zeitgeschichte, B 29-30/1992, S. 11

städtische Subkulturen auf den Begriff gebracht werden. Wir können – gleichsam vor unserem geistigen Auge – die alltagsweltliche Ästhetik visualisieren, die hinter Begriffen wie „Altlinke", „erste New-Wave-Generation" oder „Schicki-Mickis aus dem City-Bereich" steht. Das Verständnis anderer Subkulturen, wie z. B. des „ästhetischen Flügels der No-future-Generation" oder des „Bewegungsmilieus" erfordert dagegen schon intimere Szenekenntnisse. Unklar scheinen auch die theoretischen Prämissen zu sein, die derartige Typologien strukturieren, d. h. die Bestimmung der lebensweltlichen Elemente, die Lebensstile konstituieren. Im Kern handelt es sich wohl um eine Klassifizierung jener Lebensstil-bezogenen Verhaltensdimension, die Müller „expressives Verhalten" nennt (s. o., S. 38), aber auch Wertorientierungen („New Wave"), persönlichkeitspsychologische („Spätjugendliche") und Schichtungsmerkmale („neue Mittelschichten"), Outfit („Schicki-Micki") bis hin zu Milieukategorien (proletarisches *Milieu*) scheinen die Modellbildung zu beeinflussen. Unübersehbar auch die offensichtlich Lebensstil-bildenden Elemente *politischer* Alltagskultur und -ästhetik: „Altlinke", „links-alternative Szene", „Aufstandskultur", „Widerstandskultur" usw., Kategorien, die wir in der etablierten politischen Kulturforschung kaum wiederfinden, obwohl sie möglicherweise wichtige neue gesellschaftliche Konfliktlinien (cleavages) repräsentieren und auf die Bedeutung ästhetischer Elemente für die Transformationsprozesse des politischen Systems verweisen.

Eine wie auch immer geartete Klassifikationslogik ist im Schöneberg-Modell jedoch nicht zu erkennen. Lifestyle-Typologien dieser Art leben von den bildhaften Impressionen, die sie einfangen und widerspiegeln. Dies bewirkt ihre kommunikative Kraft, aber auch ihre (vielfach gar nicht zu bedauernde) theoretische Schwäche. Man versteht, was die Kritiker radikaler Individualisierungstheorien ohnehin betonen: Selbst der soziokulturelle Dschungel eines (post)modernen Mekkas ungezügelter Individualisierung bildet (fernab von Klassen- oder Schichtzugehörigkeiten) spezifische gesellschaftliche *Strukturen* aus, die den einzelnen – seien seine persönliche soziale Lage und sein Lebensstil auch noch so marginal – in mehr oder minder festgefügte lebensweltliche Zusammenhänge einbinden. Die Sozialwelt erscheint aus dieser Sicht als Agglomeration von Lebensstil-Minderheiten, die durch ein mehr oder minder dicht gewebtes Beziehungsgeflecht miteinander verbunden sein können, nicht selten aber auch – soziale Lichtjahre voneinander entfernt – scheinbar beziehungslos nebeneinander her existieren, allenfalls verknüpfbar durch den zuweilen eruptiv auftretenden Austausch wechselseitiger Aggressionen.

Was Lifestyle-Typologien dieser Art nicht leisten können (und wollen), ist die Bestimmung gesamtgesellschaftlich relevanter Muster der Sozialstruktur im Sinne einer – theoretischer Strukturlogik folgenden – *sozialen Landkarte*, die jenseits stilistischer Impressionen das tieferliegende Gewebe der Gesellschaft abbildet, ohne bei dürren ökonomistischen Modellen stehenzubleiben: Der Milieuansatz rückt ins Blickfeld.

Soziale Milieus als sozialästhetische Kategorien

Vester/von Oertzen u. a. interpretieren die von der neueren Lebensweise-Forschung im Grunde ausnahmslos festgestellten Tendenzen zur *Individualisierung* (im Sinne wachsender Autonomie des Individuums) und *Pluralisierung* der Lebensstile wie auch die zunehmende *Entkoppelung* von sozialer Lage und Lebensweise nicht als Indizien für eine Entstrukturierung der Gesellschaft, sondern als Bühne für die Herausbildung neuer Strukturen, d. h. *neuer sozialer Milieus.*[30] Der gesellschaftliche Modernisierungsprozeß wird dabei als „Öffnung des sozialen Raumes" für neue Lebensweisen verstanden, in Anlehnung an Bourdieu jedoch keineswegs als gleichzeitige Einebnung von Klassenunterschieden, sondern, seinem Wesen nach, als „Restrukturierung des Raums des Habitus und der Lebensstile". „Die Individualisierung wird gleichsam klassenmäßig dekliniert: Sie wirkt beim distinktiven Habitus als Betonung des Anspruchsvollen, beim prätentiösen Habitus als das Streben, mit prestigereichen Kultur- oder Konsumstandards mitzuhalten, und beim Notwendigkeitshabitus als Lust an geselliger Selbstverwirklichung bzw. Freiheit von Vorschriften".[31] Durch die Verbindung von Milieu- und Habitustheorie wollen die Autoren zum einen den Interpretationsrahmen für die Analyse neuer Lebensweisen, z. B. über das von Bourdieu gesetzte klassentheoretische Begriffsgerüst hinaus, öffnen, zum anderen aber auch den – aus eigenem Selbstverständnis herrschaftskritischen – Blick auf die sozialhierarchischen Traditionen von Milieustrukturen, Lebensstilen und Geschmackskulturen nicht verstellen.

So wird die Herausbildung neuer, von Individualisierung, Hedonismus und Selbstverwirklichung geprägter Mentalitäten im Sinne von *Habitus-Metamorphosen* gedeutet: Die jüngere Generation verändert die durch Herkunft erworbenen soziokulturellen Grundmuster nur teilweise, ihre jeweiligen *Habitus-Stammbäume* bleiben, z. B. in der Bewahrung der spezifischen Gesellungsstile der Herkunftmilieus, immer kenntlich (Bourdieus Habitus-Begriff hat mit dieser Abwandlung gleichsam Flügel bekommen). Gleichzeitig stellt die „Forschungsgruppe Sozialstrukturwandel" als einen der wichtigsten Befunde ihrer empirischen Untersuchungen aber auch ein

---

30 Vester/von Oertzen u. a. 1992, S. 12 f.
31 Vester/von Oertzen u. a. 1992, S. 44 f.

Verblassen hierarchisch-elitärer Verhaltensprägungen bei allen identifizierten Mentalitätstypen der neuen sozialen Milieus heraus. Also doch: die Öffnung des sozialen Raumes als *sozialästhetische Transzendierung* der Klassengesellschaft? Nicht ganz, so das Urteil der Hannoveraner, zumindest aber in den subjektiven „Strebungen der Individuen".[32] Auch Hradils Überlegungen gehen davon aus, daß das Schicht- bzw. Klassenparadigma nach wie vor Erklärungskraft für die bundesrepublikanische Gegenwartsgesellschaft (West) besitzt. Aber seit den siebziger Jahren, so Hradil, seien neue Dimensionen und Determinanten sozialer Ungleichheit hinzugekommen.[33] Als zusätzliche (berufsferne) *Dimensionen* der Ungleichheit identifiziert er z. B. Umweltbedingungen, Zugangschancen zu „öffentlichen Gütern" und staatlich bereitgestellter Infrastruktur, soziale Sicherheit, Gesundheitsbedingungen, Kontakte, Integrationschancen sowie Vorurteile und „Ungleichbehandlungen". *Determinanten* sozialer Ungleichheit seien – neben dem Beruf – heute obendrein Geschlecht, Nationalität, Alter und Wohnregion. Nun behauptet Hradil nicht, daß diese sogenannten „neuen" Dimensionen und Determinanten der Ungleichheit „neuartig" seien, sehr wohl aber „neu in der sozialen und politischen Bedeutung, die ihnen heute zukommt".[34] So erwähnt er, nicht ohne Grund, daß Wahlkämpfe, die sich mit der „objektiv" anhaltenden Ungleichheit zwischen Arbeitern und Angestellten beschäftigten, auf nur mäßiges Interesse stießen, wer dagegen seinen Wahlkampf mit der Ungleichheit zwischen den Geschlechtern oder zwischen Deutschen und Ausländern führe, volle Säle habe.

Entscheidend für das soziale Schicksal des einzelnen sind, so Hradil, nicht mehr in erster Linie schichtspezifische (vertikale) Statusunterschiede, sondern die (horizontalen) Lebensbedingungen und -risiken, mit denen sie verknüpft sind. In diesem Zusammenhang spricht er von unterschiedlichen „*sozialen Lagen*" als den heute entscheidenden generativen Mustern sozialer Ungleichheit. So könnten bestimmte Bevölkerungsgruppen hinsichtlich statusbildender Variablen wie Einkommen, Bildung und Berufsprestige zwar weitgehend übereinstimmen, sich hinsichtlich weiterer Dimensionen sozialer Ungleichheit, wie z. B. Arbeitsplatzsicherheit und soziale Integration, jedoch deutlich unterscheiden: Gleiche soziale Schicht, aber unterschiedliche soziale Lage!

Hradils *Lageansatz* hat zweifellos zum Verständnis von Inhalt und Dynamik des sozialen Wandels in der (alten) Bundesrepublik beigetra-

---

32 Vester/von Oertzen u. a. 1992, S. 221
33 Stefan Hradil: Individualisierung, Pluralisierung, Polarisierung: Was ist von den Schichten und Klassen geblieben?, in: Robert Hettlage (Hrsg.): Die Bundesrepublik. Eine historische Bilanz, München 1990 b, S. 121 ff.; Hradil 1992, S. 9 f.
34 Hradil 1992, S. 9

gen, jedoch kein stabiles neues Strukturmuster der Gesellschaft im Sinne einer inhaltlichen Kontrastierung oder Erweiterung herkömmlicher Modelle geliefert (was wohl auch nicht beabsichtigt war).[35] So nähert er sich – die Pluralisierung von Lebensformen im Blick – dem Milieuansatz und identifiziert auf der Grundlage von Daten des Wohlfahrtssurvey 1988 (Variablen: „Alte Werte", „Neue Werte", „Materialismus", „Postmaterialismus", „Politikorientierung", „Zwischenmenschliche Ideale", „Familie", „Sport", „Basteln", „Aktive Freizeit", „Passive Freizeit") für die Bundesrepublik insgesamt acht soziale Milieus (z. B.: „Wohlstands- und pflichtorientierte junge Familien" oder „Selbstverwirklichungs- und wohlstandsorientierte ältere Ehepaare"). Unter „Milieus" versteht er – entsprechend seiner Operationalisierung – „typische komplexe Syndrome von Werthaltungen, von Einstellungen zu Politik und Familie und von Verhaltensmustern in der Freizeit".[36] Unseren eigenen Überlegungen kommt er damit zwar durchaus nahe (siehe S. 56), läßt aber (z. B. im Sinne unseres Milieubegriffs) wichtige milieukonstitutive Kriterien außer acht, so auch den gesamten Bereich der Alltagsästhetik.

Ganz anders dagegen Schulzes Theorie der Erlebnisgesellschaft. Ästhetisierung und Psychologisierung einer Alltagswelt, deren „existentielles Kernproblem" nicht darin besteht, physisch oder sozial zu *über*leben, sondern „ein *schönes* Leben zu führen", wirken für ihn gesellschaftlich unmittelbar struktur-, d. h. milieu-bildend.[37] Leben wird zum *Er*leben. Soziale Milieus bilden sich in der Erlebnisgesellschaft jedoch nicht länger durch schichtbezogene Beziehungsvorgaben (z. B.: Einkommen, Beruf, Lebensstandard, sozialer Status usw.), auch nicht durch soziale Lagebedingungen im Hradilschen Sinne und schon gar nicht durch regionale Einflüsse oder Konfession, sondern vielmehr durch Beziehungswahl, wobei alltagsästhetische Neigungen, mithin die Wahl eines persönlichen Stils der sozialen Zugehörigkeit bzw. Abgrenzung augenfällig macht, eine besondere Rolle spielen:

„Milieus werden den Menschen in einer gesellschaftlichen Situation, wie sie für Nationen mit einem hohen Lebensstandard charakteristisch ist, nicht einfach vom Schicksal verordnet. Man kann wählen, mehr noch: Man muß wählen, wenn man überhaupt noch irgendwo dazugehören möchte."[38]

---

35 Schulze behauptet eine grundsätzliche Inkongruenz von Lage- und Milieuansatz, vgl. Gerhard Schulze: Die Transformation sozialer Milieus in der Bundesrepublik Deutschland, in: P. A. Berger/S. Hradil (Hrsg.): Lebenslagen, Lebensläufe, Lebensstile, Soziale Welt, Sonderband 7, Göttingen 1990, S. 425

36 Hradil 1990 b, S. 131

37 Schulze 1990, S. 414

38 Gerhard Schulze: Die Erlebnisgesellschaft. Kultursoziologie der Gegenwart, Frankfurt/New York 1992, S. 177

Asthetische Beziehungswahlen erfolgen jedoch nicht beliebig, sondern werden von physischen und psychischen Dispositionen beeinflußt, wie sie, so Schulze, vornehmlich in Lebensalter und Bildung zum Ausdruck kommen. Der Autor versteht diesen Zusammenhang – wohl in Anlehnung an (und Zurückweisung von) Bourdieus Habitustheorem – als „neue psychophysische Homologie des dimensionalen Raumes der Alltagsästhetik". Schulzes soziale Milieus drücken sich somit in spezifischen Konfigurationen von Alter, Bildung und alltagsästhetischem Stil aus. „Zusammen mit dem Stiltypus . . . verbinden sich Bildung und Alter zu einer signifikanten und evidenten Zeichenkonfiguration, an der sich die Menschen bei der Konstitution sozialer Milieus orientieren."[39]

Den ästhetischen Raum beschreibt Schulze durch drei unterschiedliche Schemata: Hochkulturschema, Trivialschema (Bourdieus Stilmustern des legitimen bzw. populären Geschmacks vergleichbar) und einem neuen, quer zu diesen Stildimensionen liegenden Muster, das er Spannungsschema nennt (vgl. folgende Grafik):

Alltagsästhetische Schemata (Schulze 1992)[40]

Alltags-ästhetische Schemata	typische Zeichen (3 Beispiele)	Bedeutungen		
		Genuß	Distinktion	Lebens-philosophie
Hochkultur-schema	klassische Musik, Museumsbesuch, Lektüre „guter Literatur"	Kontem-plation	anti-barbarisch	Perfektion
Trivial-schema	deutscher Schlager, Fernsehquiz, Arztroman	Gemütlich-keit	antiexzen-trisch	Harmonie
Spannungs-schema	Rockmusik, Thriller, Ausgehen (Kneipen, Discos, Kinos usw.)	Action	antikonven-tionell	Narzißmus

39 Schulze 1992, S. 166
40 Schulze 1992, S. 163

Der dimensionale Raum der Alltagsästhetik, den diese drei Schemata bilden, stellt den Menschen nun ein komplexes Zeichensystem („die Illustrierte unter dem Arm, die Kleidung, der momentane Aufenthaltsort – vielleicht eine Musikkneipe" . . . usw.), eine „Sprache" zur Verfügung, in welcher sie ihre unterschiedlichen „Grundorientierungen" zum Ausdruck bringen.[41] Diese Grundorientierungen manifestieren sich – und dies ist nun sowohl zentrale These wie auch schöpferische Leistung des Autors zugleich – als *milieuspezifische Erlebnisorientierungen*, gleichsam die Markenzeichen einer neuartigen (für hochentwickelte Konsumgesellschaften aber kulturtypischen) Milieustruktur. Schulze unterscheidet insgesamt fünf *Erlebnismilieus*, drei ältere – die Trennungslinie verläuft, so der Autor, etwa beim vierzigsten Lebensjahr – (*Niveaumilieu, Integrationsmilieu, Harmoniemilieu*) und zwei jüngere (*Selbstverwirklichungsmilieu* und *Unterhaltungsmilieu*).

Diesen Milieus entsprechen typische Erlebnisorientierungen (Streben nach Rang, Konformität, Geborgenheit, Selbstverwirklichung, Stimulation), die auf jeweils spezifische Weise in den dimensionalen Raum der Alltagsästhetik übersetzt werden (vgl. nachstehende Grafik):

Milieuspezifische Varianten der Erlebnisorientierungen (Schulze 1992)[42]

Milieuspezifische Varianten der Erlebnisorientierung	Übersetzung in den dimensionalen Raum alltagsästhetischer Schemata (Stiltypen) „+" bedeutet Nähe, „–" bedeutet Distanz		
	Hochkulturschema	Trivialschema	Spannungsschema
Streben nach Rang (Niveaumilieu)	+	–	–
Streben nach Konformität (Integrationsmilieu)	+	+	–
Streben nach Geborgenheit (Harmoniemilieu)	–	+	–
Streben nach Selbstverwirklichung (Selbstverwirklichungsmilieu)	+	–	+
Streben nach Stimulation (Unterhaltungsmilieu)	–	–	+

---

41 Schulze 1990, S. 416
42 Schulze 1992, S. 165

Stilprägend, und damit milieukonstitutiv, wirken nach Schulze also keine in der Sozialstruktur (nach herkömmlichem Verständnis) angelegten Determinanten, sondern unterschiedliche Erlebnisorientierungen und deren alltagsästhetische Ausdrucksweisen. Über evidente Alltagsästhetik werden auf der einen Seite Milieuzugehörigkeit hergestellt und signalisiert, auf der anderen durch „distinktive Botschaften" auch Milieu*grenzen* markiert, „etwa im verhaltenen hochkulturellen Indigniertsein bei Inkompetenz (wie es beispielsweise im Gefühl der Peinlichkeit hochkommt, wenn jemand im Konzert zu früh klatscht); im Kult der Verachtung für das Normale, typisch für das Spannungsschema; umgekehrt in der vereinsmeierischen Ablehnung von Einzelgängern, Abweichlern, Revoluzzern, Andersartigen, die sich häufig mit der Praxis des Trivialschemas verbindet".[43] Allerdings – und dies ist ein wesentliches Element des gesamten Ansatzes – versteht Schulze diese Unterschiede nicht als Ausdruck hierarchischer Gesellschaftsstrukturen, die eben auch in der Beziehung alltagsästhetischer Schemata zueinander Ausdruck finden, sondern er betont gerade den *horizontalen* Charakter der Alltagsästhetik als „Teil einer umfassenden Entvertikalisierung des Verhältnisses sozialer Großgruppen" in unserer Gesellschaft.[44]

Genau an diesem Punkt der Distanzierung von Milieutheorien aber, die – wie unser eigener Ansatz übrigens auch – nicht nur den Fortbestand sozialhierarchischer Strukturen (z. B. in ihrer alltagsästhetischen Repräsentation) behaupten, sondern – unabhängig von klassenanalytischen Optionen Bourdieuscher Art – in ihren Modellen auch nachzuzeichnen suchen, zeigen sich Brüche zwischen der theoretischen Logik der „Erlebnisgesellschaft" und ihrer empirischen Evidenz.

Schulzes Leistung für den milieutheoretischen Diskurs besteht, über seine umfassend begründeten und durchaus neuartigen Überlegungen zum Zusammenhang von Sozialstruktur und Alltagsästhetik in einer reifen Konsumgesellschaft hinaus, zweifellos in der Sensibilität, mit der er die unterschiedlichen alltagsästhetischen Stiltypen beobachtet und seziert, so z. B. bei der Beschreibung konzertanter Bewegungsstile (im Wortsinne), die bestimmten alltagsästhetischen Schemata und deren milieutypischen Übersetzungen offensichtlich eng verbunden sind, wie die im klassischen Konzert gemeinhin gepflegte demonstrativ-kontemplative Ruhe (Hochkulturschema), das getragene Schunkeln und Wiegen beim Festival der Volksmusik (Trivialschema), oder jene auf Rockkonzerten beobachtbaren unkoordinierten gymnastischen Übungen (Spannungsschema), die bei Angehörigen des Harmoniemilieus die bekannten Verständnislosigkeiten

---

43 Schulze 1992, S. 188
44 Schulze 1992, S. 167

auslösen. Sein Konzept milieutypischer „Erlebnisorientierungen" dürfte obendrein bei allen Überlegungen zu einer Reästhetisierung der politischen Bildung von großem heuristischem wie auch praktischem Wert sein, zumal es auf Zusammenhänge verweist, wie sie unsere empirischen Untersuchungen sichtbar gemacht haben (vgl. Teil IV dieses Buches).

Das inhaltliche und soziale Profil der fünf Milieus, die er im einzelnen vorstellt, wirkt demgegenüber wenig neuartig, scheint gar bestimmte theoretische Einsichten, die er vorträgt (z. B. zur Entvertikalisierung von Strukturen) zu konterkarieren und übersieht, zumindest aus unserer Sicht, Differenzierungsnotwendigkeiten. So fällt es z. B. angesichts der Schilderung der im *Niveaumilieu* vorherrschenden Berufsstruktur (Lehrer, Professoren, Anwälte) verglichen mit jener im *Integrationsmilieu* nachgewiesenen (Sachbearbeiter, Verwaltungsangestellte, Beamte der mittleren Laufbahn, technische Zeichner) schwer, einerseits an die Enthierarchisierung alltagsästhetischer Muster und andererseits an die soziale Indeterminiertheit ästhetischer Beziehungswahlen zu glauben – jedenfalls nicht in dem von Schulze postulierten umfassenden Sinne.[45] Scharfe, alltagsästhetisch manifeste (weil milieubedingte) Stilgrenzen werden überdies verwischt, wenn im *Selbstverwirklichungsmilieu*, wie Schulze selbst registriert, „Alternative und Yuppies, Weiblichkeit alten und neuen Stils, Aufsteiger und Aussteiger, Konsumsüchtige und Abstinente" zusammenfinden.[46] Eine soziale Mixtur von überraschender Vielfalt, deren Exponenten gerade hinsichtlich Wertorientierungen, Lebensstil und Geschmack noch nicht einmal Verständnis füreinander aufbringen dürften. Selbst unter der Annahme gleicher sozialer Lage (Schichtzugehörigkeit, Bildung, Einkommen usw.) dürfte ein alternativ gestimmter Sozialarbeiter kaum Vergnügen daran finden, mit einem gleichaltrigen Versicherungsangestellten, der auf Armani, Cartier und 12-Zylinder steht, in dessen getuntem BMW-Cabrio gen Süden zu rasen, um in einem Chalet des „Club Med" gemeinsam einen Aktivurlaub zu verbringen. Aber es sind gerade alltäglich-banale Szenarien wie diese, in denen milieutypische ästhetische Demarkationslinien ihre distinktive Kraft entfalten. Die lebensweltlichen Gemeinsamkeiten der beiden Herren scheinen jedenfalls nicht allzu groß zu sein, was wohl nicht nur ihnen selbst auffiele, sondern auch milieutheoretisch begründbar wäre. In unserem Milieumodell würde sich besagter Sozialarbeiter sehr wahrscheinlich im „Alternativen", der Herr von der Versicherung dagegen im „Aufstiegsorientierten Milieu" wiederfinden und wohlfühlen. Wir wollen dieses Modell im folgenden Kapitel darstellen und erörtern.

---

45 Schulze 1992, S. 283, S. 310
46 Schulze 1992, S. 312

3. Lebenswelten in Deutschland: Das Sinus-Milieumodell

Die Lebensweltanalyse: Methode und Forschungslogik

Ausgangspunkt unserer Überlegungen war, daß eine zureichende Rekonstruktion der sozialen Wirklichkeit von Menschen nur über die Erfassung ihres Alltagsbewußtseins gelingen kann. So zielte unser methodisches Vorgehen zunächst auf eine möglichst unverfälschte Erfassung unterschiedlicher Lebenswelten. „Lebenswelt" meint – in Anlehnung an Husserl und Schütz – das Insgesamt subjektiver Wirklichkeit eines Individuums, also alle bedeutsamen Erlebnisbereiche des Alltags (Arbeit, Familie, Freizeit, Konsum usw.), die bestimmend sind für die Entwicklung und Veränderung von Einstellungen, Werthaltungen und Verhaltensmustern; aber auch Wünsche, Ängste, Sehnsüchte, Träume usw. zählen dazu. Der Forschungslogik dieses Konzepts folgend, basierten unsere Untersuchungen daher zunächst ausschließlich auf qualitativen Befunden, d. h. den Ergebnissen mehrstündiger Tonbandexplorationen, in denen unsere Gesprächspartner(innen) ihre Alltagswelt in der ihnen eigenen Umgangssprache (z. B. im heimatlichen Dialekt) schilderten und interpretierten.

Das Alltagsleben eines Menschen wird, so unsere Überzeugung, am ehesten dann transparent, wenn er in der Interview-Situation nicht mit vorgefertigten Instrumenten (z. B. Frage-Batterien) konfrontiert wird, sondern wenn er möglichst frei über alle ihm wichtig erscheinenden Lebensinhalte berichten kann. Die *Erzählung* – fachwissenschaftlich: „narratives Interview" – als Erhebungsmethode hat ohnehin den Vorteil, daß Interviewpartner(innen) möglichst unbeeinflußt darstellen können, was in ihrem Leben Bedeutung hat und was sie nur am Rande betrifft oder überhaupt nicht. Mit der lebensweltanalytischen Methode gelang es uns beispielsweise in einer 1978 durchgeführten Untersuchung zur Wahrnehmung politischer Probleme durch die Bevölkerung (zum nicht geringen Erstaunen unserer Auftraggeber), den Gegensatz zwischen öffentlich hergestelltem Meinungsklima und dem, was die Menschen persönlich bewegt, herauszuarbeiten; d. h., wir wiesen nach, daß die durch die Prozesse öffentlicher Meinungsbildung hergestellten Sinnstrukturen der politischen Wirklichkeit (die Politiker und Forscher manchmal für die Wirklichkeit schlechthin halten) mit den Sinnstrukturen der Alltagswirklichkeit von Menschen nicht notwendigerweise übereinstimmen (vgl. die Grafik auf der folgenden Seite).

„Öffentliche Meinung" versus Alltagswirklichkeit
Die Wahrnehmung politischer Probleme durch die Wahlbevölkerung (1978)[47]

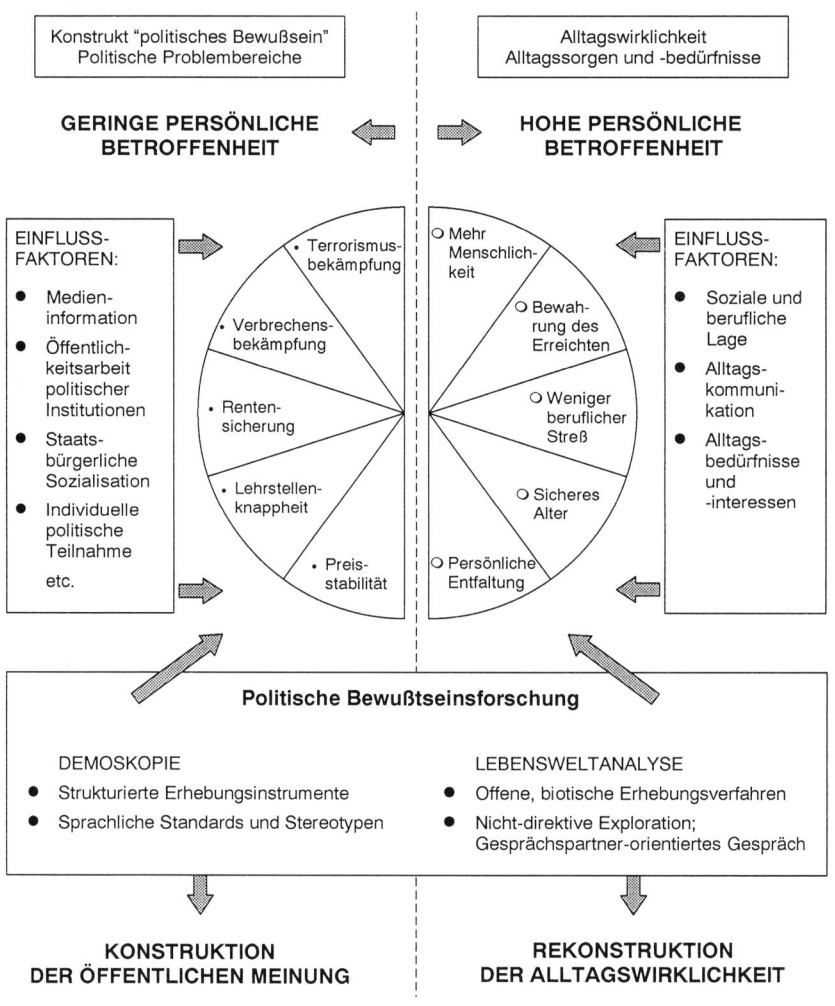

Konstrukt "politisches Bewußsein" Politische Problembereiche	Alltagswirklichkeit Alltagssorgen und -bedürfnisse

GERINGE PERSÖNLICHE BETROFFENHEIT ⟸ ⟹ **HOHE PERSÖNLICHE BETROFFENHEIT**

EINFLUSS-FAKTOREN:

- Medieninformation
- Öffentlichkeitsarbeit politischer Institutionen
- Staatsbürgerliche Sozialisation
- Individuelle politische Teilnahme etc.

Terrorismus-bekämpfung
• Verbrechens-bekämpfung
• Renten-sicherung
• Lehrstellen-knappheit
• Preis-stabilität

○ Mehr Menschlichkeit
○ Bewahrung des Erreichten
○ Weniger beruflicher Streß
○ Sicheres Alter
○ Persönliche Entfaltung

EINFLUSS-FAKTOREN:

- Soziale und berufliche Lage
- Alltagskommunikation
- Alltagsbedürfnisse und -interessen

Politische Bewußtseinsforschung

DEMOSKOPIE
- Strukturierte Erhebungsinstrumente
- Sprachliche Standards und Stereotypen

LEBENSWELTANALYSE
- Offene, biotische Erhebungsverfahren
- Nicht-direktive Exploration; Gesprächspartner-orientiertes Gespräch

KONSTRUKTION DER ÖFFENTLICHEN MEINUNG

REKONSTRUKTION DER ALLTAGSWIRKLICHKEIT

47 Berthold Bodo Flaig/Jörg Ueltzhöffer: Die Wahrnehmung politischer Probleme, Entscheidungen und Verantwortungen durch die Bevölkerung, Bd. II, Sinus Heidelberg/München 1978

Wir versuchten also, zunächst die Lebenswelten der Menschen, d. h. ihre unterschiedlichen Alltagswirklichkeiten, aus ihrem eigenen Erleben und Deuten heraus zu verstehen und nachzuzeichnen, bevor wir uns daranmachten, ein wissenschaftliches Modell dieser Wirklichkeit zu konstruieren.

Ausgangspunkt für die Formulierung des ersten Milieumodells war übrigens nicht, wie vielfach gemutmaßt, die Marktforschung (obwohl der Ansatz gerade in diesem alltagsnahen Anwendungsbereich später seine ersten Nagelproben bestehen mußte)[48], sondern die Politikforschung. In einer Untersuchung zum politischen Bewußtsein von Studenten, die wir 1977 durchführten, hatten wir jeweils mehrstündige biografische Anamnesen mit Angehörigen politischer Hochschulgruppen durchgeführt. Dabei war uns aufgefallen, daß es auf der Linken nicht nur zwei sehr unterschiedliche politische Grundorientierungen gab: die marxistische Orthodoxie der K-Gruppen und die anti-institutionelle, radikal-emanzipative Philosophie der Spontis, sondern auch zwei entsprechende, alltagsästhetisch manifeste Stiltypen. Angehörige der K-Gruppen vollzogen autoritär-hierarchisch geprägte Ordnungsrituale (z. B. die eisern eingeforderte Gruppendisziplin in der politischen Alltagsarbeit), kleideten sich einfach und lustabweisend und pflegten auch sonst einen eher asketischen Lebensstil. Sie inszenierten einen anästhetischen Stiltypus, den wir als kleinbürgerlich-linksintellektuelle Übersetzung einer vermeintlich proletarischen Lebensweise interpretierten; aus heutiger Sicht (in Anlehnung an Vester/von Oertzen u. a.) wohl eine am Bourdieuschen Notwendigkeitsgeschmack der Arbeiter orientierte Habitus-Metamorphose, deren Mentalitätsbestände noch heute im Lebensstil des Alternativen Milieus nachweisbar sind.[49]

Der von den Spontis gepflegte Lebens- und Politikstil wirkte im Vergleich als ästhetische Gegenfolie zum Asketismus der K-Gruppen – und wurde von ihnen selbst auch so verstanden: Psychologisierung des politischen Diskurses (bunte Flugblattlyrik als Akt persönlicher Selbstentfaltung), Ablehnung des als spießig und repressiv empfundenen Ordnungs- und Pflicht-Ethos der Orthodoxen, narzistisch-lustvolle Inszenierung von Outfit (Kleidung, Frisur) und Wohnungseinrichtung, das „kreative Chaos" als lebensstil-prägendes ästhetisches Prinzip.

Die Angehörigen der beiden Gruppen unterschieden sich, wie zu er-

---

48 Vgl. die von Ulrich Becker und Horst Nowak (Sinus) 1982 auf einem Kongreß europäischer Marktforscher vorgestellten Anwendungsbeispiele aus dem Bereich des Zigaretten- und Automobilmarktes: dies.: Lebensweltanalyse als neue Perspektive der Meinungs- und Marketingforschung, in: ESOMAR-Kongreß 1982, Bd. 2, Amsterdam 1982, S. 247-267
49 Vester/von Oertzen u. a. 1992, S. 178

warten, hinsichtlich Alter, Bildungsgrad und Schichtzugehörigkeit wenig oder überhaupt nicht – es handelte sich zumeist um 20- bis 30-jährige Mittelschichtkinder, die ihr Abitur auf dem Gymnasium gemacht hatten –, sehr wohl aber hinsichtlich Wertorientierungen, Lebensstil und Geschmack. Die Verschiedenartigkeit der politischen Ausdrucksformen, die sie trennte, gründete dabei ersichtlich weniger auf den politisch-ideologischen Differenzen, die sie miteinander austrugen, sondern auf diesen – viel bedeutsameren, weil alltagsweltlich verankerten – sozio-kulturellen Unterschieden. Offensichtlich beobachteten wir, so unsere Schlußfolgerung, nicht nur bestimmte mehr oder minder bedeutsame politische Hochschulgruppen der siebziger Jahre, sondern *soziale Milieus* (für diesen Begriff entschieden wir uns schließlich), deren gesellschaftliche Bedeutung weit über die linke Hochschulszene hinausreichte: das *(links)intellektuelle, später: alternative Milieu* und Teile einer neu entstandenen *hedonistischen Jugendkultur*. Beide Milieus waren dabei, das politische System des Landes nachhaltig zu verändern. Sie sorgten für neue Konfliktlinien („Sein" versus „Haben" versus „Genießen") und für die Verbreitung der Werte, auf die sie sich bezogen, brachen mit ihrer massiven politischen Unterstützung der „Grünen" das Parteiensystem der Nachkriegszeit auf und veränderten schließlich auch Mitgliederstruktur, Programmatik und soziale Basis der SPD, wobei ihre milieuspezifischen Grundorientierungen, z. B. im asketischen Pflichtethos des (links)intellektuellen Milieus und im Anti-Institutionalismus der hedonistischen Jugendkultur immer und überall kenntlich blieben, eigentlich bis heute.

Diese Grundorientierungen, die die unterschiedlichen Lebensstile und ästhetischen Neigungen der beiden Milieus zu erzeugen schienen, versuchten wir unter Rückgriff auf die Arbeiten der neopsychoanalytischen Frankfurter Schule, vor allem Fromms, sozialpsychologisch zu erklären.[50] Den für das (links)intellektuelle Milieu beschriebenen Lebensstil, z. B. die Zwanghaftigkeit, mit der Selbstentfaltung „organisiert" wurde (sei es in der Partnerbeziehung oder in der Stadtteilinitiative) und die damit verknüpfte Verzichtsästhetik faßten wir als Reflex des bereits von Freud beschriebenen kleinbürgerlich-analen Charakters unter veränderten gesellschaftlichen Bedingungen auf, gleichsam als zeitgemäße Umprägung eines in den Herkunftsmilieus wurzelnden stabilen sozialpsychologischen Musters. Die hedonistische Jugendkultur in all ihrer Buntheit, Verspieltheit, Konsumlust, aber auch in der zu beobachtenden Orientierungslosig-

---

50 Z. B. Erich Fromm: Die psychoanalytische Charaktereologie und ihre Bedeutung für die Sozialpsychologie (1932), in: ders.: Analytische Sozialpsychologie und Gesellschaftstheorie, Frankfurt/Main 1976⁴; ders.: Haben oder Sein. Die seelischen Grundlagen einer neuen Gesellschaft, Stuttgart 1977

keit und Bindungsangst, schien dagegen jenen oral-narzistischen Typus zu repräsentieren, den die affluent society, neopsychoanalytischer Logik zufolge, eigentlich hervorbringen mußte. Die sozialpsychologische Interpretation unseres Milieu-Ansatzes haben wir später nicht weiterverfolgt, ohne jedoch psychologische Lebensstil-Theorien oder auch rein psychografische Gesellschaftsmodelle[51] insgesamt für theoretisch irrelevant zu halten.

Wir wandten uns bei der anschließenden Entwicklung des Sinus-Milieumodells jedenfalls ganz der *soziologischen* Lebensstil-Interpretation zu und definierten – vereinfacht ausgedrückt – soziale Milieus als subkulturelle Einheiten innerhalb einer Gesellschaft, die *Menschen ähnlicher Lebensauffassung und Lebensweise* zusammenfassen. Das linksintellektuelle Milieu – wir nannten es später das „alternative" – und das hedonistische waren für uns somit Ausgangspunkt und Anreiz für die Formulierung eines neuartigen Klassifikationsmodells der bundesrepublikanischen Gesellschaft.

Unsere theoretischen Überlegungen gingen von folgenden Beobachtungen aus:

1. Dem Schicht- bzw. Klassenparadigma zugrunde liegende sozioökonomische Lebensbedingungen wie Einkommen oder Bildung werden in der Alltagswelt moderner Gesellschaften in sehr unterschiedlichen ästhetisch-stilistischen Inszenierungen wirksam, sicht- und erfahrbar.
2. Gleiche sozioökonomische Lebensbedingungen produzieren offensichtlich ungleiche Stilwelten.
3. Bestimmte Stilwelten scheinen sich losgelöst vom Schicht- bzw. Klassenzusammenhang und den ihn strukturierenden Merkmalen zu entfalten, während andere wiederum schicht- bzw. klassenspezifischen sozialhierarchischen Linien folgen.
4. Die Unterschiedlichkeit von Lebensstilen ist für die Alltagswirklichkeit von Menschen – und somit für die Prozesse subjektiver Sinnkonstitution – vielfach bedeutsamer als die Unterschiedlichkeit sozioökonomischer Lebensbedingungen.
5. Soziale Zugehörigkeit wird weniger von schicht- bzw. klassenspezifischen Merkmalen geprägt als von Lebensstil-Gemeinsamkeiten und deren Wahrnehmung.

---

51 Z. B. Arnold Mitchells auf Riesmans Theorem der innen- versus außengeleiteten Persönlichkeit aufbauendes Lebensstil-Modell der US-Gesellschaft, das als VALSI-Programm des SRI (Stanford Research Institute) in der amerikanischen Marktforschung Verwendung fand, Arnold Mitchell: The nine American lifestyles, New York 1983. Mit dem VALS II-Programm versucht das SRI neuerdings, psychologische und soziologische Elemente, offensichtlich auch unter Rückgriff auf Bourdieus Theorie der drei Kapitale, zu verbinden. Diese sozialwissenschaftlich durchaus interessanten Entwürfe können wir hier aus Platzgründen leider nicht diskutieren.

Eine schicht- bzw. klassenanalytische Lebensstilanalyse im Sinne Bourdieus, die sich an *formalen* Kriterien wie etwa der Berufsgruppenzugehörigkeit orientiert, schied daher von vornherein aus. (Wir haben uns ohnehin erst sehr viel später mit Bourdieus Theorie auseinandergesetzt).

Unser Ansatz verstand (und versteht) sich als *inhaltliche Klassifikation milieutypischer Lebenswelten*, in deren Analyse die grundlegenden Wertorientierungen, die Lebensstil und Lebensstrategie bestimmen, ebenso eingehen, wie Alltagshandeln, Alltagseinstellungen (z. B. zu Arbeit, Familie, Konsum usw.) oder Alltagsästhetik. Diese Einsicht war nun weniger ein Ergebnis theoretischer Überlegungen, sie hatte sich aus dem Datenmaterial der qualitativen Untersuchungen – z. B. der zitierten Hochschulstudie – eigentlich von selbst ergeben, nämlich daß „Lebenswelt" sich subjektiv konstituiert und ausdrückt: in milieuspezifischen Wertorientierungen, im Lebensstil, in kulturellen Vorlieben und ästhetischen Neigungen.

Allerdings sahen wir auch keinen Anlaß, wie heute z. B. Schulze, den Einfluß möglicher sozialhierarchischer Strukturen auf die Milieubildung für obsolet zu erklären. Daß es in fortgeschrittenen Konsumgesellschaften nach wie vor Lebensstil-prägende soziale Hierarchien gibt, gehört zu den massivsten alltagsweltlichen Erfahrungen eines Menschen.[52] Die Morphologie des Sinus-Modells sollte daher *beide* sozialtopografische Milieuformen berücksichtigen und sowohl soziale Milieus abbilden, die – wie z. B. das „Traditionelle Arbeitermilieu" – im Oben-Unten-Schema des sozialen Raumes distinkte Positionen einnehmen, wie auch Milieus, die mehr oder minder quer zu diesem Schema liegen, sich also, wie z. B. das „Hedonistische Milieu", sozialhierarchischer Einordnung bewußt entziehen (vgl. die Grafik auf Seite 74).

Das erste vollständige Milieu-Modell, das wir 1979 auf der Grundlage von zunächst 400 Lebenswelt-Explorationen entwarfen, versuchte daher auch, diesem Umstand dadurch Rechnung zu tragen, daß es den Schichtungsaspekt noch teilweise in die Milieubezeichnungen integrierte.[53] In der Folgezeit wurde darauf zwar verzichtet, ohne jedoch den Einfluß

---

52 So zeigte ein empirischer Feldversuch, den Konstanzer Soziologen zur frei assoziierenden Rekonstruktion sozialer Klassifizierungen unternahmen, daß die Probanden über Lebensstil-bezogene Assoziationen hinaus („Yuppie", „Bausparvertrag", „Egerländer" usw.) spontan ausgeprägt hierarchische Sozialtopographien entwarfen; vgl. Franz Schultheis u. a.: Zur Kritik der soziologischen Urteilskraft. Repräsentationen des sozialen Raumes im interkulturellen Vergleich, masch. Konstanz 1991, S. 29 ff. (voraussichtliche Veröffentlichung in KZfSS 4/1993)

53 Folgende acht Milieus wurden unterschieden: (Links)intellektuelles Milieu, Konservative gehobene Mittelschicht, Kleinbürgerliches Milieu, Aufstiegsorientierte untere Mittelschicht, Traditionelles Arbeitermilieu, Sozial und kulturell entwurzelte Unterschicht, Technokratisch-liberale Mittelschicht, Orientierungslos hedonistische Jugend-

vertikaler Schichtung auf die Herausbildung von Milieustrukturen zu verkennen, so z. B. auch bei der Konstruktion des ostdeutschen Milieumodells.[54]

Vesters Projektion der (westdeutschen) Sinus-Milieus in Bourdieus klassenhierarchisch definierten sozialen Raum zeigt daher plausiblerweise deutliche Strukturhomogenitäten zwischen beiden Modellen, aber auch Abweichungen.[55] Die darüber hinaus vorgenommene vertikale Trichotomisierung des Sinus-Modells in je drei Milieus der oberen, mittleren und „Arbeiterlagen" wird seiner spezifischen Strukturlogik jedoch nicht gerecht. Auf diese Weise werden auch Milieus bestimmten Klassenlagen eindeutig zugeordnet (so z. B. das Hedonistische Milieu den „mittleren Lagen" oder das Neue Arbeitnehmermilieu den „Arbeiterlagen"), deren Sozialtopografie eben nicht eindeutig, sondern unscharf ist, oder die – wie das Hedonistische Milieu – Klassen- bzw. Schichtgrenzen ohnehin sprengen.[56]

Es ist kein zufälliges Ergebnis der Sinus-Methode, daß sich historisch ältere Milieus (das Konservative gehobene Milieu, das Kleinbürgerliche Milieu, aber auch das Traditionelle Arbeitermilieu), deren sozialhistorische Wurzeln weit ins 19. Jahrhundert zurückreichen, stärker im Sinne vertikaler Klassifikationslogik definieren als die historisch sehr jungen Milieus: das Hedonistische und das Neue Arbeitnehmermilieu. Milieuanalytische Ansätze, die gewachsene und sich verändernde soziale Wirklichkeit abbilden wollen, müssen die diachronalen Elemente der Sozialstruktur in ihre Modellbildung ebenso einbeziehen wie die ständige Veränderung und Veränderbarkeit von Wertorientierungen, Alltagseinstellungen und ästhetischen Ausdrucksformen, kurz: Sie müssen den Prozeßcharakter von Gesellschaft erfassen und widerspiegeln.

Stabilität, Ganzheitlichkeit und Unschärfe

Im Gegensatz zu Lifestyle-Typologien, die sich an modeabhängigen Oberflächenphänomenen mit vergleichsweise kurzer Umlaufzeit orientieren (wer redet heute beispielsweise noch über „Punks" oder „Popper"?), suchen Milieumodelle eher die Tiefenstrukturen sozialer Dif-

kultur, vgl. Flaig/Ueltzhöffer: Lebensweltanalyse: Explorationen zum Alltagsbewußtsein und Alltagshandeln, SIQUADAT-Jahresbericht, Sinus Heidelberg/München 1979
54 Vgl. Jörg Ueltzhöffer und Berthold Bodo Flaig: Spuren der Gemeinsamkeit? Soziale Milieus in Ost- und Westdeutschland, in: Werner Weidenfeld (Hrsg.): Deutschland. Eine Nation – Doppelte Geschichte, Köln 1993
55 Vgl. Vester 1989, S. 53; Vester/von Oertzen u. a. 1992, S. 180
56 Vester/von Oertzen u. a. 1992, S. 15

ferenzierung zu erfassen. Milieuanalyse, wie wir sie verstehen, isoliert daher auch nicht bestimmte lebensstilistische Besonderheiten, wie z. B. „Sportlichkeit" oder „Häuslichkeit", um sie idealtypisch zu verdichten, sondern zielt auf den *ganzen* Menschen, auf das gesamte Bezugssystem seiner Lebenswelt. Der von uns verwendete Milieubegriff nimmt Bezug auf soziale Syndrome, bestehend aus sozialen Lagen einerseits und Wertorientierungen sowie lebensweltlichen Sinn- und Kommunikationszusammenhängen andererseits (vgl. die Übersicht „Milieu-Bausteine", S. 71), Elemente also, die sich im Leben der meisten Menschen nur langfristig verändern. So neigt auch das Milieugefüge, das sie erzeugen und reproduzieren – um von diesem wiederum erzeugt und reproduziert zu werden – zur Stabilität, es verändert sich nur allmählich – im Rhythmus des säkularen Wertewandels, der ja durchaus auch Atempausen kennt.

Dabei liegt es in der Natur der Sache, das heißt der sozialen Wirklichkeit, daß die Grenzen zwischen den Milieus fließend sind, daß die Lebenswelten nicht so (scheinbar) exakt etwa nach Einkommen, Schulabschluß oder Berufsgruppenzugehörigkeit eingrenzbar sind wie soziale Schichten (vgl. die Grafik S. 74). Das Modell versucht auf diese Weise, um auf einen von Schulze vorgeschlagenen Begriff in leicht abgewandelter Form zurückzugreifen, die „Unschärferelation" der Alltagswirklichkeit nachzuzeichnen. Schulze weist übrigens zu Recht darauf hin, daß *„Unschärfe"* nicht mit *„Ungenauigkeit"* verwechselt werden dürfe. Während letztere die fehlerhafte Abweichung eines Forschungsergebnisses (z. B. durch Stichprobenfehler usw.) von der Wirklichkeit bezeichne, sei erstere als „Abweichung realer Ordnungstendenzen von einer vorgestellten idealen Ordnungstruktur" zu definieren.[57] Man kann es zugespitzter formulieren: Wenn die Strukturen der Alltagswirklichkeit selbst unscharf sind, z. B. die Grenzen zwischen sozialen Milieus, dann wäre es ungenau, sie genau und nicht unscharf zu markieren. Damit folgen wir im übrigen auch der Logik lebensweltlich-subjektiver Sinnstrukturen, die ja ebenfalls nicht mit dem analytischen Skalpell herausgearbeitet werden können.[58] Es ist wohl einer der schwerwiegendsten Irrtümer der „Sozialphysik", die vermeintliche Exaktheit naturwissenschaftlicher Erkenntnis kopieren zu müssen (was die Physik inzwischen selbst nicht mehr beansprucht). Die Akzeptanz der Unschärferelation hat für uns obendrein auch einen methodischen Vorteil, da sie uns in die Lage versetzt, für jede Person, die einem Milieu zugeordnet wurde, die Übergangswahrschein-

---

57 Schulze 1992, S. 213
58 Die Forderung nach Adäquatheit von wissenschaftlichem Modell (im Sinne „typischer Konstruktion") und Wirklichkeit hat bereits Schütz erhoben.

lichkeit zu einem oder auch mehreren anderen Milieus mathematisch-statistisch zu bestimmen.

Subjektivität, alltagsweltlicher Bezug, Stabilität und dennoch Veränderbarkeit, Ganzheitlichkeit und Unschärfe gehören somit zu den wesentlichen theoretischen Elementen unseres Milieuansatzes, explorative Techniken, z. B. das narrative Interview, zu den methodischen.

Bis Ende 1990 bestand das Sinus-Milieumodell aus folgenden acht sozialen Milieus:
– Konservatives gehobenes Milieu
– Kleinbürgerliches Milieu
– Traditionelles Arbeitermilieu
– Traditionsloses Arbeitermilieu
– Aufstiegsorientiertes Milieu
– Technokratisch-liberales Milieu
– Hedonistisches Milieu
– Alternatives Milieu

Bedingt durch industriegesellschaftliche Veränderungen (neue Technologien, neue Berufsprofile in den Schrittmacherindustrien), durch die rasante Zunahme mittlerer und gehobener Bildungsabschlüsse und durch die Sogwirkung des Wertewandels auf die junge Generation in der unteren Mitte der westdeutschen Gesellschaft, entstand etwa seit Mitte der achtziger Jahre im Rahmen dieses Milieugefüges eine neue Lebenswelt, die wir inzwischen in das Modell integriert haben, das
– Neue Arbeitnehmermilieu.

Um einen möglichst lebendigen Einblick in die Lebenswelt der „neuen Arbeitnehmer" wie auch der anderen acht westdeutschen Milieus zu vermitteln, sollen sie im folgenden hinsichtlich ihrer wichtigsten Merkmale wie soziale Lage, Wertorientierungen und Lebensstil kurz porträtiert werden.

Konservatives gehobenes Milieu

Dieses Milieu, dessen Angehörige von Bildung und beruflicher Position her meist zur gehobenen Mittelschicht gehören, repräsentiert das konservative deutsche Bürgertum. Im Milieuvergleich findet sich hier der größte Anteil von älteren Menschen: 50% sind älter als 55 Jahre.

Die typischen Milieu-Vertreter – leitende Beamte und Angestellte, Freiberufler, Unternehmer – fühlen sich als gesellschaftliche Elite. Sie verstehen sich oft als Humanisten, als Bewahrer der Tradition und beklagen den Sittenverfall, den zunehmenden Materialismus, die Bindungslosigkeit und das Verschwinden traditioneller Werte wie Glaube, Pflichtbewußtsein, Engagement für die Gemeinschaft.

Sie legen großen Wert auf eine kultivierte Lebensart – im Rahmen geordneter, gutsituierter Verhältnisse; sie verabscheuen Radikalismus jeder Art und halten viel von Bildung und Kunst (Klassik). Sie lieben Bodenständigkeit, Naturverbundenheit, Harmonie. Alles Übertriebene, Künstliche, Oberflächliche ist ihnen zuwider; sie lieben das Echte, das Dezente, die gute Qualität.

Ein intaktes, harmonisches Familienleben ist in diesem Milieu ein zentraler Lebensinhalt. Die „klassische" Rollenteilung zwischen Mann und Frau ist dabei selbstverständlich und funktioniert in der Regel problemlos.

In der Freizeit sind die Angehörigen dieses Milieus sehr „rührig" – und bleiben es auch meist bis ins hohe Alter. Sie unternehmen gern etwas mit der ganzen Familie, nehmen intensiv am gesellschaftlichen Leben teil, geben Einladungen, sind kulturell vielseitig interessiert und aktiv.

Typisch für dieses Milieu ist das Streben nach einem sinnerfüllten, „ethisch wertvollen" Leben. Man engagiert sich sozial (besonders Frauen) für die Armen, die Alten usw., arbeitet ehrenamtlich in Vereinen, Verbänden, Initiativen.

Im Privaten wie im Beruf werden persönliche Leistung und Verantwortung sehr ernst genommen. Dazu gehört dann auch, überdurchschnittlichen materiellen Erfolg und soziales Ansehen zu erreichen. Um glücklich zu sein, brauchen die Angehörigen dieses Milieus einen „distinguierten Rahmen". Ist diese Bedingung erfüllt, sind sie meist mit ihrem Leben zufrieden, wollen nichts grundsätzlich verändern.

Trotz ihres hohen Lebensstandards geben sie sich oft bescheiden. Sie sagen: Zufriedenheit, Harmonie und familiäres Glück sind wichtiger als materielle Ansprüche.

Kleinbürgerliches Milieu

Eine Bemerkung vorab: *Kleinbürger* ist keinesfalls abwertend gemeint, sondern zu verstehen als eine etwas plakative Bezeichnung für die Lebensorientierung von fast einem Viertel der bundesrepublikanischen Bevölkerung.

Hinsichtlich der sozialen Lage repräsentiert dieses Milieu sozusagen die Mitte, den traditionellen Mainstream unserer Gesellschaft: mittlere Bildungsabschlüsse, mittlere Einkommensgruppen, viele kleine bis mittlere Angestellte und Beamte sowie kleine und mittlere Selbständige. Der Anteil von älteren Menschen ist auch in diesem Milieu sehr groß.

Die *kleinbürgerliche* Leib- und Magenphilosophie lautet: Man muß im Leben etwas Anständiges erreichen. Dazu muß man die gebotenen Möglichkeiten nutzen, denn: „Es fällt einem nichts in den Schoß" und „Jeder ist seines Glückes Schmied". Diese Lebenseinstellung führt dazu, daß die Personen dieses Milieus ständig beschäftigt sind, immer irgendwelche Ziele verfolgen. Im Vergleich zu anderen Milieus gönnen sie sich selten einmal die Zeit, etwas wirklich zu genießen.

Wenn man es im Beruf zu etwas gebracht hat, wenn das Eigenheim schuldenfrei ist und sich die Kinder vorteilhaft entwickeln, kann man zufrieden sein mit dem Erreichten, kann man einstimmen in das typische Credo dieses Milieus: Alles soll so bleiben, wie es ist. Viele *Kleinbürger* erreichen dieses Lebensziel, bringen es mit Sparsamkeit und Mäßigung zu bescheidenem Wohlstand. „Unrealistische" Wünsche haben die Angehörigen dieses Milieus nicht.

Das Erreichte muß freilich abgesichert werden: Das gilt für jede Phase des Lebens – von einer soliden Berufsausbildung bis zur Sterbeversicherung. Das Streben nach Sicherheit prägt dieses Milieu wie kein anderes. Alterssicherung, Rücklagen, Besitz sind „bleibende Werte", die man letzten Endes für wichtiger hält als beruflichen Erfolg und gesellschaftlichen Aufstieg.

Die traditionellen Werte gelten den *Kleinbürgern* noch etwas: Ehrfurcht, Sauberkeit, Fleiß und Zielstrebigkeit werden hoch gehalten. Personen aus diesem Milieu haben wenig Verständnis für ungeordnete Verhältnisse, für allzu „Neumodisches", für „Ausgeflippte, Drückeberger und Traumtänzer".

Ebenso wie im *Konservativen gehobenen* legt man auch in diesem Milieu Wert auf ein geordnetes, harmonisches Familienleben. Besonders für die Frauen sind Heim und Familie die Mittelpunkte des Lebens, wo sie ihre Sehnsucht nach Geborgenheit, nach Harmonie und Beständigkeit zu verwirklichen suchen. Aber auch für die Männer ist – neben finanziell abgesicherten Verhältnissen – ganz wichtig, daß man im Familienleben miteinander harmoniert.

Personen dieses Milieus sind häufig bestrebt, eine private Idylle aufzubauen (Briefmarken sammeln, Schrebergarten, Hobbywerken, Gesangverein etc.). Süßes Nichtstun ist verpönt. Diese Einstellung prägt auch die Gestaltung der Freizeit – nach dem Motto: Wer rastet, der rostet.

Traditionelles Arbeitermilieu

Der Name deutet es schon an: In diesem Milieu findet man überwiegend Arbeiter, un- bzw. angelernte ebenso wie Facharbeiter. Das bedeutet einen überdurchschnittlich hohen Anteil von Personen mit kleinen bis mittleren Einkommen und niedriger Formalbildung. Das Milieu ist überaltert, hatte seinen „historischen Höhepunkt" in der Vergangenheit.

Die traditionelle Arbeiterkultur hat sich am stärksten noch in gewachsenen Arbeiterwohngebieten der großstädtischen Industrreviere (z. B. Ruhrgebiet, Saarland, Mannheim/Ludwigshafen, Hamburg) erhalten. Viel Kontakt mit den Nachbarn, den Kollegen, gesellige Freizeit im Schrebergarten, in der Eckkneipe, im Kleintierzüchter- oder Schützenverein sind typisch. Der einzelne ist nicht isoliert und anonym, sondern fühlt sich solidarisch eingebunden in der Verwandtschaft, der Nachbarschaft, im Kollegenkreis. Gerechtigkeit und Menschenwürde in der Arbeitswelt sind dementsprechend wichtige Werte.

Charakteristisch für das Milieu ist eine nüchterne, pragmatische Lebenseinstellung: Man arbeitet, um zu leben. Man muß sich nach seiner eigenen Decke strecken, sich mit den gegebenen Möglichkeiten arrangieren. Viel ändern kann man doch nicht. Dabei helfen die in diesem Milieu stark ausgeprägten Tugenden Sparsamkeit, Disziplin und Pflichtbewußtsein. Die Ansprüche übersteigen selten die finanziellen Möglichkeiten. Das Wichtigste ist, daß man sein Auskommen hat, einen befriedigenden Lebensstandard und daß die Familie abgesichert ist. Dann ist man auch in aller Regel zufrieden.

Materielle Sicherheit steht im *Traditionellen Arbeitermilieu* hoch im Kurs. Eine gesicherte Altersversorgung, ein sicherer Arbeitsplatz sind noch wichtiger als die Möglichkeit, sich einiges leisten zu können (z. B. einen Mittelklasse-Wagen oder einen Badeurlaub in Spanien) – obwohl auch das zu einem befriedigenden Lebensstandard gehört. Sicherheit hat für die *Traditionellen Arbeiter* weitaus größere Bedeutung als beruflicher und gesellschaftlicher Aufstieg. Der liegt in der Regel außerhalb ihrer Erwartungen. Mehr noch: Man betrachtet das sehr skeptisch. Der Verlust angestammter Bindungen – auch als Folge sozialen Aufstiegs – wird als existentielles Risiko erlebt.

Die Weltsicht dieses Milieus ist selten von überzogenen Ansprüchen oder Wunschdenken getrübt. So macht man sich auch in bezug auf die Familie wenig Illusionen. Man braucht geordnete Verhältnisse, in denen man Ruhe, Erholung und Geborgenheit findet. Die Arbeiterfamilie ist mehr eine Solidargemeinschaft als eine „Glücksgemeinschaft". Die Rollen sind traditionell verteilt. Meist ist der Mann als alleiniger Ernährer unangefochtenes Familienoberhaupt.

Bei aller Nüchternheit sind die Angehörigen dieses Milieus stolz auf ihre Herkunft, auf ihre Arbeitsleistungen und vor allem auf den erreichten Lebensstandard, den sie sich aus eigener Kraft geschaffen haben und den sie keinesfalls durch irgendwelche sozialen oder politischen Experimente aufs Spiel gesetzt wissen wollen.

Traditionsloses Arbeitermilieu

Die Personen dieses Milieus stehen in der sozialen Hierarchie weit unten. Nur Randgruppen haben einen noch geringeren Status.

In diesem Milieu häufen sich soziale Benachteiligungen: Bildungs- und Ausbildungsdefizite, hoher Anteil von Arbeitslosen, geringe Einkommen, unqualifizierte berufliche Tätigkeiten.

Weil man nicht viel hat und weil auch wenig Chancen für finanzielle, berufliche und soziale Verbesserungen bestehen, sind die Angehörigen dieses Milieus mit ihrer Lebenssituation oft unzufrieden. Die Verhältnisse sind klar: Man hat nichts gelernt, keine speziellen beruflichen Kenntnisse – Aufstiegsmöglichkeiten gibt es daher so gut wie nicht. Arbeit bedeutet eher Mühsal und Belastung, die aus purer Notwendigkeit ertragen wird und der man sich immer mal wieder entzieht (Krankfeiern, öfter mal ein neuer Job).

Um diese Situation ertragen zu können, findet man sich damit ab und konzentriert seine Lebensansprüche auf den privaten Bereich, auf Geld und Konsum. Probleme werden abgewehrt – oft regelrecht „zugeschüttet" (übermäßiges Essen, Alkohol). Man läßt alles auf sich zukommen und macht sich über die Zukunft möglichst wenig Gedanken.

In diesem Milieu herrscht ein ausgeprägter Materialismus. Die Menschen werden vor allem danach beurteilt, was sie haben. Man legt großen Wert auf Äußerlichkeiten: großes Auto, attraktives Aussehen, chice modische Kleidung. Materielle Sicherheit ist zwar wichtig, oft wird jedoch das wenige Geld – ohne Rücksicht auf Notwendigkeiten – für kurzfristigen Konsum und Vergnügungen ausgegeben.

Konsumgüter werden zu Lebenszielen, und oft dient dieses „Von-der-Hand-in-den-Mund"-Leben dazu, die Enttäuschungen des Alltags zu lindern, Probleme abzuwehren.

Der geringe Verdienst wird dabei oft als aufgezwungener Konsumverzicht erlebt. Die schlechte Bezahlung steht – nach Auffassung der meisten *Traditionslosen Arbeiter* – in keinem Verhältnis zur geforderten Leistung und den gesundheitlichen Risiken, die der Beruf mit sich bringt. Das führt leicht zu einem typischen „Underdog"-Bewußtsein („Als Arbeiter ist man doch nur der letzte Dreck").

Oft leidet auch das Familienleben unter der finanziellen Enge. Besonders die Frauen leiden unter den Verhältnissen, unter den starren Rollenauffassungen der Männer, die wenigstens zu Hause etwas zu sagen haben wollen. Dies führt nicht selten zu Streit und Gewalttätigkeiten. Auch in der Nachbarschaft und im Kollegenkreis gibt es oft keinen Zusammenhalt. So zieht man sich in den privaten Bereich zurück und lebt nach dem Motto: „Jeder ist sich selbst der Nächste".

Neues Arbeitnehmermilieu

Das *Neue Arbeitnehmermilieu* ist das jüngste im Milieuvergleich – sowohl in der Altersstruktur (drei Viertel sind unter 35 Jahren) – wie auch historisch. Bedingt durch industriegesellschaftliche Veränderungen (neue Technologien, neue Berufsprofile in den Schrittmacherindustrien), durch die rasante Zunahme mittlerer und gehobener Bildungsabschlüsse und durch die Sogwirkung des Wertewandels auf die junge Generation in der unteren Mitte der westdeutschen Gesellschaft, entstand im Zentrum des modernen, hedonistisch geprägten Mainstream eine neue Lebenswelt.

Die Angehörigen dieses Milieus haben meist eine mittlere Formalbildung (typisch: Fachabitur) und sind, wenn sie nicht gerade eine berufsvorbereitende oder weiterqualifizierende Ausbildung absolvieren, häufig in High-Tech-Betrieben (z. B. Produktionsvorbereitung, Produktionskontrolle) oder in modernen Dienstleistungs- und Sozialberufen (z. B. EDV-Assistentin, Software-Entwickler, MTA, Sozialpädagoge) tätig.

Ihr Ziel ist ein selbstbestimmtes, möglichst angenehmes Leben – ohne allzu viel Streß und ohne materiellen Verzicht. Dazu gehört eine Arbeit, die Spaß macht, die sinnvoll ist und die angemessen bezahlt wird, damit man sich leisten kann, was einem gefällt. Und dazu gehört auch genug Freizeit, um Spaß zu haben (z. B. Ausgehen, Sport treiben, Veranstaltungen besuchen, Feste feiern) und um sich zurückziehen und erholen zu können (z. B. Malen, Lesen, Fernsehen, am Motorrad oder PC tüfteln).

Das Anspruchsniveau der Milieuangehörigen ist allerdings flexibel. Sie sind ausgesprochene Realisten, lassen sich nicht von abstrakten Idealen leiten, sondern handeln nach ihren Bedürfnissen und suchen den Kompromiß mit den alltäglichen Notwendigkeiten.

Obwohl sie ein ausgeprägtes Leistungsethos haben (verbunden mit der Bereitschaft, sich ständig weiter zu qualifizieren) und hohe Ansprüche an sich selbst und ihre Arbeit stellen, streben sie meist nur einen begrenzten Aufstieg aus der Enge ihres (proletarischen) Herkunftsmilieus an. Der Anspruch auf Freizeit, Lebenslust und Genuß wird der Berufsarbeit nicht untergeordnet.

Charakteristisch für dieses Milieu ist gerade, daß Beruf, Partnerschaft, Freizeit und Gemeinschaftserleben gleichrangige Lebensziele sind. Dazu kommt eine grundsätzliche Offenheit anderen Lebensweisen und Erfahrungen gegenüber: Man möchte Neues ausprobieren, den eigenen Horizont erweitern, viele verschiedene Dinge nebeneinander tun – jedenfalls „nicht stehenbleiben".

Die Angehörigen dieses Milieus streben enge Partnerverbindungen an – entsprechend dem konventionellen Zwei-Stufen-Modell: zunächst gemeinsam das Leben genießen (mit oder ohne Trauschein), dann Familiengründung und Kinder. Vor allem die Frauen erwarten eine partnerschaftliche Teilung der Familienarbeit, was jedoch nur selten wirklich realisiert wird. Das Verhältnis der Geschlechter wird aber in diesem Milieu längst nicht so stark problematisiert wie in anderen Lebenswelten. Die Vorstellungen von Männern und Frauen lassen sich im Alltag zumeist pragmatisch ausgleichen. Der Lebens- und Konsumstil in diesem Milieu ist von einem konventionellen Modernismus geprägt. Man schätzt zurückhaltende, gediegenmoderne Designs, lehnt Stilübertreibungen und „starke Reize", aber auch den „altdeutsch-spießigen" Geschmack des Herkunftsmilieus ab. Das Geld, das man verdient, gibt man auch gerne aus. Spontane Belohnungskäufe leistet man sich ohne Reue. Man möchte nicht „auf den Pfennig achten" müssen – um sich seine Flexibilität zu erhalten aber auch nicht allzu weit im Vorgriff leben. Größere Anschaffungen werden daher meist sorgfältig geplant. Man prüft und vergleicht gerne, nicht selten mit großem Sachverstand; denn Konsum soll nicht nur Freude bereiten, sondern auch „vernünftig" und „sinnvoll" sein.

Aufstiegsorientiertes Milieu

Der Millionär, der als Tellerwäscher begonnen hat – dieser Urtyp des Aufsteigers aus grauer Vorzeit – ist sicher kein aktuelles Leitbild in diesem Milieu. Doch das zugrunde liegende Karrieremuster – mit eigener Kraft den Aufstieg aus kleinen Verhältnissen zu schaffen – ist voll akzeptiert. Ansichten wie: „Jeder ist zum Erfolg geboren" oder „Erfolg ist eine Sache richtiger Planung" sind in diesem Milieu weit verbreitet. Auch der Aufsteiger der 90er Jahre will mehr im Leben erreichen als die Eltern, die Kollegen, die Nachbarn.

Für dieses zentrale Lebensziel ist der *Aufstiegsorientierte* bereit, große persönliche Opfer zu bringen: Er bildet sich beruflich weiter, schränkt das Privatleben ein, nimmt wenig Rücksicht auf seine Gesundheit. Selbst das Familienleben ist ihm letztlich weniger wichtig als der berufliche und soziale Aufstieg.

Wer soviel in den Aufstieg investiert, der will die erkämpften Lorbeeren auch vorzeigen, will sich mit den Erfolgsinsignien unserer Konsumgesellschaft schmücken. Der *Aufstiegsorientierte* ist stolz, daß er sich Haus, dickes Auto, teure Kleidung und exklusive Hobbies leisten kann. Um hohen Lebensstandard zu demonstrieren, umgibt er sich gern mit Produkten, deren Markenimages erwiesenermaßen Prestige garantieren und die weithin akzeptiert sind. Denn er möchte zwar aus der Masse herausragen, aber auf keinen Fall durch Extravaganzen unangenehm auffallen und damit vielleicht einen Karriereknick riskieren.

65

Karriere machen wird ohnehin immer schwerer, was viele *Aufstiegs-orientierte* sehr beunruhigt, auch wenn sie das natürlich zu verbergen suchen. „So tun als ob" (nichts wäre) ist eine unausgesprochene Parole, an die sich viele zu halten scheinen.

Der auf effektives Denken und Handeln getrimmte Aufsteiger versucht auch sein Familienleben nach möglichst „vernünftigen" und rationalen Grundsätzen zu regeln. Die Familie bzw. die Partnerschaft soll ein Schonraum sein, wo man sich vom harten Berufsalltag erholen kann, wo man keinen Zwängen unterworfen ist, wo man keine zusätzlichen Belastungen hat. Reibungsloses Funktionieren ist daher ein wichtiger Anspruch an das Familienleben in diesem Milieu.

Dazu im Widerspruch steht der Emanzipationsanspruch der Frauen, die es trotz gewisser Ansätze zu partnerschaftlicher Rollenteilung nicht mehr akzeptieren, als Hausfrauen und Mütter nur die Berufskarriere ihrer Männer abzusichern. Gerade jüngere Frauen in diesem Milieu entwickeln selbst (gemäßigte) Aufstiegsorientierungen, sie zieht es selbst ins Berufsleben, ihnen genügt oft nicht mehr, nur ihre Männer zu motivieren.

Die Folge ist häufig „Emanzipationsstreß". Man versucht, die modernen Normen Partnerschaftlichkeit und Gleichberechtigung zwar zu erfüllen – die traditionell geprägten Rollenbilder und psychosexuellen Bedürfnisse stehen dem aber meist entgegen.

Technokratisch-liberales Milieu

Etwas salopp könnte man sagen: Die *Technokratisch-Liberalen* sind dort, wo die meisten *Aufstiegsorientierten* gern hin wollen. Sie haben zumeist anerkannte und gutdotierte Positionen (leitende Angestellte, Selbständige und Freiberufler), und sie zelebrieren einen gehobenen, teilweise ausgesprochen exklusiven Lebensstil.

Nun sind die Startbedingungen für die eigene Karriere in diesem Milieu in aller Regel auch sehr viel besser als in den meisten anderen Lebenswelten. Man fängt nicht unten an, sondern beginnt auf einer soliden, von Elternhaus und guter, oft akademischer Ausbildung geschaffenen Plattform. Erfolg und Sozialprestige sind in diesem Milieu für Männer *und* Frauen nachgerade etwas Selbstverständliches.

Das heißt nun nicht, daß den *Technokratisch-Liberalen* alles in den Schoß fiele. Sie haben eine große Leistungsbereitschaft und viel Durchsetzungsvermögen. Sie versuchen allerdings auch das Erfolgs- und Karrierestreben nicht in Verbissenheit ausarten zu lassen. Worauf es ihnen letztlich ankommt, ist ein möglichst angenehmes, unproblematisches Leben zu führen (manche geben das sogar offen zu).

Gerade die Erfolgreichen dieses Milieus gestatten sich hin und wieder Flucht- und Aussteigergedanken: „Alles hinschmeißen", ein ganz neues Leben anfangen. Doch zum großen Ausstieg kommt es fast nie: Ein Segelschiff, ein Off-road-Auto, ein Landhaus in der Toscana (wer es sich leisten kann) und die vielen kommerziellen Fluchtangebote der Freizeitindustrie tun es auch. Letzten Endes geht es den meisten *Technokratisch-Liberalen* auch viel zu gut, als daß sie grundlegende Veränderungen herbeisehnen wollten.

Wenn sie Gedanken aus dem alternativen Lager aufgreifen und kolportieren (neben dem Ausstiegsthema vor allem bestimmte Endzeitphantasien), so geschieht das vornehmlich in der Absicht, sich auch auf diesem Terrain als eine Art „Zeitgeistavantgarde" zu bewegen.

Wirkliches Avantgardebewußtsein legen die Angehörigen dieses Milieus an den Tag, wenn es darum geht, neue Modeströmungen aufzugreifen, wenn nicht gar zu kreieren. Wir haben es hier mit einem richtigen „Trendsetter-Milieu" zu tun: Neue Einrichtungsstile, Kleidermoden, Freßwellen, Urlaubsziele usw. werden häufig zuerst in diesem Milieu propagiert und praktiziert.

Die Lust am Neuen und das ausgeprägte Bedürfnis nach Selbstdarstellung beim typischen *Technokratisch-Liberalen* lassen sich auf diese Weise hervorragend kombinieren. Die Selbstdarstellung und Selbstprofilierung erfolgt in der Regel mit subtilen Methoden: Durch Understatement abgefedert, läßt man seine Kennerschaft auf vielen Gebieten, die das Leben schön und lebenswert machen, durchblicken.

An das Familienleben stellt man den Anspruch, daß es möglichst unverkrampft und zwanglos funktioniert. Man ist tolerant, Mann und Frau leben oft sehr selbständig, haben ihren eigenen Beruf und ihren eigenen Bekanntenkreis.

Hedonistisches Milieu

Das *Hedonistische Milieu* ist ein junges Milieu: Fast zwei Drittel sind jünger als 40 Jahre. Alle sozialen Schichten und Bildungsgruppen sind vertreten – vom Jungakademiker bis zum arbeitslosen Skin.

Die Arbeit und die Arbeitswelt lieben sie alle nicht besonders. Sie leiden einerseits unter der „Unpersönlichkeit" und „Inhaltsleere" des Arbeitslebens, haben aber auch andererseits keine Lust, sich für beruflichen Erfolg und sozialen Aufstieg „kaputtzumachen". Arbeit ist ein notwendiges Übel, wenn möglich, entzieht man sich ihr. Das soll nicht heißen, daß die Angehörigen dieses Milieus von der Konsumwelt nichts hielten. Sie haben bloß keine Lust, sich dafür anzustrengen.

Sie träumen von Unabhängigkeit und Selbstverwirklichung, von einer Tätigkeit, die interessant ist, „kreativ", die Spaß macht und die dazu möglichst gut bezahlt wird. Häufig werden große Pläne gemacht, die aber selten ausgeführt werden. Man fängt etwas an, läßt es dann – wenn Schwierigkeiten auftauchen – bald wieder sein. „Leben" findet deshalb fast ausschließlich in der Freizeit, nach Feierabend statt. Man ist viel mit Gleichgesinnten zusammen, bevorzugt das Leben in der Gruppe. Die sozialen Kontakte sind aber oft sehr locker und unverbindlich. Auch in bezug auf Ehe und Partnerschaft ist man selten bereit (bzw. seelisch nicht immer dazu in der Lage), sich fest zu binden.

Die typischen Vertreter des *Hedonistischen Milieus* wehren sich gegen alle Zwänge: Elternhaus, Beruf, Konventionen. Alles, was man tut, soll in erster Linie Spaß machen („Don't worry, be happy"). Hedonistische Einstellung heißt: Streben nach Genuß, Wunsch nach Abwechslung und Zerstreuung, Suche nach „intensivem Leben" und starken Reizen – bis hin zur tabuverletzenden neuen Lust an der Gewalt.

Die Angehörigen dieses Milieus leben ganz im Hier und Jetzt. Sie haben keine stabilen Ziele und moralischen Prinzipien. Scheinbar festgefügte religiöse oder politische Überzeugungen werden ebenso schnell ausgetauscht wie Freizeit-Trends und Konsummoden. Stilistische Ansprüche sind in diesem Milieu besonders wichtig („action", „coolness", Provokation). Man möchte originell sein, individuell, „echt": vom Musiktrip über die Lebens- und Liebesgewohnheiten bis zur bevorzugten Jeansmarke oder Hamburger-Kette.

Alternatives Milieu

Wenn man nur die wirklich alternativ lebenden und (vor allem) arbeitenden Leute zusammenzählte, wäre das Milieu noch viel kleiner, als es ohnehin schon ist. Echte Aussteiger, die erfolgreich eine alternative Karriere aufbauen, sind also eine Minderheit. Doch was die wenigen Ökobauern, die kleine Gruppe der in selbstverwalteten, umweltfreundlich produzierenden Betrieben arbeitenden Menschen geschafft haben, regt die Phantasien und Sehnsüchte der anderen an und wirkt über die Milieugrenzen hinaus.

Das Schlagwort von der „Selbstverwirklichung" hat in diesem Milieu einen magischen Klang. Alle reden und träumen von kreativen, gesellschaftlich wertvollen Tätigkeiten in Beruf und Freizeit, legen großen Wert auf vielfältige soziale Beziehungen, auf „Kommunikation" und Mitmenschlichkeit.

Da diese weitgespannten Hoffnungen und Ansprüche in der rauhen

Wirklichkeit allenfalls ansatzweise eingelöst werden können, versucht man der „seelenlosen" Beton- und Plastikwelt wenigstens alternative Idyllen abzutrotzen. Schwärmerische Vorstellungen vom „echten und natürlichen" Leben finden ihren konkreten Ausdruck in alternativen Ernährungsweisen, der Bevorzugung alles Selbstgemachten (von Kleidern bis Möbeln) und stilisierter Konsumaskese. Immerhin sind einige dieser Vorstellungen und Verhaltensweisen – wenn auch in anderer ideologischer Verpackung – in die Konsum- und Lebensstile anderer Milieus eingeflossen.

Familienleben und Partnerschaft sind oft von „Beziehungsproblemen" belastet. Die Frauen – in abgeschwächter Form auch die Männer – sind emanzipationsorientiert, wollen sich von der alten Geschlechterrolle lösen.

In der Freizeit versucht man, sich kreativ-künstlerisch und auch politisch zu betätigen, bleibt aber in der Regel unter sich, im *Alternativen Milieu*.

Was alle Milieu-Angehörigen eint, ist die kritische Einstellung zu unserer Gesellschaft, deren Selbstvernichtung man vor Augen sieht, wenn keine radikale Umkehr beim Umweltschutz oder in der Dritte-Welt-Politik erfolgt. Auch in der Ablehnung des Materialismus ist man sich einig: Das „sinnentleerte" Streben nach Geld, Erfolg, Prestige wird oft in harten Worten verurteilt und als „Konsumterror" gebrandmarkt.

4. Die Entwicklung der Milieustrukturen 1982–1992: Modernisierung versus Regression

Die Entwicklung des Milieuansatzes basierte zunächst ausschließlich auf qualitativen Befunden, die allerdings durch eine außergewöhnlich große, auf mehrere Jahre verteilte Stichprobe (ca. 1400 Lebenswelt-Explorationen) fundiert war. 1981 erfolgte dann zum ersten Mal die quantitative Überprüfung und Validierung mittels einer Statementbatterie von zur Zeit 46 Items, dem sogenannten „Milieu-Indikator", die milieuspezifische Wertorientierungen mißt. Wertorientierungen eignen sich, wie wir feststellten, besonders gut zur systematischen Trennung der Milieus. Sie prägen die charakteristischen Lebensphilosophien und Lebensziele, die der gesamten „strategischen Lebensplanung" eines Menschen zugrunde liegen. Es handelt sich dabei um milieutypische Syndrome, also um spezifische Kombinationen von Werten. Einzelwerte (z. B. Selbstverwirklichung, Sicherheitsstreben) reichen zu einer Charakterisierung nicht aus. Erst das typische Werteprofil ermöglicht eine zureichende Klassifikation. Mit dem Einsatz dieses „Milieu-Indikators" in bevölkerungsrepräsentativen Erhebungen gelang es, die Milieustruktur der Bevölkerung auch quantitativ zu ermitteln und darzustellen. Als milieuindizierende (aktive) Variablen dienen für die Segmentierung großer Stichproben also ausschließlich Wertorientierungen, mithin auch keine soziodemografischen Merkmale.[59] Letztere werden in einem zweiten Schritt als passive Variablen zur Validierung und Beschreibung der auf diesem Weg identifizierten Sozialen Milieus herangezogen. (Wenn es nämlich, so die Logik des Verfahrens, milieutypische Wertorientierungsmuster gibt, dann müssen Methoden zur Identifizierung dieser Muster auch die ihnen komplementären milieutypischen soziodemografischen Strukturen, z. B. milieuspezifische Alters- und Bildungsprofile, produzieren – was sie im übrigen auch tun).

Manche Autoren nehmen mit Blick auf dieses Verfahren irrtümlicherweise an, die inhaltliche Bestimmung der Milieus erfolge ausschließlich auf der Basis von Wertorientierungen, es handele sich also im Grunde um die Formulierung von „Werte-Milieus", die weitere milieukonstituierende Dimensionen außer Acht lasse. Dabei bleibt unberücksichtigt, daß die Milieu-Definition selbst *qualitativ* erfolgt, unter Erforschung und Einbeziehung eines komplexen Gefüges milieukonstituierender Merkmale (den „Milieu-Bausteinen"), deren Veränderungsdynamik, zumeist im Jahresabstand, immer wieder überprüft wird.

---

59 Als mathematisch-statistisches Modell dient eine speziell adaptierte Prokrustes-Clusteranalyse

„Milieu-Bausteine"

Lebensziel	– Werte – Lebensgüter – Lebensstrategie, Lebensphilosophie
Soziale Lage	– Größe (Anteile an der Grundgesamtheit) und – Soziodemografische Struktur der Milieus
Arbeit/Leistung	– Arbeitsethos, Arbeitszufriedenheit – Beruflicher und sozialer Aufstieg – Materielle Sicherheit

Gesellschaftsbild	– Politisches Interesse, Engagement
	– Systemzufriedenheit
	– Wahrnehmung und Verarbeitung gesell-
	  schaftlicher Probleme (technologischer
	  Wandel, Umwelt, Frieden . . .)

Familie/Partnerschaft	– Einstellung zu Partnerschaft, Familie, Kindern, Rollenbilder – Geborgenheit, emotionale Sicherheit – Vorstellungen vom privaten Glück
Freizeit	– Freizeitgestaltung, Freizeitmotive – Kommunikation und soziales Leben

**Wunsch- und
Leitbilder**
	– Wünsche, Tagträume, Phantasien,
	  Sehnsüchte
	– Leitbilder, Vorbilder,
	  Identifikationsobjekte

Lebensstil	– Ästhetische Grundbedürfnisse (Alltagsästhetik) – Milieuspezifische Stilwelten

Seit 1982 wurde die Milieustruktur der deutschen Wohnbevölkerung (ab 14 Jahren) auf der Basis von sehr großen Stichproben ermittelt, bis heute ca. 400 000 Fälle. Vergleicht man nun die Daten im Beobachtungszeitraum 1982–1990 (vgl. die Grafik), dann ergibt sich ein recht stabiles Strukturbild. Das ist auch nicht weiter verwunderlich, da die milieukonstituierenden Merkmale, z. B. die Wertorientierungen oder die ästhetischen Neigungen der Menschen, dazu tendieren, selbst in turbulenten Zeiten relativ konstant zu bleiben.

Entwicklung der Milieustrukturen 1982–1990

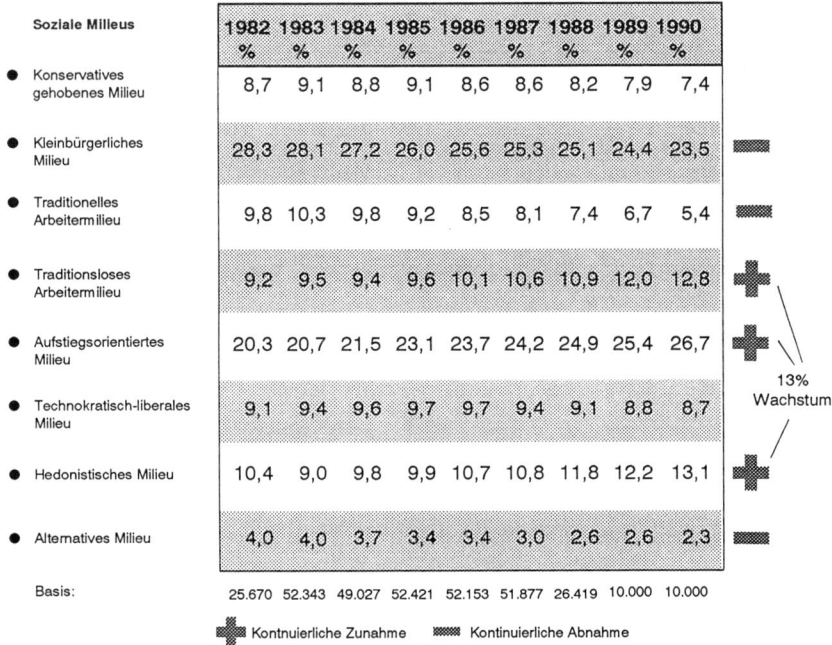

Soziale Milieus	1982 %	1983 %	1984 %	1985 %	1986 %	1987 %	1988 %	1989 %	1990 %	
● Konservatives gehobenes Milieu	8,7	9,1	8,8	9,1	8,6	8,6	8,2	7,9	7,4	
● Kleinbürgerliches Milieu	28,3	28,1	27,2	26,0	25,6	25,3	25,1	24,4	23,5	▬
● Traditionelles Arbeitermilieu	9,8	10,3	9,8	9,2	8,5	8,1	7,4	6,7	5,4	▬
● Traditionsloses Arbeitermilieu	9,2	9,5	9,4	9,6	10,1	10,6	10,9	12,0	12,8	✚
● Aufstiegsorientiertes Milieu	20,3	20,7	21,5	23,1	23,7	24,2	24,9	25,4	26,7	✚
● Technokratisch-liberales Milieu	9,1	9,4	9,6	9,7	9,7	9,4	9,1	8,8	8,7	
● Hedonistisches Milieu	10,4	9,0	9,8	9,9	10,7	10,8	11,8	12,2	13,1	✚
● Alternatives Milieu	4,0	4,0	3,7	3,4	3,4	3,0	2,6	2,6	2,3	▬
Basis:	25.670	52.343	49.027	52.421	52.153	51.877	26.419	10.000	10.000	

13%
Wachstum

✚ Kontinuierliche Zunahme   ▬ Kontinuierliche Abnahme

Dennoch, wenn es Wertewandel gibt, können derartige Prozesse nicht ohne Einfluß auf die Milieustruktur bleiben. Während die Milieus des traditionellen Mainstreams unserer Gesellschaft seit 1982 kontinuierlich „schrumpfen" (so das Kleinbürgerliche Milieu von 28% auf 24% und das Traditionelle Arbeitermilieu von 10% auf 5%), beobachten wir ein kontinuierliches Wachstum derjenigen Milieus, die den modernen Mainstream bilden (Aufstiegsorientiertes Milieu und Hedonistisches Milieu) sowie des Traditionslosen Arbeitermilieus. Diese drei Milieus sind im Beobachtungszeitraum zusammen um 13% gewachsen. Gleichzeitig zeigte sich eine zunehmende Subdifferenzierung insbesondere des Aufstiegsorientierten und des Hedonistischen Milieus und in diesem Zusammenhang die allmähliche Herausbildung einer neuen Lebenswelt in ihrem Überschneidungsbereich – also genau im Zentrum des modernen Mainstreams: die Herausbildung des Neuen Arbeitnehmermilieus. Wir beobachten diese neue, sehr junge Lebenswelt und die Prozesse, die zu ihrer Herauskristallisierung im bestehenden Milieugefüge geführt haben, im Rahmen unserer qualitativen Forschung seit 1987. Seit 1991 liegen auch quantitative Ergebnisse vor.

Die Veränderung des Milieugefüges spiegelt damit drei für die gesamtgesellschaftliche Entwicklung der Bundesrepublik West zu Beginn der

neunziger Jahre charakteristische, typischerweise gegenläufige, Grund-
tendenzen wider:[60]

- *Modernisierung* im Sinne einer Öffnung des sozialen Raumes durch
  höhere Bildungsqualifikationen, wachsende Kommunikationsbe-
  reitschaft und – damit verbunden – erweiterte Entfaltungsspielräume,
  versinnbildlicht in der Herausbildung des Neuen Arbeitnehmermilieus.
- *Regression* durch die Zunahme anomischer Prozesse (wachsende
  soziale Deklassierung, Orientierungslosigkeit, Sinn- und Werteverlust)
  und daraus resultierender autoritärer und aggressiver Neigungen: Das Traditionslose Arbeitermilieu und das Hedonistische
  Milieu dehnen sich aus.
- *Segregation*, d. h. Auseinanderdriften der Lebens- und Wertewelten,
  zunehmende Abschottung der Sozialen Milieus gegeneinander und
  Radikalisierung milieuspezifischer Einstellungs- und Verhaltensmuster.

Folgende Grafik zeigt die Milieustruktur 1992 in Deutschland West unter
Einbeziehung des Neuen Arbeitnehmermilieus. Was die Grafik nicht
zeigt, obwohl es sich dabei um einen grundlegenden Bestandteil des
Milieukonzepts handelt, ist die Tatsache, daß es zwischen den Milieus
Berührungspunkte und Übergänge gibt.

Die Milieustruktur in Deutschland West 1992*

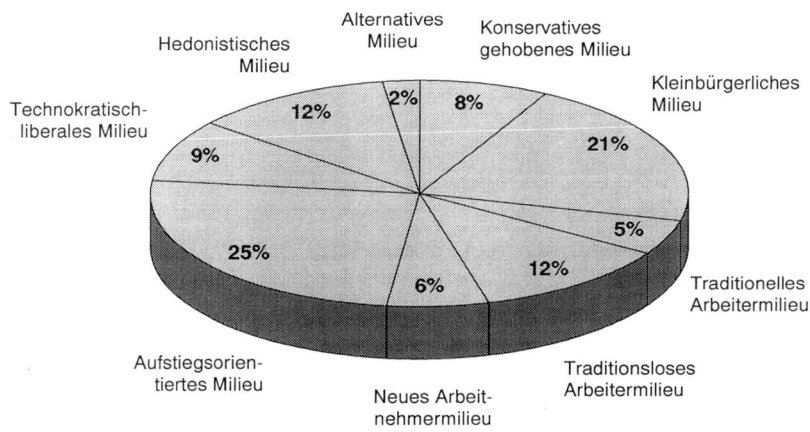

* Grundgesamtheit: Wohnbevölkerung
  ab 14 Jahren in den alten Bundesländern   Basis: 22.500 Fälle

---

60 Vester/von Oertzen u. a. 1992 interpretieren die Veränderung der Milieustrukturen wohl
    etwas zu optimistisch „im Uhrzeigersinn", d. h. in Richtung gesellschaftlicher Moder-
    nisierung, S. 179

Die Überlappungspotentiale sowie die Position der Milieus in der bundesrepublikanischen Gesellschaft nach sozialer Lage und Grundorientierung lassen sich schematisch anhand der folgenden Grafik veranschaulichen: Je höher das entsprechende Milieu in dieser Grafik angesiedelt ist, desto höher sind – im sozialhierarchischen Sinne – Bildung, Einkommen und Berufsgruppe. Je weiter nach rechts, desto weniger traditionell ist die Grundorientierung des jeweiligen Milieus. Die Grenzen sind also fließend.

Die Sozialen Milieus in Deutschland West:
Soziale Lage und Grundorientierung

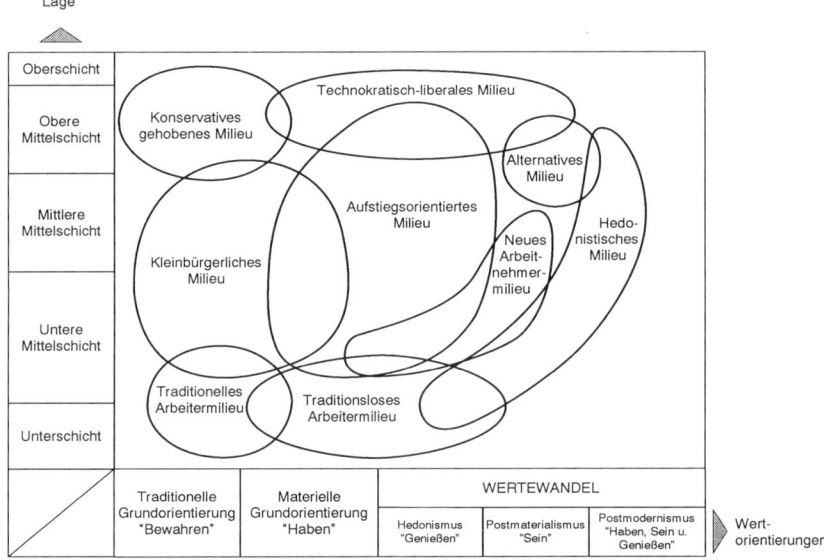

Auf welche Weise nun alltagsästhetische Stilwelten mit den milieuspezifischen Wertewelten, die dieses Modell aufspannt, sinnhaft verknüpft sind, soll im folgenden Kapitel aufgezeigt werden.

Teil III: Lebenswelt und Alltagsästhetik

1. Die Sinus-Forschung zur Alltagsästhetik

Seit 1983 werden im Rahmen der Sinus Lebensweltforschung[1] auch systematisch Alltagsästhetik und Stilpräferenzen in den Sozialen Milieus untersucht. Lange vor G. Schulzes Einsicht, „Design und Produktimage" würden (in der Vermarktung von Gütern und Dienstleistungen) „zur Hauptsache, Nützlichkeit und Funktionalität zum Accessoire"[2], haben die Märkte und die Marktforschung auf das seit spätestens Anfang der 80er Jahre erkennbare Anwachsen von Individualismus- und Genußwerten reagiert. Denn diese Entwicklung, die wir schlagwortartig als „Hedonismus-Trend" charakterisiert haben, verändert unmittelbar die Grundorientierungen großer Teile der Bevölkerung und ist der Nährboden für zahllose neue Lebens- und Konsumstile.

Der „Hedonismus" drückt sich einerseits aus in wachsenden Genuß- und Konsumansprüchen:

- Eine immer größer werdende Gruppe von Menschen will immer mehr. Die Vielfalt der Erlebniswünsche wächst.
- Das Konsum-Tempo wird immer schneller. Die sofortige Verfügbarkeit von Gütern und Dienstleistungen bzw. die Mühelosigkeit des Konsums werden wichtiger, und die Ansprüche nach immer besserer Qualität steigen (Stichwort: Luxusbedürfnisse).

Eng damit verknüpft ist der zweite Motivstrang des „Hedonismus", die wachsenden Individualisierungs- und Abgrenzungsbedürfnisse:

- Immer mehr Menschen wollen durch ihre Kaufentscheidungen ihre Einzigartigkeit und Originalität unter Beweis stellen, ihre Lebensart demonstrieren bzw. ihren Lifestyle stilisieren.[3]
- Die Vielzahl vergleichbarer, um nicht zu sagen, austauschbarer Produkte fördert die Neigung der Verbraucher, vorwiegend subjektive

---

1 Zu Theorie und Methodik der Sinus-Lebensweltforschung sowie zum Konzept der Sozialen Milieus siehe Teil II in diesem Band
2 Gerhard Schulze: Die Erlebnisgesellschaft. Kultursoziologie der Gegenwart, Frankfurt/Main 1992, S. 13
3 Vgl. Andreas Zierhut: Auf der Suche nach großstädtischer Lebensart, in: Michael Andritzky: Oikos. Von der Feuerstelle zur Mikrowelle. Haushalt und Wohnen im Wandel, Gießen 1992, S. 195–200 („Ein schöner Stuhl, ein bequemer Stuhl, ein preiswerter Stuhl, ein solider Stuhl? Die Entscheidung für den einen oder den anderen ist nicht nur Resultat unserer ästhetischen und stilistischen Vorlieben, sondern wir berücksichtigen bei der Anschaffung auch, wem wir damit gefallen – oder mißfallen – wollen." S. 198)

Stilvorstellungen und individuelle Geschmackspräferenzen ins Zentrum ihrer Kaufentscheidung zu rücken. Konsumorientierungen, Alltagsästhetik und Design stehen daher in einem engen Zusammenhang. Jeder Hersteller ist heute mehr denn je darauf angewiesen, diese Zusammenhänge zu verstehen, weil er sonst Gefahr läuft, am Kunden vorbei zu produzieren. Die immer massiver werdende Zurückweisung des „Produkts von der Stange" ist nach unseren Erkenntnissen nicht nur modisches Lippenbekenntnis, sondern basiert zunehmend auch auf gewachsener Verbraucherkompetenz und auf einem ausgeprägten Selbstbewußtsein der Konsumenten.

Die Sinus-Forschung zur Alltagsästhetik hat sich bis dato hauptsächlich auf drei Anwendungsgebiete konzentriert:

– die Erforschung des Wohn- und Einrichtungsverhaltens, die unter dem Titel „Wohnwelten in Deutschland" gemeinsam vom Sinus-Institut und vom BURDA-Verlag getragen wird[4],
– die für den SPIEGEL-Verlag durchgeführte „OUTFIT"-Untersuchungsreihe über Kleidung und Mode[5],
– sowie die Life Style-Forschungen für MICHAEL CONRAD & LEO BURNETT.[6]

All diesen Forschungsansätzen gemeinsam ist ein Marktmodell, das auf dem Prinzip der Ganzheitlichkeit beruht (Menschen also nicht auf den künstlichen Status von Merkmalsträgern reduziert) und das auf Basis einer Verknüpfung von Erkenntnissen über die dem jeweiligen Verhalten zugrundeliegenden Motive und Bedürfnisse (Einstellungsebene) mit der Herausarbeitung und Beschreibung der jeweiligen Stilansprüche (Geschmacksebene) Menschen zusammenfaßt, die sich in ihren Lebensauffassungen und ihrem Lifestyle und damit auch in ihren Ansprüchen an Produkte und Dienstleistungen ähneln. Im Zentrum des Modells steht jeweils das Basis-Zielgruppenkonzept der Sozialen Milieus, vor dessen Hintergrund alle vorhandenen Daten interpretiert werden können.[7]

Stellvertretend für die Vielzahl der Einsichten und Ergebnisse aus den

---

4 Burda und Sinus: Wohnwelten in Deutschland – Alltagsästhetik, Wohnphilosophien, Wohnstile, Offenburg 1986; dieselben: Wohnwelten in Deutschland 2 – Denkanstöße für ein zielgruppenorientiertes Marketing im Einrichtungssektor, Offenburg, 3. Aufl. 1991; dieselben: Wohnwelten und Gärten in Ostdeutschland, Offenburg 1993
5 Outfit, Spiegel-Verlag, Hamburg 1986; Spiegel-Dokumentation Outfit 2, Hamburg 1990
6 Life Style Research 1985, Frankfurt/Main 1985; Life Style Research 1990, Frankfurt/Main 1991
7 Derartige Ansätze sind freilich im Marketing und in der Marktforschung nicht neu – und auch nichts Besonderes mehr. Thomas Drieseberg hat kürzlich auf die dominante Position lebensstilorientierter Segmentationsverfahren in der Marktforschung hingewiesen und

genannten Projekten sollen im folgenden einige zentrale Befunde der „Wohnwelten"-Forschung in Westdeutschland vorgestellt werden. Unsere späteren Ausführungen über Alltagsästhetik und Geschmackspräferenzen der untersuchten Bildungs-Zielgruppen (Teil IV) nehmen auf diese Befunde und die zu ihrer Gewinnung eingesetzten Methoden wieder Bezug.

Neue Wege in der Ästhetik-Forschung

Grundlage der „Wohnwelten"-Forschung war von Anfang an ein ganzheitlicher, verstehender und gleichzeitig empirisch breit fundierter Ansatz, der erstmals für den Einrichtungsbereich durch die Anwendung des schon in vielen anderen Märkten bewährten Milieukonzepts neue Wege der Zielgruppenbestimmung und -beschreibung geht. Anders als in den branchenüblichen Untersuchungen zum Wohnen wird nicht versucht, über die Vorgabe von Einrichtungsstilen in Form abstrahierender Skizzen und begleitender Fragen, was denn jeweils am besten gefalle[8], der Wohnwirklichkeit näherzukommen. Wohnen wird vielmehr als Ausdruck persönlicher Lebensgestaltung ernst genommen – was nur auf Basis der Selbstinterpretation der Wohnungsnutzer und bei genauer Kenntnis ihrer Einstellungen und Bedürfnisse, ihrer Wohnphilosophie und ihrer Alltagsästhetik gelingen kann.

Den Gegenstand einer vorurteilslosen (d. h. nicht einseitig an der hochkulturellen Vorstellungswelt orientierten) Alltagsästhetik-Forschung hat Heiner Treinen schon Ende der 70er Jahre vorgegeben: „die produktive Verarbeitung ästhetischer Vorstellungen in der eigenen Lebensumwelt oder, anders gesprochen, . . . ästhetische Sichtweisen und die Zuweisung von Bedeutungen an die alltägliche Umgebung von Menschen durch diese selbst."[9]

Rohstoff der „Wohnwelten"-Forschung ist lebensnahes, authentisches Material: gewonnen zum einen in stundenlangen Gesprächen mit den Befragten über ihre Einstellungen, Motive und Wünsche im Zusammenhang mit dem Wohnen, zum anderen durch unmittelbare und ungestellte fotografische Dokumentation der Wohnrealität.

(empirisch) gezeigt, daß „Life-Style-Forschung in der Bundesrepublik Deutschland als ein etabliertes Segmentierungsverfahren anzusehen ist." (Th. Drieseberg: Lebensstile in der Marktforschung – Eine empirische Bestandsaufnahme, in: planung und analyse 5/1992)

8 Prototypisch für diesen Ansatz sind die von der Verlagsgruppe BAUER entwickelten Schemazeichnungen, in: Wohnstil-Präferenzen, München 1987

9 Heiner Treinen: Ästhetik im Alltag, in: KZfSS, Sonderheft 20/1978: Materialien zur Soziologie des Alltags, S. 302

Wie die folgenden, im Kontext dieser Forschung aufgenommenen Bilddokumente zeigen, hat die Ästhetik im Alltag der Menschen vielfältige Ausdrucksformen – die sich nicht immer leicht einer schematisierenden Einordnung unterwerfen lassen. Zu sehen sind sogenannte „Hausaltäre" aus verschiedenen Sozialen Milieus, die bei aller Stiluneinheitlichkeit sämtlich auf den zugrundeliegenden Anspruch verweisen: die ästhetische Markierung des privaten Raumes, die Aneignung der Nahwelt durch Ausschmückung (verdinglichte Schönheit) und Anhäufung persönlich bedeutsamer Gegenstände (Gefühlswert der Erinnerungen).

Konservatives gehobenes Milieu

Kleinbürgerliches Milieu

Traditionelles Arbeitermilieu

Traditionsloses Arbeitermilieu

Neues Arbeitnehmermilieu

Aufstiegsorientiertes Milieu

Technokratisch-liberales Milieu

Hedonistisches Milieu

Alternatives Milieu

2. Die alltagsästhetischen Grundmotive

Wertorientierungen und ästhetische Grundbedürfnisse

Die alltagsästhetische Analyse muß – das ist deutlich geworden – auf zwei Ebenen ansetzen: Auf der Einstellungsebene geht es um die zentralen, dem alltagsästhetischen Verhalten zugrundeliegenden Motive und Bedürfnisse, also um die der Zeichenebene gegenüberstehenden Bedeutungskomplexe, die G. Schulze als „Konfigurationen von Genuß, Lebensphilosophie und Distinktion" beschreibt.[10] Auf der Geschmacksebene geht es um eine Ordnung und Verdichtung der vielfältigen Erscheinungen und Produkte expressiv-affektiven Handelns[11] und schließlich um die Abgrenzung von übergreifenden Alltags-Stildimensionen.

Die Ergebnisse unserer Forschungen zur alltäglich gelebten ästhetischen Kultur – nicht nur in Deutschland, sondern auch in anderen europäischen Ländern und in Nordamerika[12] – zeigen, daß die aus dem Alltag erwachsenen kulturellen (und subkulturellen) Unterschiede in hohem Maße die Bedürfnisse, das Stilempfinden und damit auch das Konsumverhalten prägen.

Alltagsästhetik existiert dabei in den Köpfen in aller Regel nicht als konkrete Vorstellung ästhetischer Prinzipien (und ist deshalb auch nicht unmittelbar „abfragbar"), sondern als Bedürfnis – zum Beispiel das Bedürfnis nach Repräsentation oder das nach Gemütlichkeit –, das sich sozusagen ästhetisch „niederschlägt".

Dies ist kein Zufall, denn es gibt einen engen Zusammenhang zwischen den Wertorientierungen eines Menschen (die aus seiner Lebenswelt resultieren) und seinen alltagsästhetischen Vorstellungen. Das heißt, den Wertorientierungen entsprechen ästhetische Grundmotive, oder anders gesagt: Die Grundorientierungen eines Menschen tendieren dahin, ihren angemessenen stilistischen Ausdruck zu finden.[13]

---

10 G. Schulze 1992, S. 127 ff.
11 Vgl. H. Treinen 1978, S. 303 ff.
12 Siehe beispielsweise Norbert Homma (Sinus): The continued relevance of cultural diversity, in: Marketing and Research Today, Nov. 1991, S. 251–259
13 G. Schulze drückt den Sachverhalt so aus: „Der dimensionale Raum alltagsästhetischer Schemata stellt den Menschen eine Sprache zur Verfügung, mit der sie die Verschiedenartigkeit ihrer Grundorientierungen ausdrücken können." (Schulze 1992, S. 164)

Lebenswelt		Alltagsästhetik
Wertorientierungen		**Ästhetische Grundbedürfnisse**
→ steuern Lebensstrategien, Lebens- und Konsumstile		→ steuern das ästhetische Erleben und Verhalten, prägen den Geschmack

Aus diesem Grund unterscheiden sich denn auch die auf Basis ihrer Wertorientierungen definierten Sozialen Milieus nachhaltig hinsichtlich ihrer ästhetischen Bedürfnisse und Prägungen. Genauso wie Wertorientierungen in typischen Kombinationen bestimmten Gruppen der Gesellschaft, eben den Sozialen Milieus, zugeordnet werden können, läßt sich das Spektrum ästhetischer Grundmotive zu charakteristischen „ästhetischen Repertoires" zusammenfassen. „Ästhetische Repertoires" – das sind die typischen Stilwelten der Milieus, die ästhetischen Eigenheiten und Klischees, nach denen sie sich sichtbar unterscheiden.

Bevor in den nächsten Abschnitten wieder auf die „Wohnwelten"-Forschung und speziell auf milieuspezifische Motive des Wohnens und Einrichtens sowie auf den milieutypischen Wohngeschmack eingegangen wird, sollen im folgenden die „ästhetischen Repertoires" der Sozialen Milieus (in Westdeutschland) stichwortartig charakterisiert werden.

Alltagsästhetische Grundmotive in den Sozialen Milieus

Konservatives gehobenes Milieu	● Harmonie und Ausgewogenheit; nichts Übertriebenes, Protziges, Schreiendes; Vorliebe für das Edle, Dezente ● Abgrenzung durch Traditionsbezug, Dinge mit biografischen Bezügen, Erbstücke, „Ahnengalerie" ● Ablehnung standardisierter Massenprodukte, Wertschätzung von Unikaten (Wunsch nach dem „persönlichen Produkt"), Bevorzugung natürlicher Materialien
Kleinbürgerliches Milieu	● Nicht unangenehm auffallen, keine Extravaganzen; Anpassung an die Geschmackskultur der Mehrheit ● Gemütlichkeit, Geborgenheit; Sehnsucht nach der Idylle, nach der „heilen Welt" ● Sauberkeit und Ordnung: alles an seinem Platz, alles aus einem Guß (blitzende Küchen, akkurat gemachte Betten), keine Stilbrüche ● Nicht nur schön, sondern auch praktisch: knitterfrei, schmutzabweisend, langlebig, zeitlos, gediegen
Traditionelles Arbeitermilieu	● Bequemlichkeit, sich wohlfühlen, Erholung, Geselligkeit; prototypisch: die Wohnküche ● Keine übertriebenen Stilansprüche: Bevorzugung solider, handfester und haltbarer Produkte (Stilpräferenz: rustikal) ● Stolz auf den erreichten Lebensstandard (z. B. das „Vorzeige-Wohnzimmer") ● Dekorieren, ausschmücken: „Etwas für's Auge haben" (konventionelle Gemütlichkeit)

Traditionsloses Arbeitermilieu	● Man will „mithalten"; Wunschbild: Repräsentative Gemütlichkeit
	● Kein ästhetisches Konzept: Sammelsurium verschiedener Stilrichtungen
	● Sehnsucht nach der heilen Welt: Dekorieren, ausschmücken (Nippes, Kitsch)
	● Profilierung durch starke Reize: aufgrund mangelnder Kompetenz und Stilunsicherheit trägt man besonders „dick" auf
Neues Arbeitnehmermilieu	● Ästhetik der Harmonie: Ausgewogenheit in Farben und Formen, keine Stilbrüche und Übertreibungen
	● Vorliebe für das Zurückhaltend-Dezente, Nüchterne („legere Eleganz"), nichts Schrilles, Aufdringliches, Aggressives
	● Bevorzugung gediegen-modernen Designs (prototypisch: IKEA); Ablehnung der zeitgenössisch-jugendlichen Neon- und Plastikkultur, aber auch des „altmodischen" Kleinbürger-Geschmacks (Heimat-Ästhetik, altdeutsche Möbel)
Aufstiegsorientiertes Milieu	● Einerseits Extravaganz, andererseits Konformismus auf gehobenem Niveau: Orientierung an den Standards der gehobenen Mittelschicht, Ästhetik soll repräsentativ sein
	● Nicht selten Stilunsicherheit (fehlender Bildungshintergrund), mangelnde ästhetische Kompetenz
	● Überzogene Inszenierungen, Neigung zu Überperfektion; Vorliebe für moderne Stilrichtungen – gelegentlich auch angereichert durch nostalgische Elemente

Technokratisch- **liberales Milieu**	● Stilsicherheit und Souveränität, Kennerschaft, Abgrenzung gegenüber dem „Banausentum" ● Starkes Bedürfnis nach Selbstdarstellung, Imagepflege, Understatement als Stilmittel ● Stilavantgardismus, Trendsetting, Orientierung an neuen Modeströmungen; ästhetischer Nonkonformismus, inszenierte Stilbrüche ● Aber auch Wertschätzung der klassischen Moderne, des funktionalen Designs (Ideal der Verbindung von Funktion und Ästhetik)

Hedonistisches
Milieu
	● Abgrenzung von der Mehrheitskultur der
	Etablierten, anders sein als die „Spießer",
	unabhängig sein, sich keine Vorschriften
	machen lassen
	
	● Originalität, Unverwechselbarkeit, Echtheit
	sind wichtige Stilansprüche
	
	   – Stilbasteleien, bunte, spielerische
	     Inszenierungen
	
	   – Stilprotest, Ästhetik der starken Reize
	
	● Häufig Suche nach der eigenen Identität,
	Freude am Experimentieren, (noch) keine
	festgelegten Stilpräferenzen

Alternatives **Milieu**	● Wertschätzung alles Lebendigen, Natürlichen, Ursprünglichen: Unverfälschte Natur, Echtheit, Kommunikation ● Gegen die industrielle Konsumkultur, Orientierung am „menschlichen Maß", hohe Wertschätzung von Do-it-yourself-Produkten ● Nostalgische Gemütlichkeit, Sehnsucht nach dem verlorenen Paradies (z. B. alte Bilder- rahmen, Zimmerpflanzen, Kohleofen) **versus** ● Stilavantgardismus, Kennerschaft, sorgfältige ästhetische Inszenierungen, New-Wave- Arrangements

3. Geschmack, Kulturkonsum und soziale Kommunikation

Wertorientierungen und die ihnen entsprechenden alltagsästhetischen Grundmotive bilden, wie wir sehen, auf der Ebene der Sozialen Milieus spezifische Geschmackskulturen aus, die in allen Facetten des täglichen Lebens gleichsam „Flagge zeigen" (also signalisieren, wo man sozialästhetisch hingehört), gleichgültig, ob es sich um die Kleidung, die Kücheneinrichtung oder um die bevorzugten Urlaubsziele handelt (vom Bayerischen Wald über Ibiza bis zum Inka-Trail). Sie liefern das Drehbuch für die Innenarchitektur der Alltagswelt, dessen Autorität sich kaum ein Lebensbereich entziehen kann.

Außer im Wohngeschmack der Deutschen (West), dem wir im nächsten Kapitel nachspüren werden, spiegelt sich die sozialästhetische Segmentierung der Bundesrepublik daher auch – wen wundert's – in ihren milieutypischen Freizeitinteressen, ihrem Kulturkonsum und in ihrem Kommunikationsverhalten wider – Merkmalsbereiche also, die für die Analyse der politischen Kultur eines Landes, und somit auch für unser Thema im engeren Sinne, von besonderem Interesse sind. Auf der Grundlage unserer qualitativen wie auch der quantitativen Datenbestände haben wir für jedes Soziale Milieu typische Profile des Lese- und Fernsehverhaltens, des Musikgeschmacks und der Teilnahme am kulturellen und sozialen Leben zusammengestellt, die wir im folgenden stichwortartig wiedergeben:

Kulturkonsum und soziale Kommunikation

	Konservatives gehobenes Milieu	Kleinbürgerliches Milieu
Lesen	● Bildungsmotiv hat hohen Stellenwert ● Intensives Interesse an Geschichte: Historische Romane, Politische Biografien, Dokumentarische Literatur, Kultur- und Kunstgeschichte ● Vorliebe für die klassische Moderne (Mann, Hesse, Zweig)	● Es wird vergleichsweise wenig gelesen; am ehesten noch Tageszeitung, Illustrierte, Sachbücher, TV-Zeitschriften: Häufig Interesse für „Alltagsgeschichten", Biografien und Lebenshilfe ● Literatur muß unterhaltend sein (Simmel, Konsalik)
Musik	● Starkes Interesse an Musik, häufiger Besuch von Konzerten, Oper, Operette ● Eindeutige Präferenz für klassische Werke (Beethoven, Mozart, Schubert)	● Wenig Interesse an Musik, Musik läuft nebenbei, zur Unterhaltung ● Bevorzugt wird leichte Musik: Schlager, Volksmusik, Wunschkonzert, Operetten – wenig Interesse für Rock, Jazz und Klassik
Fernsehen	● Klage über die „Kultur- und Niveaulosigkeit" des Fernsehens – dennoch intensive Nutzung ● Obligatorisch sind Informationssendungen (Nachrichten, Magazine) ● Besondere Vorliebe für alte Spielfilme und „intelligente" Krimis	● Insbesondere ältere Milieuangehörige sind fleißige TV-Zuschauer ● Vorlieben: Musiksendungen, Quizsendungen, (heitere) Spielfilme, Serien, Sportsendungen (Männer), Natur- und Tierfilme
Kultur/ Soziales Leben	● Rege Anteilnahme am kulturellen Leben: Besuch von Museen, Ausstellungen, Theater usw. ● Vielfach aktive Mitarbeit in Gruppen und Vereinen (oftmals mit sozialen oder karitativen Zielen), Übernahme von Ehrenämtern	● Intensives soziales Leben (Ehrenämter, Vereine, Nachbarschaft); sekundäre Karrieren (Kompensation der Restriktionen im Beruf) ● Ein Teil der Milieuangehörigen gibt sich kulturbeflissen, zwingt sich (z. B. durch Theaterabonnements) zu regelmäßigem Kulturkonsum

Kulturkonsum und soziale Kommunikation

	Traditionelles Arbeitermilieu	Traditionsloses Arbeitermilieu
Lesen	● Es wird insgesamt wenig gelesen ● Leseinteressen (vorzugsweise Zeitschriften) konzentrieren sich auf die Themen Humor, Pflanzen/Tiere, Sport, Auto und human-touch-Themen (Frauen)	● Es werden fast nur Zeitschriften gelesen: Illustrierte und special-interest-Titel (Auto, Sport, Video) ● Besondere Vorlieben: Heftchenromane (Krimis, Science-Fiction, Arzt- und Heimatromane)
Musik	● Die besondere Vorliebe gilt dem deutschen Schlager und der Volks- und Blasmusik ● Jüngere Milieuangehörige sind oftmals Anhänger der „Disco-Kultur" (Popmusik, internationale Hitparade)	● Unterhaltungsmusik, Volksmusik (ältere Milieuangehörige) ● Popmusik, Hard Rock, Heavy Metal (Jugendliche)
Fern-sehen	● Häufiger Fernsehkonsum: Unterhaltungssendungen, Serien, TV-Sport ● Große Anteilnahme am Privatleben der großen und kleinen TV-Stars (Programmzeitschriften, yellow press)	● Sehr intensiver TV-Konsum (Fernsehen ist *die* Freizeitbeschäftigung) ● Starke Verbreitung und intensive Nutzung von Videorekordern (Action-Filme)
Kultur/ Soziales Leben	● Die traditionelle Gewerkschafts- und Vereinskultur mit ihren Freizeitangeboten hat einen hohen Stellenwert ● Selten Besuch kultureller Veranstaltungen (Theater, Konzerte, Ausstellungen): zu umständlich, zu teuer	● Geringe Integration in das etablierte Kulturleben, Schwellenängste, mangelnde Kompetenz und geringes finanzielles Budget für Kulturkonsum ● Besuch von Sportveranstaltungen (z. B. Fußball) und Rockkonzerten

Kulturkonsum und soziale Kommunikation

	Neues Arbeitnehmermilieu	Aufstiegsorientiertes Milieu
Lesen	● Teilweise intensiver Bücher- und Zeitschriftenkonsum, weniger intensiv: Tageszeitungen ● Thematisch keine eindeutigen Schwerpunkte: Häufig Fachbücher und Fachzeitschriften (Single IssueMagazine) neben leichter Unterhaltung (Science-Fiction, Krimis, Trivialromane); nicht selten auch Interesse für klassische und zeitgenössische bildungsbürgerliche Literatur	● Konsumeinstellung zur Literatur: Bücher/Zeitschriften sollen unterhalten, entspannen **versus** ● Subjektives Bildungsdefizit: Man möchte seinen Horizont erweitern (Weiterkommen im Beruf) ● Gelesen werden in erster Linie Zeitungen und Zeitschriften: Publikumszeitschriften, special-interest-Titel (Hobby, Sport)
Musik	● Sehr breites Spektrum, „von Rachmaninow bis Rap" ● Grundständiger Rock wird neben aktueller Pop-Musik am liebsten gehört	● Wenig wirkliche Musikliebhaber, keine ausgeprägten Präferenzen ● Musik wird „nebenbei" konsumiert, erzeugt Harmonie, verstärkt die Stimmung
Fernsehen	● Häufiger Fernsehkonsum (zur Entspannung), aber auch kritische Distanz ● Vorliebe für Humor, Sport, Unterhaltungssendungen und moderne Spielfilme, verbreitetes Interesse an Informationssendungen	● Eher durchschnittliche Fernsehnutzung (man bevorzugt häufig eine aktive Freizeitgestaltung) ● Zur Unterhaltung: Sport, Spielfilme, Krimis – weniger Serien
Kultur/ Soziales Leben	● Man trifft sich gerne im engeren Freundeskreis zu Hause oder in der Kneipe, im Kino, in der Disco – je nach Lust und Laune ● Undogmatischer Kultur-Konsum (Beispiel: vom klassischen Konzert zum Open-Air); Abneigung gegenüber der kleinbürgerlich-proletarischen Vereinskultur	● Reges kulturelles Interesse (man möchte dazugehören, mitreden können) – aber kein bildungsbürgerlicher Anspruch: Kino, Theater, Ausstellungen ● Man geht häufig aus, macht Besuche, trifft sich mit Freunden/Bekannten

Kulturkonsum und soziale Kommunikation

	Technokratisch-liberales Milieu	Hedonistisches Milieu
Lesen	● Gelesen wird (auch aus beruflichen Gründen) sehr viel – eher um sich zu informieren als sich zu entspannen: Fachliteratur, Tages-, Wochenzeitungen, politische und Wirtschaftsmagazine ● Wunsch, auch literarisch auf der Höhe der Zeit zu sein (Orientierung am Feuilleton, Beschäftigung mit moderner Literatur)	● Breites Interessenspektrum – aber der persönliche Bezug ist wichtig (sich selbst wiederfinden können) ● Teilweise anti-intellektuelle Koketterie („ich lese nur Bildzeitung und Comics")
Musik	● Viele Musikliebhaber und Kenner – viele spielen selbst ein Instrument ● Breit gefächerter Musikgeschmack: von Klassik (Bach, Mozart) bis Rock (60er und 70er Jahre) und Jazz (Bebop, Fusion)	● Intensive Nutzung der Musikmedien (Platte, CD, Cassette, Radio); Musik in allen Lebenslagen (bei der Arbeit, zur Entspannung, als Stimulanz, als Trost/Droge, als intellektuelles Vergnügen etc.) ● Bevorzugt wird Rock und Modern Pop – aber auch Klassik
Fernsehen	● Wertschätzung des Fernsehens als aktuelles Informationsmedium (Politik, Kultur, Sport, etc.): großes Informationsinteresse ● Gelegentlich Nutzung zum Streß-Abbau: „sich berieseln lassen", an nichts denken müssen, ganz abschalten können	● Kein einheitliches Bild: Phasen kritischer Distanz („Fernsehen macht süchtig") und unkritischer, exzessiver Nutzung wechseln ab ● Keine deutlichen Präferenzen für bestimmte Sendungen/ Themen, aber überdurchschnittliche Nutzung privater Programmveranstalter
Kultur/ Soziales Leben	● Kultur macht Spaß, entsprechende Angebote (Konzerte, Ausstellungen, Kleinkunst) werden oft und gerne genutzt ● Breitgefächerte Interessen: alle Formen von Kunst und Kreativität sind interessant	● Vorbehalte gegenüber dem etablierten Kulturbetrieb, aber intensive Nutzung jugendspezifischer Angebote ● Man ist gern unter Menschen, geht gern aus: in Kneipen, ins Kino, in die Disco, auf Parties etc.

Kulturkonsum und soziale Kommunikation

	Alternatives Milieu
Lesen	● Es wird häufig und viel gelesen – bevorzugte Themen: Kultur, Politik, Wissenschaft (z. B. Psychologie, Ökologie) ● Ausgefallene literarische Vorlieben (Abgrenzung vom bürgerlichen Literaturkonsum und Massengeschmack): Science Fiction, Esoterik, Zeitgeistmagazine
Musik	● Musik spielt im Alltagsleben eine große Rolle, intensiver Musikkonsum ● Breites Spektrum: Von Klassik bis Jazz und Rock
Fern- sehen	● Wichtigstes Motiv: man möchte informiert sein – schaut regelmäßig Nachrichten, Magazine, Talk-Shows ● Verbreitet Vorbehalte gegenüber dem „totalitären" Medium: hemmt Kreativität und Kommunikation
Kultur/ Soziales Leben	● Präferenz für moderne, lebendige Kultur (Kleinkunst, Kabarett, Straßentheater, Dichterlesungen, Programm-Kinos, Rock- und Jazzkonzerte) ● Mitarbeit in Bürgerinitiativen, Selbsthilfegruppen usw.

Wie wir sehen, folgen also auch Leseverhalten (z. B. die Auswahl von Titeln, Themen und Autoren), Fernsehkonsum, Musikgeschmack und die Teilhabe am kulturellen und sozialen Leben den säkularen Linien der sozialästhetischen Segmentierung. Dies überrascht nicht und ist daher auch zunächst ein eher trivialer Befund. Brisanz erhält das Thema aber durch die zunehmend beobachtbare Tendenz der unterschiedlichen Geschmackswelten, im Ozean der kulturindustriellen Angebote beziehungslos auseinanderzudriften. Die Neigung der Hersteller und Anbieter in diesem Multi-Milliardenmarkt, die Potentiale der einzelnen Geschmackskulturen möglichst intensiv auszuschöpfen, führt zur Produktion von immer zielgenaueren, d. h. segmentspezifischeren Darreichungsformen, z. B. bei der Gestaltung bestimmter Printmedien als „gedrucktes Fernsehen" für des Lesens bereits entwöhnte Zielgruppen, oder bei der sozialästhetisch paßgenauen Positionierung von TV-Kabelkanälen und Programmen.

Schon aufgrund der zentralen Erkenntnis des use-and-gratification-Ansatzes, daß Fernsehen für den Rezipienten ganz bestimmte Funktionen erfüllt (Information, Unterhaltung, Escape usw.) und Programme je nach bestimmten Bedürfnissen selektiv ausgewählt werden, haben zielgruppenspezifische Programmangebote gute Chancen. Voraussetzung dafür ist natürlich eine ausreichende Angebotsvielfalt, die bis vor kurzem wegen der Verpflichtung der Öffentlich-Rechtlichen, ein breites Publikum bedienen zu müssen, nicht bestand. Ein Monopolanbieter braucht keine Zielgruppenkonzepte. Ein entwickelter, durch Konkurrenz bestimmter Markt produziert dagegen fast zwangsläufig eine Segmentierung des Angebots und damit des Publikums. Dadurch steigen aber (ebenfalls fast zwangsläufig) die Chancen für clevere „Nischenanbieter", die spezielle Bedürfnisse spezieller Gruppen besser befriedigen können als (notwendigerweise) zielgruppenindifferente Massenangebote.

Während es noch vor 10 bis 15 Jahren so etwas wie eine „Fernsehgemeinde" gab – ohne Ansehen der Person und ihres Milieus – versammeln sich heute Angehörige des Technokratisch-liberalen Milieus (falls sie überhaupt noch fernsehen) vor dem Spiegel-TV oder schalten gleich auf CNN, während junge Angehörige des Traditionslosen Arbeitermilieus und des Hedonistischen Milieus sich wahlweise bei MTV oder dem Sportkanal einklinken und Angehörige des Kleinbürgerlichen Milieus wie auch des Traditionellen Arbeitermilieus die Wildecker Herzbuben im „Musikantenstadl" der ARD genießen.

Bisherige Auswertungen der verschiedenen Kabelpilot-Begleituntersuchungen zeigen übereinstimmend erhebliche Abwanderungen der Zuschauer von den öffentlich-rechtlichen zu den privaten Programmen. Daß diese Einbrüche besonders stark bei den Informationssendungen und den kulturellen Beiträgen sind (zugunsten privater Unterhaltungsprogramme) kann nicht verwundern und wird von den entsprechenden Anbietern konsequent im Sinne des Nutzenansatzes interpretiert.

Im Printmedienmarkt, bei den Illustrierten und Magazinen, sind solche Verhältnisse nichts Neues. Hier gab es schon vor Jahren eine wahre Inflation an Special-interest-Titeln und Zielgruppenmagazinen, die bei den verschiedenen Lebenswelt- und Lebensstilgruppen sehr unterschiedliche Reichweiten erzielen. Selbst reichweitenstarke, also „breite" Titel weisen bei konsequent zielgruppenspezifischer Gestaltung ein deutlich milieuspezifisches Reichweitenprofil auf.

Reichweiten zweier Wochenzeitschriften in den Sozialen Milieus*

	Ge-samt-Reich-weite %	KON %	KLB %	TRA %	TLO %	AUF %	TEC %	HED %	ALT %
BILD AM SONNTAG	18,6	14,7	21,6	27,3	20,9	20,5	10,8	13,8	5,9
DER SPIEGEL	13,7	21,7	8,7	6,1	9,2	14,5	21,3	15,6	24,3

KON = Konservatives gehobenes Milieu
KLB = Kleinbürgerliches Milieu
TRA = Traditionelles Arbeitermilieu
TLO = Traditionsloses Arbeitermilieu
AUF = Aufstiegsorientiertes Milieu
TEC = Technokratisch-liberales Milieu
HED = Hedonistisches Milieu
ALT = Alternatives Milieu

* Datenbasis: Repräsentativuntersuchung 1990, 6.032 Fälle (Outfit 2)

Das Neue Arbeitnehmermilieu war zum Erhebungszeitpunkt noch nicht ins Milieumodell integriert.

Noch radikaler zeigt sich die sozialästhetische Fragmentierung der Freizeitgesellschaft aber bei den milieuspezifischen Reichweiten jener Medien, die die kulturellen Trends und Moden der Zeit eigentlich am nachhaltigsten prägen: Kino und Computer. Beide, mit den raffiniertesten visuellen Techniken arbeitenden Erlebnismedien teilen die Gesellschaft in Gruppen, die an ihrer Welt – mehr oder minder intensiv – teilhaben oder nicht, die sich z. B. den starken Reizen der „Rambo-" oder „Terminator-"Ästhetik aussetzen oder nicht, die die stilistisch dazu kongenial geschalteten Werbebotschaften empfangen (sollen) oder nicht.

Die unterschiedliche Nutzung dieser beiden großen Zeitgeist-Kommunikatoren in den Sozialen Milieus zeigen – auf der Basis einer 1990 in den alten Bundesländern zu den Freizeitaktivitäten der Deutschen durchgeführten Repräsentativbefragung – die folgenden Grafiken:

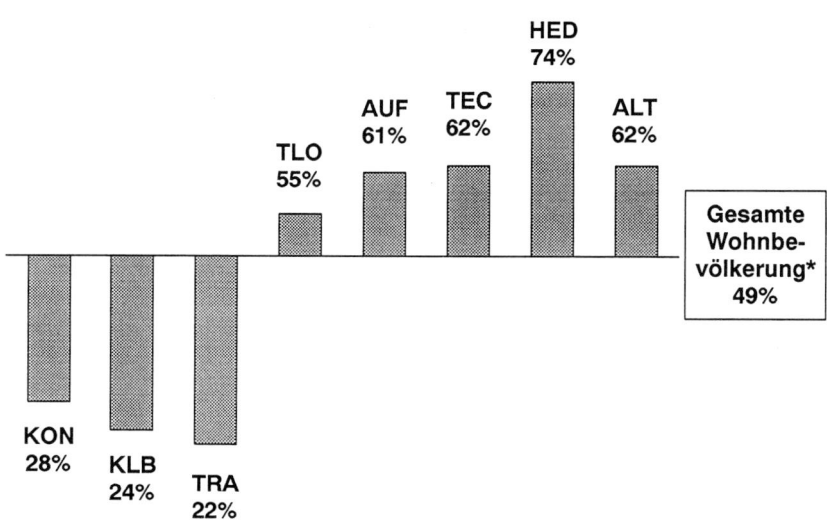

In der Freizeit gehen ins Kino**

HED
74%

AUF   TEC
61%   62%   ALT
TLO   62%
55%

Gesamte
Wohnbe-
völkerung*
49%

KON
28%   KLB
       24%   TRA
              22%

KON	=	Konservatives gehobenes Milieu
KLB	=	Kleinbürgerliches Milieu
TRA	=	Traditionelles Arbeitermilieu
TLO	=	Traditionsloses Arbeitermilieu
AUF	=	Aufstiegsorientiertes Milieu
TEC	=	Technokratisch-liberales Milieu
HED	=	Hedonistisches Milieu
ALT	=	Alternatives Milieu

Das Neue Arbeitnehmermilieu war
zum Erhebungszeitpunkt noch
nicht ins Milieumodell integriert

* Basis: Wohnbevölkerung
ab 14 Jahren in den
alten Bundesländern,

N = 2.000 (Sinus Heidelberg
1990)

** Antwortkategorien 1 bis 5 einer
6-stufigen Häufigkeitsskala von
(1) "Täglich / fast täglich" bis
(6) "nie / so gut wie nie"

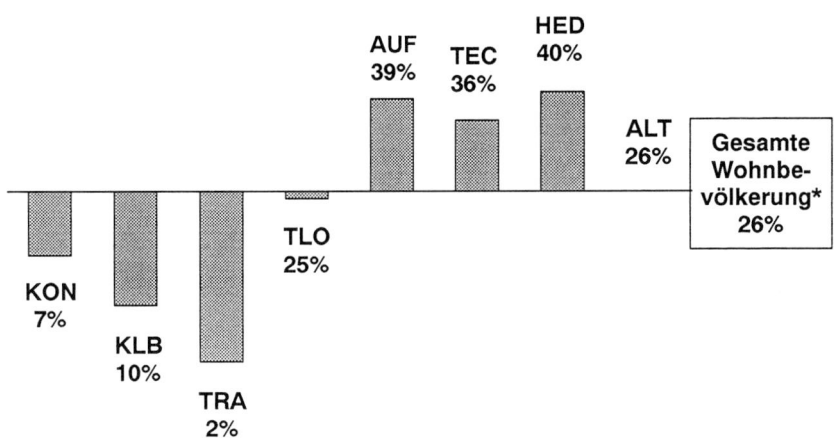

			AUF 39%	TEC 36%	HED 40%		

In der Freizeit
beschäftigen sich mit dem Computer
bzw. mit Computerspielen**

AUF 39% TEC 36% HED 40%

ALT 26% Gesamte Wohnbevölkerung* 26%

TLO 25%

KON 7%

KLB 10%

TRA 2%

KON	= Konservatives gehobenes Milieu
KLB	= Kleinbürgerliches Milieu
TRA	= Traditionelles Arbeitermilieu
TLO	= Traditionsloses Arbeitermilieu
AUF	= Aufstiegsorientiertes Milieu
TEC	= Technokratisch-liberales Milieu
HED	= Hedonistisches Milieu
ALT	= Alternatives Milieu

* Basis: Wohnbevölkerung
ab 14 Jahren in den
alten Bundesländern,

N = 2.000 (Sinus Heidelberg
1990)

Das Neue Arbeitnehmermilieu war
zum Erhebungszeitpunkt noch
nicht ins Milieumodell integriert

** Antwortkategorien 1 bis 5 einer
6-stufigen Häufigkeitsskala von
(1) "Täglich / fast täglich" bis
(6) "nie / so gut wie nie"

Sozialästhetisch betrachtet gehören also die klassischen Arbeitermilieus ebenso zu den Modernisierungsverlierern wie Kleinbürger und Konservative Gehobene (erstere, wie wir wissen, auch ökonomisch).

Dies gilt – vom Konservativen gehobenen Milieu abgesehen – auch für die Entfaltung und Nutzung moderner Netzwerkkommunikation, also Formen sozialer Kommunikation, die über den Rahmen hergebrachter kommunikativer Netze (z. B. Familie, Kirche, Verein) hinausgreifen und eher flüchtige, sozial hochvariable Kommunikations- und Gesellungsstrukturen geschaffen haben. So zeigen sich auch bei der Verbreitung derartiger Kommunikationsformen („sich mit Freunden und Bekannten treffen", „mit anderen Gespräche führen, über Probleme reden") beträchtliche lebensweltliche Unterschiede:

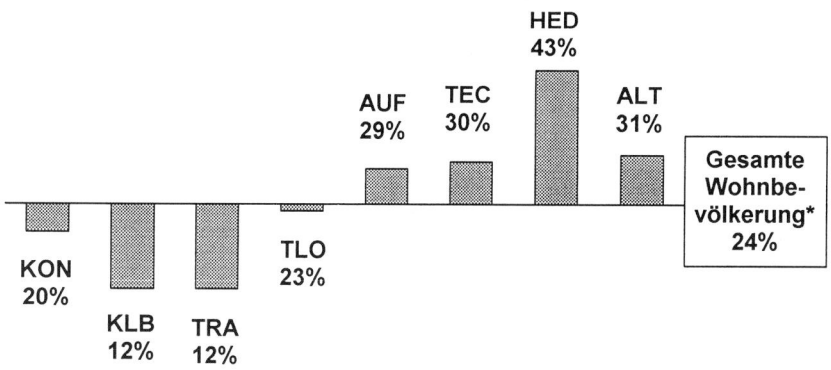

In der Freizeit treffen sich mit Freunden und Bekannten
(mindestens 2 bis 3 mal in der Woche)

HED 43%
AUF 29% TEC 30% ALT 31%
Gesamte Wohnbevölkerung* 24%
KON 20%
TLO 23%
KLB 12% TRA 12%

KON = Konservatives gehobenes Milieu
KLB = Kleinbürgerliches Milieu
TRA = Traditionelles Arbeitermilieu
TLO = Traditionsloses Arbeitermilieu
AUF = Aufstiegsorientiertes Milieu
TEC = Technokratisch-liberales Milieu
HED = Hedonistisches Milieu
ALT = Alternatives Milieu

* Basis: Wohnbevölkerung ab 14 Jahren in den alten Bundesländern,

N = 2.000 (Sinus Heidelberg 1990)

Das Neue Arbeitnehmermilieu war zum Erhebungszeitpunkt noch nicht ins Milieumodell integriert

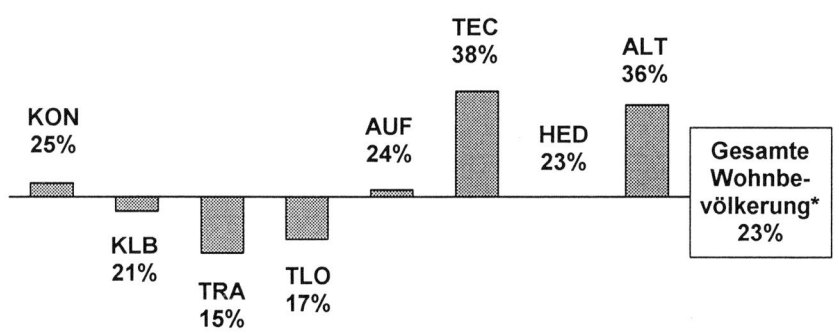

In der Freizeit
führen mit anderen Gespräche
oder reden über Probleme

(mindestens 2 bis 3 mal in der Woche)

TEC
38%

ALT
36%

KON
25%

AUF
24%

HED
23%

Gesamte
Wohnbe-
völkerung*
23%

KLB
21%

TRA
15%

TLO
17%

KON	= Konservatives gehobenes Milieu	* Basis: Wohnbevölkerung
KLB	= Kleinbürgerliches Milieu	ab 14 Jahren in den
TRA	= Traditionelles Arbeitermilieu	alten Bundesländern,
TLO	= Traditionsloses Arbeitermilieu	N = 2.000 (Sinus Heidelberg
AUF	= Aufstiegsorientiertes Milieu	1990)
TEC	= Technokratisch-liberales Milieu	
HED	= Hedonistisches Milieu	
ALT	= Alternatives Milieu	

Das Neue Arbeitnehmermilieu war
zum Erhebungszeitpunkt noch
nicht ins Milieumodell integriert

Natürlich sagen weder die Zahlen des einen Diagramms noch des anderen
etwas aus über die Qualität der Kontakte, die Tiefe der Gespräche oder
über die zwischen den Akteuren bestehende oder entstehende personale
Nähe. Sie beschreiben aber eine bestimmte Inszenierung sozialer Kommunikation, die die modernen Lebenswelten prägt, die traditionellen aber
offensichtlich weitgehend unberührt läßt. Die Verständigung zwischen
den unterschiedlichen Geschmackskulturen wird somit nicht nur durch
die wachsenden stilistisch-ästhetischen Barrieren, sondern zunehmend
auch durch die sich auseinanderentwickelnden Stile und Strukturen sozialer Kommunikation erschwert.

Welche Auswirkungen diese Prozesse auf das politische System haben, werden wir in Teil IV des Buches diskutieren. Zunächst aber zur Wohn- und Einrichtungsästhetik der Deutschen (West).

4. Die Stilwelten in Deutschland (West)

Projekt „Wohnwelten in Deutschland": Der Gang der Forschung

Die ersten Arbeiten begannen 1983 mit dem Pilotprojekt „Alltagsästhetik", das zum Ziel hatte, Grundorientierungen ästhetischen Erlebens und Verhaltens in den Sozialen Milieus zu explorieren und erste Hinweise auf die Bedeutung der Alltagsästhetik für verschiedene Märkte zu liefern. Eine methodisch angemessene Realisierung konnte nur auf Basis ausführlicher, qualitativ angelegter Fallstudien erfolgen. Insgesamt wurden 240 Fallstudien durchgeführt (30 Fallstudien in jedem der damals acht Sozialen Milieus in Westdeutschland), die sich jeweils aus einem breiten Explorationsteil und einer umfangreichen fotografischen Dokumentation (Kleidung, Wohnung, Auto) zusammensetzten. Ergebnis des Pilotprojekts waren Grundlageninformationen über Alltagsästhetik und Geschmackspräferenzen in den westdeutschen Milieus.

In einer 1985 speziell mit Blick auf den Möbelmarkt vorgenommenen Auswertung wurden die grundlegenden Motive und Bedürfnisse in bezug auf das Wohnen herausgearbeitet und milieuspezifisch zusammengefaßt. Diese Analyse konkretisiert die milieuspezifischen Wohnphilosophien, beschreibt für jede Zielgruppe die wichtigsten Grundmotive und Kriterien des Einrichtens, gibt Auskunft über das Milieuspektrum der Wohnstile und stellt für jedes Milieu ein Inventar typischer Einrichtungselemente zusammen. Auf Basis der im Sinus-Datenpool (eine qualitative Datenbank) gespeicherten Explorationen wurden psychologische Funktionen, Motive und Bedürfnisse im Zusammenhang mit dem Wohnen herausgearbeitet. Anhand einer Kontentanalyse des Fotomaterials wurden milieuspezifische Stilpräferenzen im Wohnbereich ermittelt und, soweit die Datenbasis dies zuließ, eine Bestandsaufnahme milieuspezifischer Einrichtungskriterien und bevorzugter Einrichtungselemente durchgeführt.[14]

Im dritten Projektabschnitt wurden, aufbauend auf diesen Vorarbeiten, neue Forschungsinstrumente zur „Messung" (das heißt zur standardisierten Erfassung im Rahmen einer Repräsentativ-Untersuchung) von ästhe-

---

14 Vgl. Burda und Sinus 1986

tischen Grundmotiven, Wohnphilosophien und Stilpräferenzen entwikkelt und im Rahmen von Pretests validiert. Insbesondere zur Erfassung der Wohnmotive und des Wohngeschmacks mußten völlig neue Forschungsinstrumente entwickelt werden. Diese sollten – so der Anspruch – möglichst ökonomisch einsetzbar sein, eine standardisierte Erhebungsform gestatten, zugleich aber auch möglichst nahe am wirklichen Alltag bleiben.

Nachdem in der ersten Projektphase ein grundsätzlich neuer Weg zur Ermittlung von Wohnstilen und Wohnmotiven beschritten wurde, konnte in der zweiten Phase, in der es um die exakte Quantifizierung ging, nicht einfach auf die üblichen Vorgehensweisen (z. B. Vorlage von Skizzen und Wohnstil-Selbsteinstufung der Befragten) zurückgegriffen werden. Die Bilder der Testserie zur Erfassung des Wohngeschmacks stammen deshalb zum großen Teil aus dem im Rahmen der Lebensweltforschung gesammelten Material (Sinus verfügt über ein Bildarchiv, das mehrere tausend Fotos aus deutschen Wohnzimmern umfaßt. Es handelt sich also um eine breite empirische Bestandsaufnahme des Wohnalltags in Deutschland). Außerdem wurden noch andere Quellen (Bildarchive, Wohnzeitschriften, Anzeigen) zur Ergänzung des Bildmaterials genutzt. Aus diesem Bildfundus wurden im Pretest 54 Wohnzimmerfotos ausgewählt, die das vorfindbare Spektrum der Wohnstile quer durch alle Gruppen und Sozialen Milieus repräsentieren („Wohnstil-Indikator").

Um die Frage beantworten zu können, welche Grundeinstellungen zum Wohnen es gibt, das heißt welche zentralen Motive und Bedürfnisse dem Einrichtungsverhalten zugrunde liegen, wurde eine umfangreiche Aussagen-Batterie entwickelt, die Statementbatterie „Grundmotive des Wohnens und Einrichtens" und in mehreren Schritten validiert. Im Kern baut dieses Instrument auf den in vielen Stunden Tonbandprotokoll gesammelten wörtlichen Aussagen der Gesprächspartner aus der ersten Erhebungsphase auf.

Als Ergebnis von zwei Pretests (einem explorativen mit dem Ziel einer „kommunikativen Validierung" des Instruments und einem quantitativen mit anschließender Item-Analyse und faktoriellen Prüfung) konnte die Batterie von ursprünglich 127 Statements auf 70 Statements verdichtet werden. Diese 70 Statements decken alle relevanten ästhetischen Grundmotive und Wohnbedürfnisse ab (Indikator „Wohnphilosophie und Alltagsästhetik").

Dieses Instrumentarium war dann zusammen mit dem Sinus-„Milieu-Indikator" (eine Statementbatterie zur Diagnose der Milieuzugehörigkeit von Befragten) und Fragen zur Wohnsituation, zur Ausstattung und zu Anschaffungsabsichten in verschiedenen Produktfeldern des Einrichtungsbereichs Gegenstand einer Repräsentativerhebung (N = 2 516).

Ergebnis dieser Untersuchung war, ausgehend von der Ermittlung von Motiv- und Geschmacksdimensionen und den jeweils dahinterstehenden Potentialen, eine alltagsästhetische und lebensweltliche Segmentation des Einrichtungsmarkts.[15]

Das Spektrum der Wohnmotive

Die einschlägigen Forschungen zur Alltagsästhetik spiegeln eine Vielfalt ästhetischer Bedürfnisse in der Bevölkerung. Wie unsere eigenen Untersuchungen zeigen, geht es dabei in aller Regel gar nicht um ästhetische Qualitäten an sich, um das, wie es Karl Heinz Bohrer nennt, „enigmatisch-elitäre Moment des eigentlich Ästhetischen"[16], sondern „schön" ist ein Gegenstand sehr oft, weil er „wichtig" oder „wertvoll" oder auch nur „praktisch" ist – was die Sache noch kompliziert. Ohnehin stellt sich die tatsächlich gelebte ästhetische Kultur[17] (zumindest an der Oberfläche) dar als ein Universum der Geschmacksvarianten.

Aufgabe der Lebensweltforschung ist es da, die der chaotisch anmutenden alltagsästhetischen Realität zugrundeliegenden Motive herauszuarbeiten und ihre psychosozialen Funktionen aufzuklären. Ohne Frage ist dabei die Wohnung, als natürliche Kulisse alltagsästhetischer Praxis, ein Studienobjekt par excellence. Denn in den Wohnungen findet man – konzentrierter und vielfältiger als anderswo – eine Ansammlung konkreter Dinge des alltäglichen Gebrauchs, die den „privaten" Geschmack, die persönliche Identität ihrer Besitzer zum Ausdruck bringen. Wie Manfred Sack resümiert, ist die Wohnung, genauso wie die Kleidung, ein Ausdrucksmittel des Menschen, eine Art von Sprache, in der er sich mitteilt.[18]

Das in diesem Kapitel vorgestellte Spektrum der Wohnmotive (oder

---

15 Vgl. Burda und Sinus 1991. Aufbauend auf den Vorarbeiten des Sinus-Instituts, das schon bald nach dem Fall der Mauer seine Lebenswelt- und Milieuforschung auch in Ostdeutschland etablieren konnte, folgte 1992 eine qualitative Grundlagenstudie zum Thema Wohnen und Garten in den neuen Bundesländern. Analog zur qualitativen Forschung im Westen war Hauptgegenstand dieser Studie eine Untersuchung der ostdeutschen Wohnwelten, d. h. die Exploration und Analyse ästhetischer Grundmotive im Alltagsbereich Wohnen sowie die Untersuchung und fotografische Dokumentation des ostdeutschen Wohngeschmacks. Darüber hinaus setzt sich diese Studie mit der für Ostdeutschland so charakteristischen Gärten- und Datschenkultur auseinander (vgl. Burda und Sinus 1993).

16 Vgl. Karl Heinz Bohrer: Die Grenzen der Ästhetischen, Vortrag auf dem internationalen Kongreß zur „Aktualität des Ästhetischen", Hannover, September 1992

17 Vgl. Karla Scharf: Wohnwelt als Teil der Alltagswelt und der ästhetischen Kultur, in: Lebens-Formen, Fächergruppe Designwissenschaft – FB 3, Hochschule der Künste, Berlin 1991

18 Manfred Sack: Das deutsche Wohnzimmer, Luzern/Frankfurt a. M. 1980, S. 7

wie Alphons Silbermann es nennt: „Wohnwerte"[19]) dechiffriert nun sozusagen die Tiefenstruktur dieser Sprache. Die identifizierten und abgegrenzten Wohnmotive lassen erkennen, welche Grundeinstellungen es zum Wohnen gibt und welche zentralen Bedürfnisse dem Einrichtungsverhalten zugrunde liegen. Es handelt sich also um eine Bestandsaufnahme einrichtungsbezogener Ansprüche und Erwartungen. Das Spektrum der Wohnmotive hilft, die Einrichtungsvielfalt in den (westdeutschen) Wohnungen richtig einzuordnen und zu verstehen.

In der folgenden Übersicht sind die dreizehn (in Westdeutschland[20]) gefundenen Wohnmotive nach den übergreifenden Motivkreisen „Gemütlich" (Dominanz des Konventionalismus-Motivs), „Bequem" (Dominanz des Convenience-Motivs), „Repräsentativ" (Dominanz der Außenorientierung) und „Alternativ" (Zurückweisung gängiger Wohnleitbilder) gruppiert. Die Reihenfolge der Darstellung verweist dabei auf die relative Bedeutung der Motivkreise, d. h. ihre gesamtgesellschaftlich unterschiedliche Wertigkeit.

---

19 Alphons Silbermann: Neues vom Wohnen der Deutschen, Köln 1991, S. 68 ff.
20 Das Spektrum der Wohnmotive in Ost- und Westdeutschland erweist sich im Ganzen als recht ähnlich (was bei einer Betrachtung auf der Ebene von Grundmotiven auch zu erwarten ist), unterscheidet sich aber jeweils spezifisch im Motiv-Zuschnitt, d. h. in der Bündelung von Interessen und in deren Akzentuierung.

Die Wohnmotive in Westdeutschland

Gemütlich
(Konventionalismus)

- "Heile Welt"
- "Dekoration, Ästhetisierung"
- "Sauberkeit und Ordnung"
- "Stilperfektionismus, Anpassung"

Repräsentativ
(Außenorientierung)

- "Außenorientierung, Prestige"
- "Modernität, Trendorientierung"
- "Individualisierung, Selbstdarstellung"

Bequem
(Convenience)

- "Selbstverwirklichung, Do-it-yourself"
- "Convenience"
- "Einfachheit, Funktionalismus"

Alternativ
(Zivilisationskritik)

- "Natürlichkeit"
- "Antikonventionalismus, Stilprotest"
- "Kommunikation, Spontaneität"

Was die 13 Wohnmotive im einzelnen bedeuten, ist auf den folgenden Seiten stichwortartig dargestellt.[21] Dabei handelt es sich um die faktorenanalytisch ermittelten Dimensionen der Statement-Batterie „Wohnphilosophie und Alltagsästhetik".[22] Die Leit-Items sind jeweils mit aufgeführt. Es wurden verschiedene Faktorenmodelle (12-, 13-, 14-, 15-Faktorenmodell) berechnet und interpretiert, die endgültige Lösung wurde schließlich nach Maßgabe der in der qualitativen Vorstudie und im Pretest gefundenen Strukturen ausgewählt und durch eine milieuspezifische Bedeutungsanalyse der Faktoren[23] zusätzlich validiert.

---

21 Siehe Burda und Sinus 1991, S. 46 ff.
22 Durchgeführt wurden Hauptkomponentenanalysen mit nachfolgender orthogonaler Rotation. Varianzaufklärung der ausgewählten Lösung: 49%
23 Faktorenwert-Berechnungen und Positionierung der Sozialen Milieus in den Faktorräumen

Wohnmotiv „Heile Welt"

Kurz-Charakteristik

● Rückzug in private Idyllen,
  Reservate des Schönen im
  häßlichen Alltag

● Harmonie, Geborgenheit,
  Gemütlichkeit; Wärme und
  Behaglichkeit, Entspannung
  und Entpflichtung

● Neue Romantik, inszenierte
  Nostalgie, Verklärung der
  guten alten Zeit (das verlorene
  Paradies)

Typische Statements

Ich habe meine Wohnung so
eingerichtet, daß wenigstens
da die Welt noch in Ordnung ist.

Es gefällt mir, wenn Leute
liebenswerte Dinge (wie Zinnbecher, Wandteller, Blech-
spielzeug usw.) sammeln.

Ich finde Gartenzwerge niedlich.

Ich finde es gut, daß viele
Möbelgeschäfte heute wieder
Bauernmöbel anbieten.

Wohnmotiv „Dekoration, Ästhetisierung"

Kurz-Charakteristik

● Emotionalisierung der Wohn-
  umwelt; Verschönerung und
  In-Besitz-Nahme durch Ausschmückung: Schnörkel, Muster, barocke Formen, Verzierungen, Erbstücke, Souvenirs

● Ausdruckswirkung, Form-
  und Farbsensationen;
  Überladene perfektionierte
  Inszenierungen, Anhäufungen,
  Sammelsurien

● Gefühlswert der kleinen Form
  – niedlich (Kindchen-Schema),
  überschaubar, handlich: Reh-
  lein, Porzellanfiguren, Puppen,
  Zinnbecher, Seidenblumen . . .

Typische Statements

Dinge, die gewöhnlich als
Kitsch bezeichnet werden,
mag ich eigentlich ganz gern.

Für mich ist ein Raum erst
richtig wohnlich, wenn er
reichlich ausgeschmückt ist.

Die kleinen Figürchen, Väs-
chen, Deckchen, Körbchen
usw., die man oft in den
Wohnzimmern sieht, kann ich
nicht ausstehen.
(Statement wird abgelehnt)

Wohnmotiv „Sauberkeit und Ordnung"

Kurz-Charakteristik

● Sauberkeit: Dämme gegen den Schmutz, alles muß blitzen (hell, frisch und freundlich; pflegeleicht, gut sauberzuhalten)

● Ordnung: Kontrolle und Sicherheit, klar gegliederte Strukturen (aufgeräumt, gepflegt, parat; abgezirkelt, alles an seinem Platz, alles in Reih und Glied; jederzeit besuchsbereit)

Typische Statements

In meiner Wohnung fühle ich mich nur wohl, wenn alles sauber und gepflegt ist.

Ein Bild, das schief an der Wand hängt, stört mich sehr.

Bei mir zu Hause ist immer alles blitzblank.

In meiner Wohnung gibt es auch Möbelstücke, die nicht mehr hundertprozentig in Ordnung sind.
(Statement wird abgelehnt)

Wohnmotiv „Stilperfektionismus, Anpassung"

Kurz-Charakteristik

● Durchstilisierung, Überstilisierung: alles muß zusammenpassen, alles aus einem Guß, keine Stilbrüche (perfekte Inszenierungen bis zum farblich abgestimmten Klopapier)

● Normalität, Anpassung: nichts Übertriebenes, nichts Auffallendes, der goldene Mittelweg (so sein wollen wie alle anderen, sich nicht exponieren)

● Unkritische Anpassung an Konventionen („das hat man so"), Konventionalismus aus Unsicherheit: Präferenz für Komplettangebote, Marken-Gläubigkeit

Typische Statements

Ich mag keine Zimmer, in dem alte und neue Möbel nebeneinander stehen.

Bei Stilmöbeln sind nur die echten wirklich schön.

Es gefällt mir oft ganz gut, wenn jemand Einrichtungsgegenstände kombiniert, die eigentlich gar nicht zusammenpassen.
(Statement wird abgelehnt)

111

Wohnmotiv „Außenorientierung, Prestige"

Kurz-Charakteristik

● Geltungsanspruch, Demonstration eines gehobenen Lebensstils: Beste Qualität, teuer, perfekt, üppig, massiv ...

● Soziale Positionierung, Signalisierung von Gruppenzugehörigkeit; Abgrenzung nach unten: Selbstinszenierung, Selbstdarstellung

● Zeitgemäße Exklusivität: Weiträumige, großzügige Gestaltung, sparsame Möblierung; Kennerschaft statt protziger Status-Symbolik

Typische Statements

Wenn man Erfolg hat und gut verdient, sollte man das auch ruhig zeigen.

Wenn ich genug Geld hätte, würde ich mir sofort teure Möbel kaufen.

Bei meiner Wohnzimmereinrichtung ist alles in einem Stil, sozusagen „aus einem Guß".

Bei der Einrichtung eines Wohnzimmers sollte unbedingt die Devise gelten: Weniger ist mehr.

Wohnmotiv „Modernität, Trendorientierung"

Kurz-Charakteristik

● Teilhabe am Fortschritt, mithalten wollen: Fortschritt gleich Lebensqualität

● Trendorientierung, Mitmachen von Moden; Stilavantgardismus: Identifikation mit dem Zeitgeist

● Modernismus, Faszination des Synthetisch-Technisch-Künstlichen (die überwundene, besiegte Natur); Präferenz für moderne Materialien (Glas, Chrom, Acryl, verzinktes Blech ...) und modernes Design (vom Nierentisch bis Memphis)

Typische Statements

Ich kann mich leicht für das begeistern, was gerade modern ist.

Über neue Einrichtungstrends bin ich immer gut informiert.

Einrichtungsgegenstände aus modernen Materialien (wie Glas, Chrom, Acryl) gefallen mir gut.

Wenn ich genügend Geld hätte, würde ich mich nach der neuesten Mode einrichten.

112

Wohnmotiv „Individualisierung, Selbstdarstellung"

Kurz-Charakteristik

- ● Demonstrativer Ausdruck individueller Geschmacksvorstellungen: die eigenen Gefühle, Wünsche, Einstellungen sollen erkennbar sein
- ● Ablehnung standardisierter Massenprodukte, Ablehnung von „Katalog-Wohnwelten"; Wertschätzung von Unikaten, Sonderanfertigungen, handgearbeiteten Einzelstücken (Wunsch nach dem „persönlichen Produkt")
- ● Selbstdarstellung, Selbstinszenierung, Narzißmus: auffallen, anders sein als die Masse; Dinge haben, die sonst keiner hat

Typische Statements

Wer meine Wohnung kennt, weiß, daß ich einen ausgefallenen Geschmack habe.

Bei meiner Wohnungseinrichtung möchte ich nicht hinter anderen zurückstehen.

Selbstgebastelte Dinge bekommen einen Ehrenplatz in meiner Wohnung.

Wohnmotiv „Selbstverwirklichung, Do-it-yourself"

Kurz-Charakteristik

- ● Selbstverwirklichung in den eigenen vier Wänden, bewußte Gestaltung privater Nischen; Entdeckung der eigenen Persönlichkeit
- ● Kreativität durch Eigenschöpfung und Ideeninszenierung; künstlerischer Anspruch: Die Wohnung als Gesamtkunstwerk
- ● Do-it-yourself: Selbstgemachtes, Selbstentworfenes, Selbstarrangiertes (Von der selbstgezimmerten Ofenbank über den handgearbeiteten Wandteppich bis zum objet trouvé)

Typische Statements

Etwas Selbstgemachtes, das ist für mich ein Wert an sich.

Für mich ist es sehr wichtig, meine eigenen, ganz persönlichen Vorstellungen zu verwirklichen.

Ein handgefertigtes Möbelstück ist immer schöner als ein in der Fabrik hergestelltes.

Eine Wohnung einzurichten heißt für mich, meine Gedanken und Gefühle auszudrücken.

113

Wohnmotiv „Convenience"

Kurz-Charakteristik

● **Bequemlichkeit, Entspannung, Ungezwungenheit: Gebrauchs-mobiliar, auf das man nicht ständig aufpassen muß**

● **Das Praktische: es muß alles funktionieren, vollständig sein, griffbereit, in erreichbarer Nähe (viel Stauraum, große Ablageflächen)**

● **Alltagstauglichkeit: haltbar, robust, strapazierfähig; viel-seitig verwendbar, flexibel; abwaschbar, leicht sauber zu halten**

Typische Statements

Zu Hause habe ich es am lieb-sten ganz bequem und unge-zwungen.

Ich habe meine Wohnung so eingerichtet, daß immer alles griffbereit ist.

Einrichtungsgegenstände müs-sen nicht in erster Linie schön sein, sondern vor allem prak-tisch.

In meiner Wohnung habe ich gern Dinge mit Mustern, Schnörkel und Verzierungen. (Statement wird abgelehnt)

Wohnmotiv „Einfachheit, Funktionalismus"

Kurz-Charakteristik

● **Gebrauchsorientierung: Den alltäglichen Bedürfnissen an-gepaßt, zweckmäßig, kinder-freundlich; Funktionswert vor Repräsentationswert**

● **Beschränkung auf das Wesent-liche, Einfachheit, Reduktion: Ästhetik als Dienerin der Funktion (funktionales De-sign); Ablehnung von Manie-rismus und Effekthascherei**

● **Funktionalismus: Ideal der Verbindung von Funktion und Ästhetik (praktisch und schön)**

Typische Statements

Je schlichter und einfacher ein Möbelstück ist, desto besser gefällt es mir.

Ein Möbelstück, das wirklich praktisch ist, ist immer auch schön.

Wer viel Geld für Möbel aus-gibt, ist selbst schuld.

114

Wohnmotiv „Natürlichkeit"

Kurz-Charakteristik

● Ablehnung alles Künstlichen,
Synthetischen; Präferenz für
das Echte

● Bioprinzip: Wertschätzung des
Lebendigen, Organischen;
Bevorzugung natürlicher, un-
giftiger Materialien

● Menschliches Maß, „Lebens-
spuren"; Ablehnung von Gi-
gantomanie und Übertechni-
sierung

Typische Statements

Ich versuche, mir möglichst
viel Natur in meine Wohnung
zu holen.

Möbel oder Einrichtungsgegenstände, die aus Kunststoff
gefertigt sind, mag ich nicht.

Ich bevorzuge Möbel, bei denen die Oberflächen nicht lak-
kiert, sondern mit Leinöl oder
Bienenwachs behandelt sind.

In meiner Wohnung mag ich
nur natürliche Materialien wie
Holz, Leder, Seide, Wolle.

Wohnmotiv „Antikonventionalismus, Stilprotest"

Kurz-Charakteristik

● Stilisierte Kargheit, Verzicht
auf Komfort und Luxus: das
Rohe, Unverfeinerte (Block-
haus-Atmosphäre); Verzicht
auf ästhetische Ansprüche:
Sperrmüll-Ästhetik, Leben
vom Wohlstandsmüll

● Sinnlichkeit, starke Reize,
Reizüberflutung als Provoka-
tion (grell, bunt, laut, intensiv,
„Miss-Piggy-Prinzip"): wider
das Gemäßigte, Dezente,
Wohlanständige

● Nonkonformismus, Stilprotest:
Verfremdung, Zweckentfrem-
dung von Gegenständen; Stil-
basteleien, inszenierte Stilbrüche

Typische Statements

Ich meine: Auf einer Matratze
sitzt man genauso gut wie auf
einem Ledersofa.

Für Wohnideen aus Katalogen
habe ich nichts übrig.

Am liebsten würde ich in
einem einfachen Blockhaus
fernab der Zivilisation leben.

Ich bin sicher, viele Leute wären geschockt, wenn sie meine
Wohnung sehen würden.

Wohnmotiv „Kommunikation, Spontaneität"

Kurz-Charakteristik

- **Spontaneität und Lebendigkeit: Dokumentation von Leben, Veränderung, Persönlichkeitswachstum (Rückgewinnung der Wohnung als „Lebensraum")**

- **Offene, kommunikationsfördernde Strukturen: legerer, salopper Stil; flexible Einrichtungselemente, unorthodoxe Benutzung von Gegenständen; sparsame Möblierung; viel Platz, um sich zu entfalten**

- **Mißachtung bürgerlicher Ordnungs- und Sauberkeitsnormen: Chaos, Unordnung als Stilprinzip – Gegenbild zum „Alles aus einem Guß"; Anti-Perfektionismus**

Typische Statements

Ein bißchen Chaos in der Wohnung zeigt, daß da intensiv gelebt wird.

Meine Devise: Mit viel Farbe gegen den grauen Alltag.

Selbstgebaute Möbel, auch wenn sie nicht immer ganz perfekt sind, gefallen mir besser als gekaufte.

Ich habe ein paar total verrückte Sachen in meiner Wohnung stehen.

Milieuspezifische Schwerpunkte

So wichtig die Abgrenzung und Beschreibung der 13 Wohnmotive als Orientierungshilfe im „Dschungel des Einrichtungsgeschmacks" auch ist, so lassen sich daraus allein noch keine abschließenden Einsichten ableiten. Es fehlt noch eine wichtige zusätzliche Information, nämlich welchen Stellenwert die verschiedenen Motive bei unterschiedlichen Bevölkerungsgruppen haben und welche konkreten Bedürfnisse und stilistischen Ansprüche damit verknüpft werden. Wie die folgende Grafik zeigt[24], lassen sich mit Hilfe des Milieurasters klare zielgruppenspezifische Gewichtungen vornehmen. Die einzelnen Motive weisen deutliche Milieu-Schwerpunkte auf, sind also in bestimmten Zielgruppen besonders relevant. Umgekehrt wird für jede Zielgruppe ersichtlich, welche Motive als Triebfeder des Einrichtungsverhaltens überhaupt eine wichtige Rolle spielen und welches Wohnmotiv, sozusagen im Sinne eines „Leitmotivs", im jeweiligen Milieu dominiert.

Um den Zusammenhang beispielhaft am „Heile-Welt-Motiv" zu verdeutlichen: Das Motiv findet sich bei differenzierter Betrachtung in allen Sozialen Milieus, aber seine Bedeutung ist in den verschiedenen Zielgruppen unterschiedlich stark ausgeprägt. Im Konservativen gehobenen Milieu, im Traditionellen und Traditionslosen Arbeitermilieu, vor allem aber im Kleinbürgerlichen Milieu sind überdurchschnittlich häufig Menschen vertreten, die bei der Einrichtung ihrer Wohnungen das „Heile-Welt-Motiv" zur Geltung kommen lassen.

Ohne Frage haben „breite" Motive, die in vielen Sozialen Milieus von Bedeutung sind (wie zum Beispiel „Heile Welt" oder „Dekoration, Ästhetisierung"), gesamtgesellschaftlich ein größeres Gewicht als „Minderheiten-Motive" (wie etwa „Antikonventionalismus, Stilprotest" oder „Kommunikation, Spontaneität").

---

24 Gezeigt werden die aktuellen Zusammenhänge (1992), die von den in der Broschüre „Wohnwelten in Deutschland 2" dargestellten, die auf den Verhältnissen von 1987 basieren, etwas abweichen (vgl. Burda und Sinus 1991, S. 55). Außerdem wird das Neue Arbeitnehmermilieu, das 1987 noch nicht Teil des Sinus-Milieusystems war, in der aktuellen Übersicht mit berücksichtigt.

Wohnmotive: Milieuspezifische Schwerpunkte

	Konservatives gehobenes Milieu	Kleinbürgerliches Milieu	Traditionelles Arbeitermilieu	Traditionsloses Arbeitermilieu	Neues Arbeitnehmermilieu	Aufstiegsorientiertes Milieu	Technokratisch-liberales Milieu	Hedonistisches Milieu	Alternatives Milieu	
"Heile Welt"	■	▣	■	■						Gemütlich
"Dekoration, Ästhetisierung"	■	▣	▣	■	■					
"Sauberkeit und Ordnung"	■	▣	■							
"Stilperfektionismus, Anpassung"	■		■		▣					
"Außenorientierung, Prestige"				■		▣	■			Repräsentativ
"Modernität, Trendorientierung"					■	■	■			
"Individualisierung, Selbstdarstellung"							▣	■		
"Selbstverwirklichung, Do-it-yourself"		■						■	■	Bequem
"Convenience"			■	■						
"Einfachheit, Funktionalismus"	■					▣			■	
"Natürlichkeit"	■						■	■	▣	Alternativ
"Antikonventionalismus, Stilprotest"								■	■	
"Kommunikation, Spontaneität"						■		▣	■	

■ Milieuspezifische Schwerpunkte   ▣ Dominante Motive ("Leitmotive") im jeweiligen Milieu

118

Entwicklung der Wohnmotive seit Mitte der 80er Jahre

 Stabile Bedeutung

- Heile Welt
- Außenorientierung, Prestige
- Dekoration, Ästhetisierung
- Selbstverwirklichung, Do-it-yourself
- Antikonventionalismus, Stilprotest

 Abnehmende Bedeutung

- Convenience
- Einfachheit, Funktionalismus
- Sauberkeit und Ordnung

 Zunehmende Bedeutung

- Individualisierung, Selbstdarstellung
- Modernität, Trendorientierung
- Kommunikation, Spontaneität
- Natürlichkeit
- Stilperfektionismus, Anpassung

119

Aktuelle Entwicklungstendenzen

Da unsere Wohnwelten-Forschung sich schon seit vielen Jahren mit dem Einrichtungsverhalten der Bundesbürger befaßt, können die beschriebenen Wohnmotive auch danach qualifiziert werden, ob ihre Bedeutung seit Mitte der 80er Jahre zugenommen hat, ob ein Bedeutungsverlust eingetreten ist, oder ob sich die Bedeutung auf stabilem Niveau gehalten hat. Durch kontinuierliche Trendbeobachtungen konnte festgestellt werden, daß fünf Wohnmotive in den zurückliegenden Jahren zunehmend an Bedeutung gewonnen haben (siehe die Grafik). Bei zwei dieser Motive, „Individualisierung, Selbstdarstellung" und „Modernität, Trendorientierung", läßt sich in jüngster Zeit eine Trendbeschleunigung feststellen, während sich für die beiden (historisch verwandten) Wohnmotive „Kommunikation, Spontaneität" und „Natürlichkeit" eine Trendabschwächung abzeichnet (allerdings auf sehr hohem Niveau). Beim Wohnmotiv „Stilperfektionismus, Anpassung" können wir sogar von einer Trendumkehr sprechen, insoweit es inzwischen von Trendsetter-Gruppen kultiviert wird, die vor noch nicht allzu langer Zeit perfekte Inszenierungen als „spießig" abgelehnt haben.[25]

In der folgenden Übersicht soll für das derzeit virulenteste Motiv „Individualisierung, Selbstdarstellung" stichwortartig aufgezeigt werden, welche Beschleunigungsprozesse im einzelnen wirksam sind und welche Aspekte welche Bevölkerungsgruppen besonders betreffen.

---

25 Vgl. Sinus Lebensweltforschung (U. Becker): Die neuesten Trends im Wohnbereich, hrsg. von Pfleiderer-Industrie, Neumarkt/Oberpfalz 1991

Wohnmotiv „Individualisierung, Selbstdarstellung": Aktuelle Entwicklungstendenzen

• Demonstrativer Ausdruck individueller Geschmacksvorstellungen: die eigenen Gefühle, Wünsche, Einstellungen sollen sichtbar werden und erkennbar sein

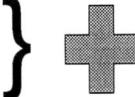

▷ Starke Bedeutungszunahme in Trendsettergruppen und im modernen Mainstream

▷ Individualisierung durch Entäußerung, Verdinglichung

• Selbstdarstellung, Selbstinszenierung, Narzißmus: Auffallen, anders sein als die Masse; Dinge haben, die sonst keiner hat

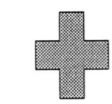

▷ Deutliche Generalisierung im modernen Mainstream

▷ Das Wohnzimmer als "Show-Room" und Bühne der Selbstdarstellung

• Stilistische Exklusivität, "Verwender-Prestige": Ablehnung standardisierter Massenprodukte, Ablehnung von Katalog-Wohnwelten

▷ Allmähliche Ausbreitung des Motivs im modernen Mainstream

▷ Wachsende Design-Ansprüche und zunehmender Profilierungszwang

• Wunsch nach dem "persönlichen Produkt": Wertschätzung von Unikaten, Sonderanfertigungen, (handgearbeiteten) Einzelstücken

▷ Bedeutungszunahme bei den etablierten Trendsettern und im Alternativen Segment

▷ Gewachsene (ästhetische) Kompetenz und gewachsenes Selbstbewußtsein

Zweifellos die stärkste Linie des Wertewandels war in den letzten Jahren der sich zum dominierenden Konsummuster ausprägende Individualismus- und (Konsum-) Hedonismus-Trend. In diesem Zusammenhang läßt sich eindeutig feststellen, daß Stilbesonderheiten als Signale von Individualität, Selbstdarstellung und sozialer Abgrenzung immer mehr an Bedeutung gewinnen. Man kann diese Entwicklung als einen Prozeß fortschreitender Partikularisierung begreifen, der, wie unsere aktuellen Befunde aus dem Wohnbereich zeigen[26], schon eine ganze Reihe scheinbarer Paradoxien gezeigt hat:

– So werden Konsum-Hedonismus und Luxusstreben, vor wenigen Jahren noch echte Trendsetter-Anliegen, immer mehr zu einem Phänomen der unterschichtigen Milieus.

– Do-it-yourself und Öko-Romantik, einst ein progressiver Lebensentwurf der Alternativen, wird mehr und mehr zu einer Sache

---

26 Vgl. Sinus Lebensweltforschung 1991

jüngerer Mainstream-Verbraucher – um nicht zu sagen: ist bereits zu einer Jungspießer-Bewegung verkümmert.

- Polysensualismus und das Bemühen um stilistische Exklusivität, noch vor kurzem anerkannter Ausweis für die Lebenskunst der Trendsetter, werden gerade in dieser Gruppe zunehmend zum Zwang und erstarren in einer Art „Kennerschafts-Perfektionismus".

- Der im Ursprung kreative Anspruch auf Originalität und Authentizität erschöpft sich weithin in Beliebigkeit und endet schließlich im „Zeitgeist-Museum" der Konsum-Avantgarde.

In der Summe: Individualisierung (durch Konsum) auf die Spitze getrieben, schlägt um in Verdinglichung und Entfremdung. Und Konsum-Hedonismus, voll ausgelebt, führt zu Überreizung, Lustlosigkeit und Konsumzwang. Wenn Design nur konsumiert wird, degeneriert es zur puren Lifestyle-Oberfläche, und die Anhäufung von Design-Objekten verstellt peu à peu – sozusagen wie eine Zeitgeist-Kulisse – den Zugang zur eigentlichen Lebenswelt (d. h. den ästhetischen Bedürfnissen und Wünschen der Menschen).

Die neun Geschmacksdimensionen

Wenn, wie Bourdieu behauptet, „Geschmack" ein zentrales und relativ dauerhaftes Merkmal von „Klassen" (oder allgemeiner: von sozialen Großgruppen) ist und über den „Geschmack" soziale Unterschiede deutlicher zum Ausdruck kommen als etwa über Bewußtseinslagen[27], so müßte – bei Verfügbarkeit eines validen Milieumodells der Gesellschaft[28] – eine bündige Kategorisierung der Oberflächenstrukturen, also zum Beispiel der Vielfalt individuellen Wohnens, ebenso möglich sein, wie es gelungen ist, die zentralen einrichtungsbezogenen Motive und Bedürfnisse zu ordnen und milieuspezifisch zu verorten.

Im Rahmen des „Wohnwelten"-Projekts stellten sich auf der Stilebene im Prinzip die gleichen Forschungsfragen wie auf der Motivebene, nämlich die der sinnvollen Verdichtung und Reduktion der individuellen Geschmacksvarianten mit dem Ziel, die Hauptdimensionen des Wohngeschmacks abzugrenzen und zu beschreiben, oder anders gesagt, die bestehende sozialästhetische Segmentierung auf der Erscheinungsebene sozusagen „augenfällig" nachzuvollziehen.

---

27 Vgl. Pierre Bourdieu: Die feinen Unterschiede. Kritik der gesellschaftlichen Urteilskraft, Frankfurt/Main 1987[b]

28 Gerhard Schulze spricht in diesem Zusammenhang von der „interpersonalen Angleichung komplexer Geschmacksmuster" bei den Angehörigen einer „Deutungsgemeinschaft" – wobei Deutungsgemeinschaften in diesem Sinne vergleichbar sind mit den Sozialen Milieus von Sinus (Vgl. Schulze 1992, S. 125 ff.)

Weiter unten wurde schon darauf hingewiesen: Der entscheidende Unterschied zur üblichen Vorgehensweise (Vorlagen von Skizzen und Wohnstil-Selbsteinstufung der Befragten) lag bei dieser Untersuchung darin, daß die zu ermittelnden Geschmacksdimensionen nicht in einem künstlichen Frage- und Antwortspiel anhand vorgefertigter Instrumente „gefunden" wurden. Vielmehr wurde die Wohnwirklichkeit, sozusagen ohne Realitätsverlust, fotografisch festgehalten. Und die Definition von Wohnstilen erfolgte anschließend rein empirisch zunächst auf der Basis einer kontentanalytischen Auswertung von mehreren hundert Fotos und den zugehörigen Aussagen der Befragten und schließlich (in der nachfolgenden Quantifizierung) anhand des aus diesem Material entwickelten und erstmals in einer Repräsentativerhebung eingesetzten „Wohnstil-Indikators". Die insgesamt 54 Wohnzimmerfotos dieses Bildersatzes wurden durch geeignete mathematisch-statistische Verfahren (Faktorenanalysen) zu neun unabhängigen Geschmacksdimensionen gruppiert[29] – dem Spektrum der Wohnstile. Die anschließende Potentialberechnung erfolgte über die Entwicklung von Faktorskalen für jede Geschmacksdimension, auf denen jeder der 2 516 Befragten[30] eingestuft wurde.

Wie die folgende Übersicht zeigt, repräsentieren die ermittelten Geschmacksdimensionen ganz unterschiedliche Potentiale in der (westdeutschen[31]) Bevölkerung. Während fast 40% aller erwachsenen Bundesbürger zwischen 18 und 64 Jahren es (zum Erhebungszeitpunkt) rustikal mochten, bevorzugten nur knapp 3% einen avantgardistischen Wohnstil.[32]

Das Spektrum der im Sommer 1987 ermittelten neun Wohnstile dürfte allerdings, infolge der zwischenzeitlich abgelaufenen Fragmentierung der Lebens- und Konsumstile, bis heute deutlich breiter geworden sein. Zwar liegen uns keine neueren repräsentativen Daten vor, aber die aktu-

---

29 Wie bei der Untersuchung der Wohnmotive wurden Hauptkomponentenanalysen mit nachfolgender orthogonaler Rotation durchgeführt. Die Varianzaufklärung der ausgewählten 9-Faktoren-Lösung beträgt 52%.

30 Grundgesamtheit: Deutsche Wohnbevölkerung in den alten Bundesländern zwischen 18 und 64 Jahren.

31 Anders als bei den Grundmotiven des Einrichtungsverhaltens sind unmittelbare Entsprechungen von Wohnstilen in West- und Ostdeutschland eher die Ausnahme. Insgesamt erscheint das Ost-Spektrum kompakter, d. h. weniger breit – wobei zu berücksichtigen ist, daß die sozioökonomischen und politisch-kulturellen Umfeldbedingungen in der ehemaligen DDR eine „Ästhetisierung der Lebenswelten" wie im Westen behinderten und somit einer stilistischen Ausdifferenzierung entgegenwirkten.

32 Was man erst auf den zweiten Blick erkennt: Die neun Anteilswerte ergeben addiert eine Summe von annähernd 140% – wodurch zum Ausdruck kommt, daß ein und derselbe Befragte zwei, vielleicht sogar drei Geschmacksvarianten präferieren kann.

ellen Befunde unserer Trendforschung[33] weisen darauf hin, daß der spätestens seit Ende der 70er Jahre einsetzende Prozeß der horizontalen Differenzierung, der zur Herausbildung immer neuer Teilmärkte in nahezu allen Konsumfeldern führte[34], auch die Wohnwelten erfaßt hat.

Das Spektrum der Wohnstile[35]

GESCHMACKSDIMENSIONEN	ANTEIL*	Potential*
"Rustikalität"	38,9%	14,00 Mio
"Bürgerliche Tradition"	20,3%	7,31 Mio
"Klassische Modernität"	17,6%	6,34 Mio
"Nostalgie"	15,9%	5,72 Mio
"Legere Gemütlichkeit"	15,4%	5,54 Mio
"Repräsentative Individualität"	13,4%	4,82 Mio
"Konventionelle Gemütlichkeit"	11,6%	4,18 Mio
"Antikonventionalismus"	4%	1,44 Mio
"Avantgarde"	2,7%	0,97 Mio

* Basis: Deutsche Wohnbevölkerung in den alten Bundesländern zwischen 18 und 64 Jahren

Im folgenden werden die neun Geschmacksdimensionen anhand der auf den einzelnen Faktoren jeweils am höchsten ladenden[36] Bild-Items vorgestellt, d. h. durch typische Wohnzimmerfotos „erläutert". Die später in der Untersuchung des Wohngeschmacks der Bildungs-Zielgruppen (und auch in anderen Untersuchungen) eingesetzten Bilder – jeweils die beiden Leit-Items der Faktoren – sind durch dicke Umrandungen gekennzeichnet. Diese insgesamt 18 Bild-Items konstituieren ein gut validiertes Screening-Instrument zur Rekonstruktion von Wohnstil-Präferenzen auf Basis des (ursprünglich breiter operationalisierten) 9-dimensionalen Modells.

---

33 Vgl. Sinus Lebensweltforschung 1991 und Sinus Lebensweltforschung (U. Becker): Von den wilden 80ern in die unübersichtlichen 90er Jahre, in: FORM, Zeitschrift für Gestaltung, Heft 132, IV – 1990
34 Vgl. das kürzlich von D. Ipsen und A. Wehrle sehr eindrucksvoll beschriebene Beispiel der verschiedenen Radler-Welten (Rennradbesitzer, Mountain-Biker, Tourenfahrer etc.): D. Ipsen/A. Wehrle: Klassenlage als Lebensstil, in: M. Andritzky 1992, S. 191–193
35 Vgl. Burda und Sinus 1991, S. 58
36 Die Faktorladung gibt die Stärke des Zusammenhangs zwischen einem Item und einem Faktor an.

Zusätzlich werden für jede Dimension die Milieu-Schwerpunkte (für alle acht der zum Erhebungszeitpunkt im Modell berücksichtigten Sozialen Milieus) durch Indexwerte[37] markiert. Dabei ergeben sich, ebenso wie auf der Motivebene, durch das Milieuraster klare zielgruppenspezifische Verortungen, die unter Marketinggesichtspunkten klare strategische Positionierungen erlauben. Zwar variiert die Akzeptanz der Wohnstile auch signifikant (wenn auch insgesamt schwächer) mit dem Alter und der Bildung der Befragten[38] (das Einkommen differenziert nur noch teilweise und das Geschlecht überhaupt nicht), aber eine demografische Betrachtung geht, wie wir gesehen haben (vgl. Teil II), an der realexistierenden Inzidenz lebensweltlicher Sinn- und Kommunikationszusammenhänge vorbei.

---

37 Der Indexwert liegt bei jeder Dimension für die Gesamtstichprobe bei 100. Werte für Teilgruppen werden durch Prozentuierung ermittelt. Basis der Berechnungen sind (wie bei der Zusammenhangsanalyse Wohnmotive – Soziale Milieus) die über Faktorwerte bestimmten mittleren Positionen der Milieugruppen auf den Faktoren.

38 Vgl. dazu die Arbeit von Jörg Blasius und Werner Georg, die in einer Reanalyse des Datensatzes „Wohnwelten in Deutschland 2" anhand von 27 Bildern aus dem „Wohnstil-Indikator" mit Hilfe von Cluster- und Korrespondenzanalysen Zusammenhänge von Bildungsstand und Stilpräferenzen nachweisen konnten (J. Blasius/W. Georg: Clusteranalyse und Korrespondenzanalyse in der Lebensstilforschung – ein Vergleich am Beispiel der Wohnungseinrichtung, in: ZA-Information 30, Köln 1992).

Geschmacksdimension „Rustikalität"

Milieu-Schwerpunkte	Indexwerte
Konservatives gehobenes Milieu	106
Kleinbürgerliches Milieu	137
Traditionelles Arbeitermilieu	135
Traditionsloses Arbeitermilieu	137
Aufstiegsorientiertes Milieu	91
Technokratisch-liberales Milieu	55
Hedonistisches Milieu	51
Alternatives Milieu	33

Geschmacksdimension „Bürgerliche Tradition"

Milieu-Schwerpunkte	Indexwerte
Konservatives gehobenes Milieu	134
Kleinbürgerliches Milieu	106
Traditionelles Arbeitermilieu	73
Traditionsloses Arbeitermilieu	97
Aufstiegsorientiertes Milieu	107
Technokratisch-liberales Milieu	90
Hedonistisches Milieu	93
Alternatives Milieu	85

Geschmacksdimension „Klassische Modernität"

Milieu-Schwerpunkte	Indexwerte
Konservatives gehobenes Milieu	64
Kleinbürgerliches Milieu	72
Traditionelles Arbeitermilieu	54
Traditionsloses Arbeitermilieu	96
Aufstiegsorientiertes Milieu	122
Technokratisch-liberales Milieu	132
Hedonistisches Milieu	136
Alternatives Milieu	90

Geschmacksdimension „Nostalgie"

Milieu-Schwerpunkte	Indexwerte
Konservatives gehobenes Milieu	148
Kleinbürgerliches Milieu	114
Traditionelles Arbeitermilieu	133
Traditionsloses Arbeitermilieu	108
Aufstiegsorientiertes Milieu	88
Technokratisch-liberales Milieu	81
Hedonistisches Milieu	75
Alternatives Milieu	47

Geschmacksdimension „Legere Gemütlichkeit"

Milieu-Schwerpunkte	Indexwerte
Konservatives gehobenes Milieu	90
Kleinbürgerliches Milieu	66
Traditionelles Arbeitermilieu	105
Traditionsloses Arbeitermilieu	99
Aufstiegsorientiertes Milieu	101
Technokratisch-liberales Milieu	106
Hedonistisches Milieu	143
Alternatives Milieu	160

Geschmacksdimension „Repräsentative Individualität"

Milieu-Schwerpunkte	Indexwerte
Konservatives gehobenes Milieu	68
Kleinbürgerliches Milieu	47
Traditionelles Arbeitermilieu	51
Traditionsloses Arbeitermilieu	77
Aufstiegsorientiertes Milieu	131
Technokratisch-liberales Milieu	107
Hedonistisches Milieu	165
Alternatives Milieu	175

Geschmacksdimension „Konventionelle Gemütlichkeit"

Milieu-Schwerpunkte	Indexwerte
Konservatives gehobenes Milieu	103
Kleinbürgerliches Milieu	105
Traditionelles Arbeitermilieu	171
Traditionsloses Arbeitermilieu	143
Aufstiegsorientiertes Milieu	91
Technokratisch-liberales Milieu	50
Hedonistisches Milieu	86
Alternatives Milieu	36

Geschmacksdimension „Antikonventionalismus"

Milieu-Schwerpunkte	Indexwerte
Konservatives gehobenes Milieu	18
Kleinbürgerliches Milieu	13
Traditionelles Arbeitermilieu	73
Traditionsloses Arbeitermilieu	20
Aufstiegsorientiertes Milieu	130
Technokratisch-liberales Milieu	103
Hedonistisches Milieu	280
Alternatives Milieu	340

133

Geschmacksdimension „Avantgarde"

Milieu-Schwerpunkte	Indexwerte
Konservatives gehobenes Milieu	0
Kleinbürgerliches Milieu	11
Traditionelles Arbeitermilieu	89
Traditionsloses Arbeitermilieu	22
Aufstiegsorientiertes Milieu	126
Technokratisch-liberales Milieu	156
Hedonistisches Milieu	289
Alternatives Milieu	78

Teil IV:
Die Ästhetisierung der politischen Bildung

1. Die sozialästhetische Perspektive in der Politikforschung: Zur Entkoppelung von Milieu und System

Die dargestellten empirischen Befunde über die unterschiedlichen Geschmackskulturen in Deutschland (West) belegen augenfällig die theoretische Annahme eines engen lebensweltlichen und damit subjektiv sinnhaften Zusammenhangs zwischen der milieutypischen Grundorientierung von Menschen und ihrem Geschmacksurteil. Die im Kleinbürgerlichen Milieu, aber auch im Traditionellen Arbeitermilieu virulenten Sehnsüchte nach Geborgenheit, Ordnung und Harmonie finden ihren zeitgemäß-angemessenen alltagsästhetischen Ausdruck in den Stilwelten von „Rustikalität" und „Konventioneller Gemütlichkeit", über die sich Angehörige weniger traditionell orientierter Milieus so gerne lustig machen. Daß sie den dahinter vermuteten (und belächelten) motivationalen Impuls ästhetisch möglicherweise nur anders inszenieren – die Alternativen z. B. im Stil der „Legeren Gemütlichkeit" –, kommt ihnen dabei kaum in den Sinn. Wie unterschiedlich im übrigen die bevorzugten Stilwelten auf der Stufe formaler sozialer Gleichheit – im Sinne von Einkommen und Bildung – sein können, zeigt ein Vergleich der im Konservativen gehobenen und im Technokratisch-liberalen Milieu vorherrschenden Geschmackspräferenzen. Während die Angehörigen des ersteren „avantgardistischen" Wohnstilen überhaupt nichts abgewinnen können (Indexwert der Akzeptanz: 0), weisen die Technokratisch-Liberalen auf dieser Geschmacksdimension mit 156 Indexpunkten den zweithöchsten Wert unter allen Milieus auf. „Objektive" *soziale Gleichheit* wird damit als *sozialästhetische Ungleichheit* kenntlich, die, gerade weil subjektiv auch so gemeint, die Alltagswirklichkeit und deren Deutung bestimmt.

Durch die Allgegenwart der ihr eigenen Zeichensprache ist sozialästhetische Ungleichheit bzw. Gleichheit unmittelbar erfahrungskräftig. Sei es bei der zufälligen Begegnung im ICE-Bistro oder auf einem Führungsseminar, man schließt – bewußt oder unbewußt – von der stilistischen Selbstinszenierung des Gegenüber immer auch auf dessen sozialästhetische Nähe oder Ferne zur eigenen Person – und stellt sein Verhalten (z. B. die Art und Weise, wie man Kommunikation herbeiführt und gestaltet oder aber gänzlich vermeidet) darauf ein. Soziale Milieus bilden dabei das lebensweltliche Ordnungs- und Orientierungsmuster, auf dessen Hintergrund sich sozialästhetische Zuordnungs- oder Abgrenzungsprozesse – individuelle wie auch kollektive – vollziehen, sie reduzieren Komplexität und ordnen den sozialen Kosmos, den der einzelne tagtäglich erfährt (und dem er sich auch kaum entziehen kann), subjektiv sinnhaft. Milieus eignen sich daher auch in besonderer Weise als kategoriales Gerüst für die wissenschaftliche Beobachtung und Analyse der Sozialwelt moderner Gesellschaften.

Für die Sozialwissenschaften müßte die sozialästhetische Perspektive also um so bedeutsamer werden, je nachhaltiger Stilisierung und Ästhetisierung die Sozialwelt einer Gesellschaft prägen. Merkwürdigerweise hat sich gerade die political-culture-Forschung mit den Auswirkungen dieser stillen Revolution auf den eigenen Forschungsgegenstand noch wenig befaßt. Alltagswelt-, lebensstil- und milieuanalytische Ansätze spielen in ihrem inzwischen recht betulich anmutenden theoretischen wie auch methodischen Instrumentarium jedenfalls kaum eine Rolle. Dies ist – bezogen auf die Bundesrepublik – um so erstaunlicher, als die in der Nachbardisziplin Soziologie im Zuge der Bourdieu-Rezeption entfachte Debatte um derartige Konzepte spätestens seit der zweiten Hälfte der achtziger Jahre Anreiz und Herausforderung genug auch für die Politikwissenschaft hätte sein müssen, deren Leistungsfähigkeit für die Bearbeitung eigener Fragestellungen auszuloten. Um so erstaunlicher auch, als der heuristische Wert herkömmlicher sozialstruktureller Sichtweisen zunehmend bezweifelbarer wurde und die Wertewandelforschung beeindruckende Belege dafür vorweisen konnte, „daß lebensbereichübergreifende Wertmuster . . . einzelnen objektiven Merkmalen in der Regel an Erklärungskraft für Einstellungs- und Verhaltensunterschiede überlegen sind, weil sie die subjektive Essenz einer Vielzahl von Existenzbedingungen, von Sozialisationsprozessen und Lebenserfahrungen sind, welche die Art der psychischen Realitätsverarbeitung und Lebensbewältigung entscheidend mitprägt", wie Gerhard Franz und Willi Herbert schlußfolgerten[1].

Milieuanalytische Ansätze zumindest sind aber der neueren Politikforschung nicht völlig fremd. So hat Lepsius bereits in der Mitte der sechziger Jahre das deutsche Parteiensystem vor 1933 milieutheoretisch analysiert und dessen soziale Basis in vier mehr oder minder homogene, den jeweiligen Parteien eng verbundene, „*sozialmoralische Milieus*" un-

---

1 Gerhard Franz/Willi Herbert: Werte zwischen Stabilität und Veränderung: Die Bedeutung von Schichtzugehörigkeit und Lebenszyklus, in: Helmut Klages, Gerhard Franz, Willi Herbert (Hrsg.): Sozialpsychologie der Wohlfahrtsgesellschaft. Zur Dynamik von Wertorientierungen, Einstellungen und Ansprüchen, Frankfurt/Main/New York 1987, S. 96

terteilt: das „katholische Sozialmilieu", das „konservative Milieu", das „bürgerlich-protestantische Milieu" und das „sozialistische bzw. sozialdemokratische Milieu". Lepsius wählte diesen Ansatz (in Anlehnung an Carl Amery), um, wie er schreibt, „die gewisse Enge der klassentheoretischen Analyse" zu überwinden, was aus seiner Sicht gerade für die Analyse der deutschen Gesellschaft vonnöten war.[2] *Sozialmoralische Milieus* versteht er dabei als „Bezeichnung für soziale Einheiten, die durch eine Koinzidenz mehrerer Strukturdimensionen wie Religion, regionale Tradition, wirtschaftliche Lage, kulturelle Orientierung, schichtspezifische Zusammensetzung der intermediären Gruppen gebildet werden. Das Milieu ist ein sozio-kulturelles Gebilde, das durch eine spezifische Zuordnung solcher Dimensionen auf einen bestimmten Bevölkerungsteil bestimmt wird."[3]

Merkmale wie Religion und regionale Tradition spielen für unseren, an den Bedingungen einer medial vernetzten Konsumgesellschaft orientierten Milieubegriff zwar keine Rolle (während bei Lepsius andererseits sozialästhetische Kriterien nur unter Bezugnahme auf die „kulturelle Orientierung" durchschimmern, was auch nicht weiter verwundert). Dennoch ist seine Arbeit für uns nicht nur dadurch interessant, daß sie das politische System auf dem Hintergrund lebensweltlicher Zusammenhänge analysiert. Lepsius kommt nämlich zu dem Schluß, daß die für Kaiserreich und Weimarer Republik spezifische Verknüpfung von Partei und Milieu und die daraus resultierende wechselseitige soziokulturelle Abschottung der Parteien die Integration der verschiedenen Sozialmilieus in den Staat verhinderte und damit zum Scheitern der Demokratie in Deutschland wesentlich beitrug. Die SPD, so Lepsius, verdankt ihren politischen Aufstieg zwischen 1890 und 1912 zwar „ihrem" Milieu, konnte sich aber andererseits auch nicht über seine Grenzen hinweg ausdehnen. „Die Verhaftung an das Milieu, an die sozialistische Subkultur, und die Abdrängung der politischen Aktivität auf die Erhaltung dieser Subkultur bot" – hier zitiert Lepsius Erich Matthias – „eine ‚Fülle von Möglichkeiten politischer Ersatzbefriedigung, so daß gerade wieder die verdienstvolle Kulturarbeit der Partei ihrer verhängnisvollen Abkapselung und Isolierung Vorschub leistete'".[4] Eine Schlußfolgerung, die man

---

2 M. Rainer Lepsius: Parteiensystem und Sozialstruktur: Zum Problem der Demokratisierung der deutschen Gesellschaft, in: Gerhard A. Ritter (Hrsg.): Deutsche Parteien vor 1918, Köln 1973, S. 67 (zuerst 1966)

3 Lepsius 1973, S. 68

4 Lepsius 1973, S. 74; Willy Brandt vermutet in der „geschlossenen Welt der Arbeiterkultur" der Weimarer Republik, aus der er offensichtlich schon früh auszubrechen suchte, übrigens ebenfalls den Keim ihres Scheiterns, vgl. Willy Brandt: Erinnerungen. Frankfurt/Main, Berlin 1992[2], S. 88

durchaus auch als Aufforderung an das heutige politische System deuten könnte, sich unterschiedlichen Lebensstilen nicht nur zu öffnen, sondern diese auch kommunikativ auf der Ebene der Parteien miteinander zu vernetzen. Um so interessanter mußte die Frage nach dem Zusammenhang von Milieustruktur und Parteiensystem in der zweiten deutschen Demokratie sein. Der von Lepsius vorgeschlagene Ansatz wurde politikwissenschaftlich in der Folgezeit jedoch nicht weiterentwickelt, sieht man einmal von einzelnen Beiträgen der Wahlforschung ab, die dem Zusammenhang der Stimmabgabe für die Unionsparteien und der Zugehörigkeit zum „katholischen Milieu", nachgingen, wobei die inhaltlichen Konturen des dort verwendeten Milieubegriffs – über das Konfessionsmerkmal „katholisch" verbunden mit überdurchschnittlicher Kirchgangshäufigkeit hinaus – zumeist im dunkeln blieben. (Die Forschung setzte sich vor allem mit der – verblüffenden – Einsicht auseinander, daß die konstatierte Erosion des katholischen Milieus an der Neigung katholischer Wähler, für die Union zu stimmen, zunächst wenig änderte).[5]

Sinus hat 1984 im Auftrag der SPD den Versuch unternommen, das gesamte Wählerspektrum der Bundesrepublik milieuanalytisch zu erforschen. Nachdem das Milieumodell in den unterschiedlichsten Märkten erfolgreich im Einsatz war, versprach ein solcher Schritt erstmals Aufschluß über die lebensweltlichen Strukturen der westdeutschen Parteienlandschaft.[6] Im damaligen Bericht des SPD-Parteivorstandes heißt es (noch etwas zurückhaltend):

„Wir haben uns bei der Analyse der Wählergruppen allerdings nicht auf die traditionellen sozialstrukturellen Kategorien (Beruf, Geschlecht, Alter) beschränkt, weil es innerhalb dieser sozialen Gruppen durchaus unterschiedliche Einstellungen, Wertorientierungen und Interessen gibt. Deshalb reicht eine Zielgruppendiskussion der traditionellen Art nicht aus, und wir müssen sie um solche Elemente ergänzen, die sich mit den Wertorientierungen, den politischen Einstellungen, den Wünschen und Ängsten der Menschen beschäftigen. Daher haben wir in dieser Untersuchung die Milieus oder Lebenswelten der Menschen mit einbezogen."

---

5 Zur Diskussion und Weiterentwicklung des konfessionsgebundenen Milieubegriffs in der Wahlforschung vgl. Herbert Kühr: Katholische und Evangelische Milieus: Vermittlungsinstanzen und Wirkungsmuster; sowie Karl Schmitt: Religiöse Bestimmungsfaktoren des Wahlverhaltens: Entkonfessionalisierung mit Verspätung? Beide Beiträge in: Dieter Oberndörfer, Hans Rattinger, Karl Schmitt (Hrsg.): Wirtschaftlicher Wandel, religiöser Wandel und Wertwandel. Folgen für das politische Verhalten in der Bundesrepublik Deutschland, Berlin 1985
6 Vgl. Sinus: Planungsdaten für eine mehrheitsfähige SPD, Heidelberg 1984

Wichtigstes Ergebnis dieser Studie war die Erkenntnis, daß in bezug auf Lebensstil, Einstellungen und Wertorientierungen die Wähler der SPD damals eine wesentlich größere Heterogenität aufwiesen als die der CDU/CSU. Während das Wählerpotential der Unionsparteien von zwei stilverwandten sozialen Milieus geprägt wurde, dem Konservativen gehobenen und dem Kleinbürgerlichen Milieu (das Konservative gehobene Milieu übt ja auch heute noch für nicht wenige Kleinbürger eine Art Leitbildfunktion aus), zeigten sich bei der SPD zwei dominierende Anhängergruppen, deren Lebensstil, Grundeinstellungen und ästhetische Neigungen verschiedenartiger eigentlich gar nicht sein konnten: die beiden „klassischen" Arbeitermilieus, das Traditionelle und das Traditionslose Arbeitermilieu auf der einen Seite und auf der anderen die beiden von Wertewandel und Stilprotest der Nach-68er-Jahre besonders nachhaltig geprägten Milieus, das Alternative und das Hedonistische. Die von Willy Brandt eingeforderte Anstrengung der Partei, die revoltierende Jugend an die SPD zu binden, schien, zumindest teilweise, von Erfolg gekrönt:

Wählerpotential der Union	Wählerpotential der SPD
• Konservatives gehobenes Milieu und Kleinbürgerliches Milieu: 52% der Unionsanhänger	• Traditionelles und Traditionsloses Arbeitermilieu: 22% der SPD-Anhänger
• Werte-Gemeinsamkeit, keine Lebensstil-Dissonanzen	• Traditionelle Werte und Lebensstile (Klassische Sozialstaatsorientierung)
	• Hedonistisches und Alternatives Milieu: 15% der SPD-Anhänger
	• "Neue" Werte und Lebensstile (Ökologisch-postmaterielle Orientierung)
⬇	⬇
Homogenes Lebenswelt-Segment	**Zwei (Lebens-) Welten**

Folgende Grafik veranschaulicht die Situation von 1984 durch die Positionierung der dominierenden Parteianhängerschaften im Milieumodell. Dabei wird deutlich, wie weit die beiden Milieu-Segmente, auf die sich die SPD in den achtziger Jahren hauptsächlich stützen konnte (sie wurden der Einfachheit halber die „alte" und die „neue" SPD genannt), lebensweltlich voneinander entfernt waren.

Die Situation 1984
Positionierung der Parteien im Milieumodell

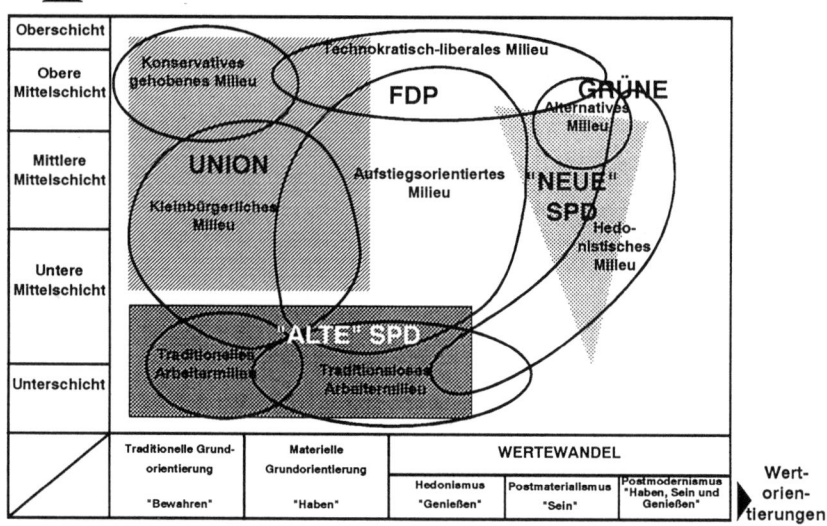

Der nicht selten erbittert geführte innerparteiliche Streit, wer denn nun der geeignetste Koalitionspartner für die SPD sei, Grüne oder Union, war, wie die Milieulandkarte offenbart, wohl auch ein Reflex der in den Unterstützermilieus vorherrschenden soziokulturellen „Wahlverwandtschaften". Während die „alte" SPD sozialästhetisch dem eher konservativ empfindenden und denkenden kleinbürgerlichen Wechselwählerpotential zwischen CDU/CSU und SPD nahe war, trennte die „neue" SPD von der gesamten Lebensauffassung und Lebensweise her nur wenig von der sich politisch allmählich etablierenden sozialen Basis der Grünen. Während die einen in der Szene-Kneipe des Sanierungsviertels Heimatgefühl entwickeln konnten, fanden die anderen ihren alltagsästhetischen Resonanzboden möglicherweise in der wöchentlichen Chorprobe eines Vorort-Gesangvereins. Mit den Koalitionsempfehlungen, die sie gaben, drückten die jeweiligen Parteigruppen zugleich auch ihre sozialästhetischen Beziehungswahlen aus – selbstverständlich zum resignierenden Unverständnis des jeweils ganz anders gestimmten Milieu-Gegenübers.

Mit Hilfe einer für die damalige Repräsentativerhebung (befragt wurden 5 040 erwachsene Bundesbürger) entwickelten Skala zur Messung von Lebenseinstellungen (Item-Batterie „Lebensgüter") gelang es, die Unterschiedlichkeit von Alltagsbewußtsein und Lebensstil der beiden

Milieu-Gruppen empirisch transparent zu machen. Auf fast allen Einstellungsdimensionen zeigten sich gravierende Unterschiede. Die beiden Arbeitermilieus wiesen bei den Lebensgütern „soziale Anerkennung", „traditioneller Lebenssinn" und „materielle Sicherheit" überdurchschnittliche Zustimmungswerte auf, zeigten sich dafür aber weniger an „Ungebundenheit und Genuß" oder auch „Kultur und Kreativität" interessiert. Bei Hedonisten und Alternativen fand sich erwartungsgemäß das umgekehrte Bild (vgl. die Grafik auf der folgenden Seite).

Wie stark nun milieuspezifische Alltagseinstellungen und Politikverständnis miteinander verknüpft sind, zeigt ein Vergleich dieser Befunde mit den auf der nächsten Grafik referierten Ergebnissen zur Politikwahrnehmung. Ausgeprägtes Harmoniestreben und Konfliktabwehr (Leititem: *„Anstatt sich dauernd zu bekämpfen, sollten die Politiker lieber an einem Strang ziehen"*) und „Distanz zur Politik" (Leititem: *„Ich meine: Die Politiker sollten regieren und den Bürger möglichst wenig mit Politik belasten"*) bei den „alten" SPD-Milieus, das genaue Gegenteil davon bei den „neuen", auf einer mittleren Meinungslinie dazwischen die für die SPD-Wähler aus diesen und allen anderen Milieus errechneten Mittelwerte. *Der* SPD-Wähler entpuppte sich damit als künstliche statistische Durchschnittsgröße im soziokulturellen Niemandsland zwischen real sehr unterschiedlichen Lebenswelten.

Skala Lebensgüter*

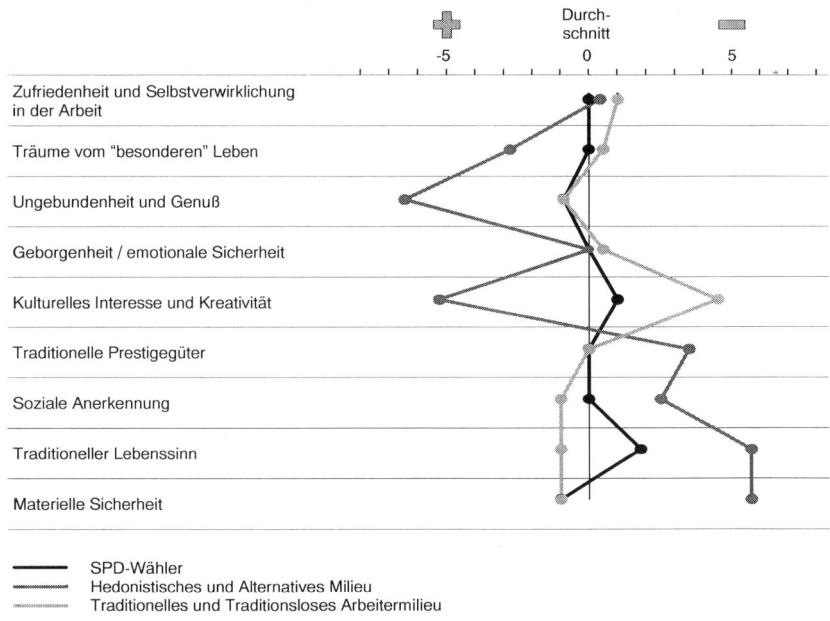

Zufriedenheit und Selbstverwirklichung
in der Arbeit

Träume vom "besonderen" Leben

Ungebundenheit und Genuß

Geborgenheit / emotionale Sicherheit

Kulturelles Interesse und Kreativität

Traditionelle Prestigegüter

Soziale Anerkennung

Traditioneller Lebenssinn

Materielle Sicherheit

——— SPD-Wähler
▬▬▬ Hedonistisches und Alternatives Milieu
▬▬▬ Traditionelles und Traditionsloses Arbeitermilieu

* Ergebnis einer Faktorenanalyse; Basis: Wahlbevölkerung (N= 5.040), Sinus Heidelberg 1984

Skala Politikwahrnehmung*

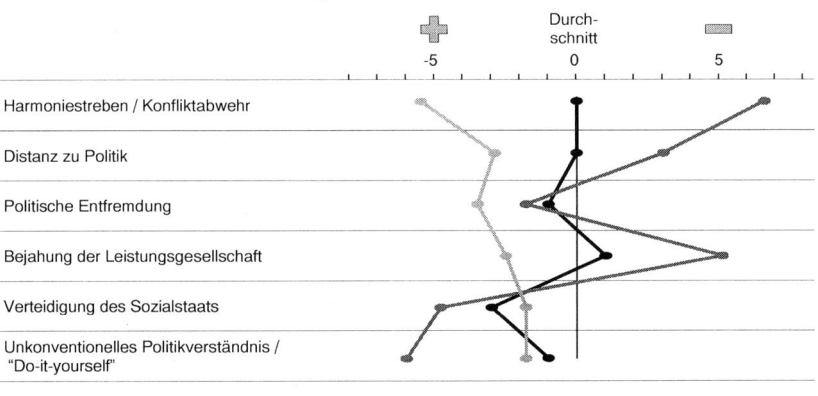

Harmoniestreben / Konfliktabwehr

Distanz zu Politik

Politische Entfremdung

Bejahung der Leistungsgesellschaft

Verteidigung des Sozialstaats

Unkonventionelles Politikverständnis /
"Do-it-yourself"

——— SPD-Wähler
▬▬▬ Hedonistisches und Alternatives Milieu
▬▬▬ Traditionelles und Traditionsloses Arbeitermilieu

* Ergebnis einer Faktorenanalyse; Basis: Wahlbevölkerung (N= 5.040), Sinus Heidelberg 1984

142

Sieben Jahre später wurde die Milieustruktur der Parteianhängerschaften erneut untersucht. Insgesamt zeigte sich 1991 ein sehr ähnliches Strukturbild wie 1984. Die Milieuschwerpunkte der Parteien waren vergleichsweise stabil geblieben:

Die Milieu-Schwerpunkte der Parteien (West) 1991
Überrepräsentanzen der Wählerpotentiale* in den Sozialen Milieus

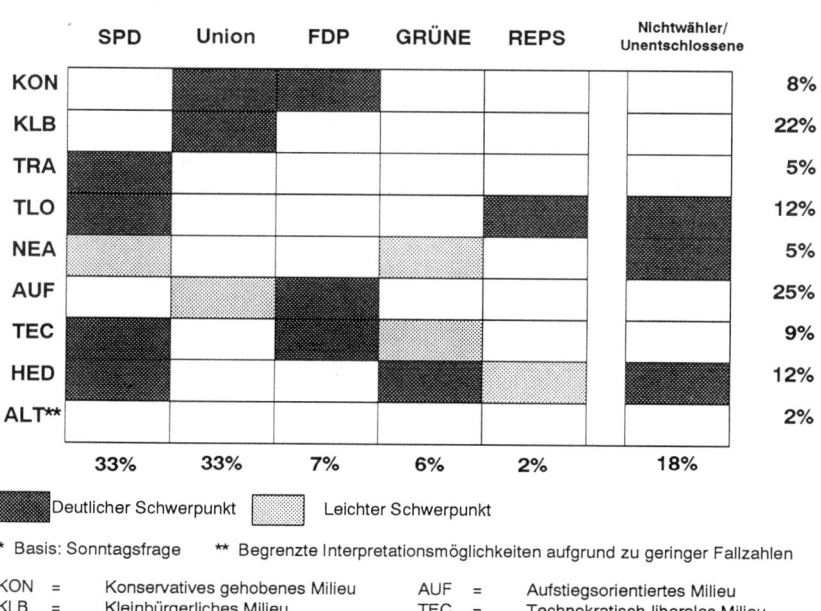

* Basis: Sonntagsfrage   ** Begrenzte Interpretationsmöglichkeiten aufgrund zu geringer Fallzahlen

KON	=	Konservatives gehobenes Milieu	AUF	=	Aufstiegsorientiertes Milieu
KLB	=	Kleinbürgerliches Milieu	TEC	=	Technokratisch-liberales Milieu
TRA	=	Traditionelles Arbeitermilieu	HED	=	Hedonistisches Milieu
TLO	=	Traditionsloses Arbeitermilieu	ALT	=	Alternatives Milieu
NEA	=	Neues Arbeitnehmermilieu			

Allerdings hat in diesem Zeitraum eine signifikante Nivellierung stattgefunden: Die Milieuprofile der Parteien sind flacher geworden. So konnte beispielsweise die Union 1984 noch 52% ihrer potentiellen Anhänger aus ihrer konservativ-kleinbürgerlichen „Hochburg" rekrutieren, während 1991 nur noch 42% aus diesem Lebenswelt-Segment stammten. Hinzu kommt, daß dieses Segment (also das Konservative gehobene Milieu und das Kleinbürgerliche Milieu) 1984 noch 39% der Wahlbevölkerung stellte, heute aber nur noch 30%. Gleichzeitig hat die lebensweltliche Homogenität des Unions-Potentials durch die gewachsene

143

relative Bedeutung des Aufstiegsorientierten Milieus für die CDU/CSU abgenommen, d. h., die Union hat durch ihr Vordringen in den modernen Mainstream der Gesellschaft an lebensweltlicher Kontur verloren.

Auch in den traditionellen SPD-Milieus (Traditionelles und Traditionsloses Arbeitermilieu) ist die Bereitschaft, SPD zu wählen, seit 1984 zurückgegangen. Deutlich SPD-geneigter zeigt sich dagegen das Technokratisch-liberale Milieu, das hinsichtlich Wertorientierungen und Lebensstil – in der Terminologie von 1984 – der „neuen SPD" zuzurechnen ist. Im Neuen Arbeitnehmermilieu ist die politische Affinität zur SPD ebenfalls größer als zur Union. Neben den beiden „klassischen" Milieuschwerpunkten der SPD, wie sie bereits 1984 vorhanden waren, zeichnet sich mit dem Neuen Arbeitnehmermilieu somit ein weiterer – (noch) vergleichsweise schwach ausgeprägter – Schwerpunkt ab, den wir im Hinblick auf seine soziokulturelle Modernität auch als neue „Moderne Mitte" des eher sozialdemokratisch orientierten Spektrums bezeichnen.

Die Positionen der Parteianhängerschaften im Milieumodell zu Beginn der neunziger Jahre zeigt die folgende Grafik:

Die Situation 1991
Positionierung der Parteien im Milieumodell (West)

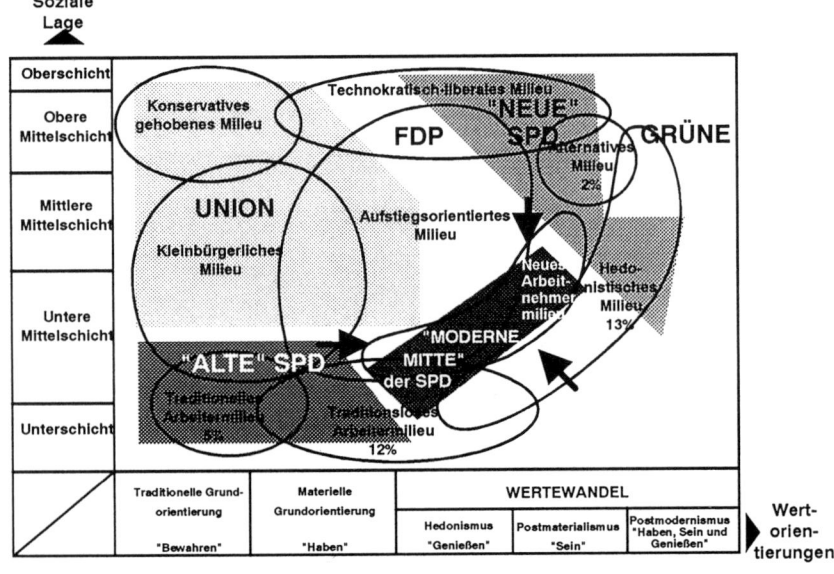

Die Entkoppelung von Lebenswelt und politischem System

Die für den Beobachtungszeitraum zu konstatierenden Verschiebungen der Milieuloyalitäten lassen sich auf zweierlei Weise interpretieren. Zum einen drückt sich darin der langfristige Trend aus, daß die „Hochburgen" der Parteien abschmelzen und gleichzeitig eine relative Verbesserung in der jeweiligen „Diaspora" erfolgt. Andererseits könnten die Ergebnisse auf einen schleichenden Entfremdungsprozeß nicht nur zwischen den Parteien und den ihnen „angestammten" sozialen Milieus selbst deuten, sondern auf eine zunehmende *Entkoppelung von Lebenswelt und politischem System* schlechthin. Dies würde auch die Konzentration von parteipolitisch ungebundenen Nichtwählerpotentialen in den „jungen" Milieus (Hedonisten und Neue Arbeitnehmer) erklären, über das klassische „Nichtwähler-Milieu" der Traditionslosen Arbeiter hinaus. Die aktuellen Auflösungstendenzen von Parteibindungen ließen sich auf diesem Hintergrund als Vorboten eines längerfristig angelegten Umstrukturierungsprozesses milieuspezifischer politischer Loyalitäten verstehen. Die zeitgleich zu beobachtende Rechtsverschiebung des politischen Spektrums nährt diese Vermutung.

Die milieuanalytische Segmentierung des Wählermarktes jedenfalls zeigt Zusammenhänge zwischen der politischen Kultur eines Landes und seinen Lebenswelten, die herkömmlichen, rein soziodemografisch orientierten Ansätzen verborgen bleiben müssen. Müller-Rommel/Poguntke weisen dem Milieuansatz in der Wahlforschung daher auch nicht zu Unrecht die Funktion eines politikwissenschaftlichen „Frühwarnsystems" zu.[7]

Milieustruktur und Parteiensystem – dies wurde deutlich – sind in demokratischen Gesellschaften einander komplementäre Dimensionen. Sie können sich daher nur begrenzt unabhängig voneinander entwickeln, ohne daß die politische Kultur insgesamt Schaden nimmt. Funktioniert der Stoffwechsel zwischen ihnen nicht (oder nicht mehr), d. h. driften Lebensstile und Politik zunehmend beziehungslos auseinander, kommt es zwangsläufig zu soziopolitischen Strukturanomien mit allen bekannten Folgeerscheinungen, von der kommunikativen Sperre zwischen Wählern und Gewählten bis zur Aufkündigung des politischen Grundkonsen-

---

7 Ferdinand Müller-Rommel und Thomas Poguntke: „Eine systematische Anwendung des Milieuansatzes kann jedoch die Funktion eines ‚Frühwarnsystems' in der Wahlforschung einnehmen, welches beispielsweise Veränderungen in den parteipolitischen Loyalitäten schon sehr früh feststellt oder aber aufkommende Unzufriedenheit mit politischen Entscheidungen inhaltlich und milieuspezifisch differenziert benennen kann", dies: Lebensstile und Wahlverhalten. „Alte" und „neue" Milieus in der Wahlforschung, in: Der Bürger im Staat, Heft 3/Jg. 40, 1990, S. 175

ses in relevanten sozialen Milieus. Die Entkoppelung von System und Lebenswelt birgt für demokratische politische Kulturen – ironischerweise – ebensolche Gefahren wie die von Lepsius beschriebene, nach allen Seiten hin abgeschottete Totalsymbiose zwischen Milieu und Partei.

Wie fremd bestimmte Lebenswelten und das politische System einander bereits gegenüberstehen, zeigt das Beispiel des Neuen Arbeitnehmermilieus, das vor allem auch deswegen beeindruckt, weil es sich hier weder um eine soziokulturell randständige Fundamentalopposition handelt (die mit allem sowieso nichts zu tun haben will), noch um ein aggressiv aufgeladenes Verdrossenheitspotential, wie es zur Zeit vorwiegend im Traditionslosen, aber auch im Traditionellen Arbeitermilieu vorfindbar ist.[8]

Das Beispiel des Neuen Arbeitnehmermilieus

Die Einstellungen zu Politik und Gesellschaft in diesem Milieu sind von einem technisch-rationalen Verständnis geprägt: Politik soll ergebnisorientiertes Problemlösungs-Management sein. Entsprechend häufig finden sich Aversionen gegen die Konfliktaustragungsmechanismen einer von strikter Parteilichkeit geprägten politischen Streitkultur. Vor allem die Frauen des Milieus üben teilweise scharfe Kritik am macchiavellistischen Politikparadigma, d. h. an der Dominanz von Machtinteressen vor Sachlogik und wertorientierten Handlungsmaximen. Man wünscht „vernetztes Denken" statt „Blockdenken".

Viele Milieuangehörige verfolgen das politische Geschehen dennoch außerordentlich interessiert. Aktives politisches oder gesellschaftliches Engagement (z. B. in Parteien, Gewerkschaften, Kirchen, Bürgerinitiativen) findet sich aber vergleichsweise selten. Die Gründe dafür sind:

1. die Dominanz privatistischer Lebensstrategien (Gleichgewicht zwischen Arbeit/Weiterbildung und Freizeit)
2. Abneigung gegen den in Parteien und vielen gesellschaftlichen Organisationen gepflegten Kommunikationsstil
3. Kosten-Nutzen-Erwägungen: Der Aufwand steht in keinem Verhältnis zum wahrscheinlichen Ertrag.

Typisch für das Neue Arbeitnehmermilieu, dessen überwiegend sehr junge Angehörige wir bekanntlich häufig in High-Tech-Berufen, in modernen Dienstleistungsbereichen der Wirtschaft, aber auch in Sozialberufen

---

8 Vgl. Berthold Bodo Flaig/Jörg Ueltzhöffer: Forschungsprojekt „Bewältigungsmuster in Ost- und Westdeutschland": Forschungsbericht des Sinus-Instituts, Heidelberg 1992, S. 52

finden, sind individualisierende und funktionalistische Denkmuster, die das in den proletarischen Herkunftsmilieus zumeist noch dominierende Oben-Unten-Weltbild abgelöst haben. Gewerkschaftlich sind sie oft nur schwach gebunden. Die dort häufig noch gepflegten Stilmerkmale der traditionellen Arbeiterbewegung stellen für sie nicht selten eine hohe sozialästhetische Barriere dar. Parteien und Politikern gegenüber herrscht im Milieu zumeist Verständnislosigkeit, auch wenn man sie wählen sollte. *Nahezu jeder fünfte Milieuangehörige findet sich und seine Welt im gegenwärtigen Parteienspektrum überhaupt nicht wieder, d. h. fühlt sich von allen gleichermaßen abgeschreckt, stilistisch, emotional wie auch intellektuell.*

Die Rolle der Medien

Die ausgeprägte lebensweltliche Distanz zum politischen System, die nicht nur in den Milieus des modernen gesellschaftlichen Mainstreams verbreitet ist (Neues Arbeitnehmermilieu, Aufstiegsorientiertes Milieu, Hedonistisches Milieu), sondern inzwischen auch weit in das traditionelle Segment hineinreicht, insbesondere in die klassischen Arbeitermilieus, beruht sicher nicht ausschließlich auf der Unfähigkeit der politischen Klasse einerseits und auf der böswilligen Indifferenz der Menschen öffentlichen Belangen gegenüber andererseits, auch nicht auf einem wohlüberlegt konstruierten Beherrschungs- und Manipulationssystem (wie man der Einfachheit halber gerne glauben möchte). Sie wurzelt tief in den der Erlebnisgesellschaft eigentümlichen Lebensstilen, die eine Art modernes, sozialästhetisch fragmentiertes und von den elektronischen Medien behütetes Biedermeier geschaffen haben. Freizeit- und Kommunikationsgewohnheiten spielen in den zu beobachtenden Entfremdungsprozessen zwischen Lebenswelt und politischem System augenscheinlich eine nicht zu unterschätzende Rolle.

Die repräsentative Breitenerhebung, die Sinus im Sommer 1990 zu den Freizeitgewohnheiten der Deutschen (West) durchgeführt hat (vgl. S. 101 ff.), erbrachte folgende Rangreihe der am häufigsten ausgeübten Freizeitaktivitäten (sie wurden aus einer vorgegebenen Liste von insgesamt 48 möglichen Arten, seine Freizeit zu verbringen, ausgewählt):

Die häufigsten Freizeitaktivitäten der Deutschen (West)[9]
(mindestens 2- bis 3mal in der Woche)

1. Radio hören		89%
2. Fernsehen – Unterhaltung (Filme, Shows, Quiz)		85%
3. Fernsehen – Information (Nachrichten, Politik, soziales Wissen, Kultur)		82%
4. Illustrierte, Zeitschriften, Zeitung lesen		82%
5. Fernsehen – Sport		41%
6. Schallplatten, Tonband, Cassetten hören		40%

7. Bücher lesen		35%
8. Sich mit Haustieren beschäftigen		32%
9. Gartenarbeit, Pflanzenpflege		30%
10. Nichts tun, faulenzen		27%

11. Sich mit Freunden und Bekannten treffen		24%
12. Mit anderen Gespräche führen, über Probleme reden		23%

Intensive zwischenmenschliche Kommunikation, auf die eine demokratisch verfaßte politische Kultur wahrscheinlich kaum verzichten kann, gerinnt zum Privileg einer Minderheit. Die elektronischen Erlebnismacher beherrschen zunehmend die Wahrnehmungsmuster und -erwartungen der Menschen, schaffen durch die ihnen eigene Ästhetik der Kommunikation eine Welt hybrider Sinnlichkeit, der sich der einzelne kaum entziehen kann. Sie interpretieren letztlich nicht nur die Alltagswirklichkeit; die Scheinwelt, die sie entwerfen, wird für viele zu einer Art Über-Wirklichkeit, in der und durch die sich Lebenswelt konstituiert.

Milieugrenzen wiederum beeinflussen, wie nicht anders zu erwarten, auch den Grad, in welchem der einzelne Teil dieser schönen neuen Kommunikationswelt wird bzw. sich ihr entzieht. Während z. B. im Technokratisch-liberalen und im Alternativen Milieu 38% bzw. 36% regelmäßig „mit anderen Gespräche führen, über Probleme reden" (gegenüber 23% in der Grundgesamtheit der Wohnbevölkerung) sind es im Traditionslosen Arbeitermilieu lediglich 17%. Beim TV-Konsum ergibt sich das umge-

---

9 Prozentwerte für Freizeitaktivitäten, die 2- bis 3mal in der Woche oder öfter ausgeübt werden; Basis: Wohnbevölkerung ab 14 Jahren in den alten Bundesländern. N = 2 000 (Sinus Heidelberg, 1990)

kehrte Bild: Im Traditionslosen Arbeitermilieu schauen sich z. B. 22% mindestens 2- bis 3mal in der Woche bespielte Videokassetten an oder leihen sich diese aus (gegenüber 12% in der Grundgesamtheit der Wohnbevölkerung), im Technokratisch-liberalen und im Alternativen Milieu gönnen sich dieses Vergnügen dagegen nur 6% bis 7%, im Konservativen gehobenen Milieu liegt die Zahl gar noch darunter.

Alltagsästhetischen Stilwahlen vergleichbar, folgen auch die Freizeitgewohnheiten der Menschen milieuspezifisch aufgefächerten Geschmackskulturen. Eine medial bestimmte und überformte Freizeitkultur wirkt somit gesellschaftlich auf doppelte Weise spaltend. Sie akzentuiert und vertieft einerseits die ohnehin existierenden ästhetisch-stilistischen und damit auch kommunikativen Grenzen zwischen den sozialen Milieus und fördert andererseits die zunehmende Erstarrung der Austauschbeziehungen zwischen Lebenswelt und politischem System. Politische Entfremdung manifestiert sich somit nicht nur *in* den Lebensstilen und Kommunikationsmustern der Freizeitgesellschaft, sie wird *durch* diese erst in ihrer gegenwärtigen Verfassung und Wirkungsweise hergestellt und verfestigt. Wer sich also die Aufgabe stellt, politische Entfremdung abzubauen, darf ihre sozialästhetische Dimension nicht leugnen.

Bernhard Claußen hat in einer gründlichen Aufarbeitung der Rolle politischen Lernens in hochentwickelten kapitalistischen Gesellschaften zwar auf die grundsätzliche Unaufhebbarkeit der Entfremdung zwischen System und Lebenswelt hingewiesen, seine Sichtweise aber sowohl einem „systemtheoretischen Zynismus" gegenüber abgegrenzt, der jede Eigenbedeutung von Lebenswelt negiere, wie auch gegenüber einem „lebensweltphilosophischen Romantizismus, der idealistisch an der realen Kraft des Systems vorbeisieht".[10] Für uns ist die theoretische Plausibilität der Mittlerfunktion zwischen zwei Extremen, die er damit einnimmt, nun weniger bedeutsam (wir können sie hier auch nicht diskutieren) als die emanzipatorische Chance, die er der Kommunikationsfunktion der politischen Bildung in diesem Zusammenhang einräumt:

„Indem sie (die politische Bildung, d. Verf.), entlastet von Handlungszwängen und mit Offenheit für neuartige Erfahrungen Menschen aus verschiedenen Lebenswelten sowie die Lebenswelt mit dem System ins Gespräch bringt, kann sie Sinnkonstituierung und -verwirklichung leisten."[11]

---

10 Bernhard Claußen: Politisches Lernen angesichts der Veränderungen von System und Lebenswelt, in: Will Cremer/Ansgar Klein (Hrsg.): Umbrüche in der Industriegesellschaft: Herausforderungen für die politische Bildung, Bonn 1990, S. 252
11 Bernhard Claußen 1990, S. 257

Dieser Vorschlag wirft nun allerdings auf dem Hintergrund unserer Befunde die Frage nach dem Zusammenhang zwischen Milieu und politischer Bildung auf, denn letztere kann nur leisten, was man ihr aufträgt, wenn sie die Lebenswelten, denen sie Sinn vermitteln soll, auch erreicht, nicht nur – und nicht einmal in erster Linie – im quantitativen Sinne von Teilnehmerzahlen, sondern durch die inhaltliche Verknüpfung von Lebenswelt und politischer Bildung.

2. Milieustruktur und politische Bildung: Ein Marktmodell

Das Akademieprojekt

Wir sind dem Zusammenhang zwischen der Milieustruktur der Bevölkerung und dem Interesse an Veranstaltungen zur politischen Bildung im Auftrag der Friedrich-Ebert-Stiftung in insgesamt drei aufeinander aufbauenden sozialempirischen Erhebungen nachgegangen, zunächst in den alten Bundesländern:[12]

1. In einem ersten Forschungsschritt wurden im Spätherbst 1991 in einer repräsentativen Breitenerhebung unter der deutschen Wohnbevölkerung ab 14 Jahren (N = 4 018 Befragte) Fragen zur Einstellung gegenüber Angeboten zur politischen Bildung geschaltet.[13]

2. Im Rahmen einer Grundlagenuntersuchung zum „Akademieprojekt" der Stiftung wurde zu zwei definierten Zeitpunkten (am Jahresende 1991 und im Frühjahr 1992) in allen Seminarveranstaltungen der Friedrich-Ebert-Stiftung zur politischen Bildung eine schriftliche Befragung durchgeführt, an der sich insgesamt 4 784 Seminarteilnehmer beteiligten. Gegenstand der Untersuchung waren zum einen angebotsbezogene Wünsche und Erwartungen (von Lernziel-orientierten Merkmalen über atmosphärische und Umfeldfaktoren bis hin zu ästhetischen Ansprüchen an die Gestaltung der Lernorte), zum anderen lebensweltliche Aspekte (von

---

12 Zum Gesamtergebnis und seiner Auswertung für die politische Bildung vgl. Friedrich-Ebert-Stiftung (FES): Lernen für Demokratie. Politische Weiterbildung für eine Gesellschaft im Wandel (Redaktion: Th. Meyer, J. Kandel und R. Weil), 3 Bände, Bonn 1993. Im Auftrag des Arbeitsbereichs Neue Bundesländer der FES wurden 1992 vergleichbare Untersuchungen in den neuen Bundesländern durchgeführt. Die Ergebnisse werden an anderer Stelle dokumentiert werden.

13 Die Feldarbeiten wurden im Auftrag der Abteilung Gesellschaftspolitische Information (GPI) der FES im Rahmen des Projekts „Bewältigungsmuster in Ost- und Westdeutschland" von den Instituten Polis und Marplan besorgt.

grundlegenden Wertprioritäten über Freizeitinteressen bis hin zu Geschmackspräferenzen am Beispiel unterschiedlicher Wohnstile).[14] 3. Daran anschließend wurden vertiefende qualitative Untersuchungen (Gruppensitzungen von ca. 3- bis 5-stündiger Dauer und Individualexplorationen unter Einsatz kreativer und assoziativer Methoden) mit insgesamt 92 Angehörigen ausgewählter Zielgruppen durchgeführt (z. B. Angehörige des Neuen Arbeitnehmermilieus, kirchliche Gruppen, neue soziale Bewegungen, Jugendliche im Traditionslosen Arbeitermilieu, junge Journalisten, ältere Angehörige des Traditionellen Arbeitermilieus usw.). Ziel war die Sammlung von Informationen zu bewußten wie auch vorbewußten Inhalten des in den einzelnen Zielgruppen dominierenden Bildungsbegriffs, zu bevorzugten Themen, Lern- und Angebotsformen wie auch zu Lebenstil-bezogenen Erwartungen an Veranstalter und Seminare der politischen Bildung.

Mit den Ergebnissen des Akademieprojekts stehen somit erstmals empirisch breit fundierte Daten zur sozialästhetischen Segmentierung eines nicht unbedeutenden Bereichs der Erwachsenenbildung in der Bundesrepublik zur Verfügung. Den wohl bemerkenswertesten Befund zeigt die Inspektion der Milieustrukturen sowohl der an politischer Bildung Interessierten in der Repräsentativstichprobe wie auch der Teilnehmer an Seminaren zur politischen Bildung der Friedrich-Ebert-Stiftung.

Der Bildungsmarkt: Moderne Lebenswelten dominieren

Rund 22% der erwachsenen Wohnbevölkerung in den alten Bundesländern (in den neuen gar 26%) erklärten, grundsätzliches Interesse an Angeboten der politischen Bildung zu haben. Während in den Milieus mit traditionellen Wertorientierungen (ausgenommen das Konservative gehobene) ein deutlich unterdurchschnittliches Bildungsinteresse zu verzeichnen war (der Anteil des Kleinbürgerlichen Milieus am Potential der Interessierten beträgt lediglich 12%, während sein Anteil an der Wohnbevölkerung mit 22% fast doppelt so hoch ist)[15], zeigten alle modernen Milieus (teilweise weit) überdurchschnittliche Bildungsbereitschaft. Dies mag ein Vergleich des Traditionellen Arbeitermilieus mit dem Neuen

---

14 Die Grundlagenuntersuchung wie auch die anschließende qualitative Zielgruppenforschung wurden im Auftrag der Akademie der politischen Bildung der FES (APB) von Markt- & Sozialforschung Mannheim: Jörg Ueltzhöffer in Zusammenarbeit mit dem Sinus-Institut, Heidelberg, durchgeführt.

15 Die hier – wie auch auf der Grafik auf Seite 153 – für die Grundgesamtheit der Wohnbevölkerung ab 14 Jahren in den alten Bundesländern angegebenen Milieugrößen beziehen sich aus Vergleichsgründen auf das Jahr 1991.

Arbeitnehmermilieu schlaglichtartig beleuchten. Beide Milieus stellen jeweils rund 5% der Wohnbevölkerung. Der Anteil des Neuen Arbeitnehmermilieus an der Gesamtheit aller an politischer Bildung Interessierten liegt aber um nahezu das Fünffache über jenem der Traditionellen Arbeiter.

Das Technokratisch-liberale Milieu stellt mit 18% die größte Gruppe dieses Potentials, das in der Gesamtbevölkerung mit 8% gleich große Konservative gehobene Milieu kommt mit einem (leicht überdurchschnittlichen) 9%-Anteil dagegen lediglich auf rund die Hälfte (vgl. die Grafiken auf den folgenden Seiten).

Grundgesamtheit/Interessierte/Seminarteilnehmer
Die Milieustrukturen im Vergleich

	Grund-gesamtheit*	Interessierte an politischer Bildung**	FES-Seminar-teilnehmer***
● Konservatives gehobenes Milieu	7,5%	9,3%	6,0%
● Kleinbürgerliches Milieu	22,0%	12,1%	10,1%
● Traditionelles Arbeitermilieu	5,3%	1,9% ➡	4,9%
● Traditionsloses Arbeitermilieu	12,2%	6,4% ➡	9,3%
● Neues Arbeit-nehmermilieu	4,9%	8,5% ➡	12,4%
● Aufstiegsorientiertes Milieu	24,0%	24,9%	10,4%
● Technokratisch-liberales Milieu	9,3%	18,1%	16,4%
● Hedonistisches Milieu	12,7%	14,7% ➡	16,4%
● Alternatives Milieu	2,2%	4,0% ➡	14,0%
Basis	5.500	2.027	4.203

leicht überrepräsentiert ▓ stark überrepräsentiert ➡ überdurchschnittliche Ausschöpfung des Interessen-Potentials

* Wohnbevölkerung ab 14 Jahren in den alten Bundesländern
** Interesse an Veranstaltungen / Seminaren zur politischen Bildung
*** Nur Seminarteilnehmer aus den alten Bundesländern

153

Die Sozialen Milieus in Deutschland West:
Interesse an Veranstaltungen/Seminaren zur politischen Bildung*

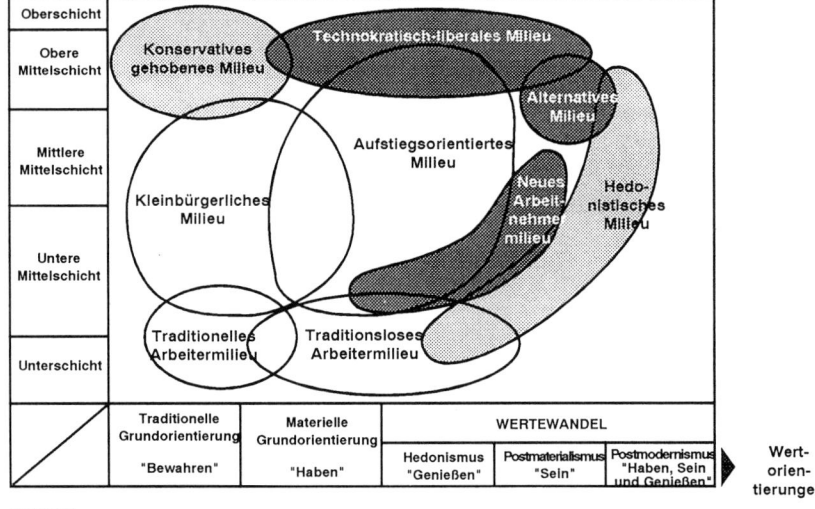

Soziale
Lage

Oberschicht				
Obere Mittelschicht	Konservatives gehobenes Milieu	Technokratisch-liberales Milieu		
			Alternatives Milieu	
Mittlere Mittelschicht	Kleinbürgerliches Milieu	Aufstiegsorientiertes Milieu	Neues Arbeitnehmer milieu	Hedonistisches Milieu
Untere Mittelschicht				
Unterschicht	Traditionelles Arbeitermilieu	Traditionsloses Arbeitermilieu		

	Traditionelle Grundorientierung	Materielle Grundorientierung	WERTEWANDEL		
	"Bewahren"	"Haben"	Hedonismus "Genießen"	Postmaterialismus "Sein"	Postmodernismus "Haben, Sein und Genießen"

Wert-
orien-
tierungen

Leicht überdurchschnittliches Interesse

Stark überdurchschnittliches Interesse

* Quelle: Bewältigungsmuster in Ost- und Westdeutschland
Repräsentativerhebung der FES 1991 (Fallbasis West: 2.027)

154

Schwerpunkte der Seminarteilnehmer im Milieumodell*

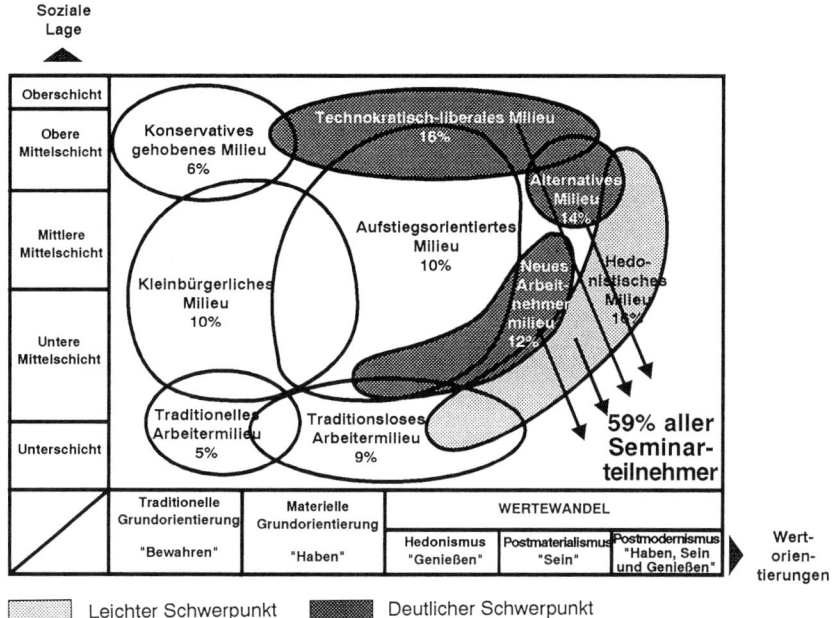

Leichter Schwerpunkt   Deutlicher Schwerpunkt

* Basis: Verteilung der befragten Seminarteilnehmer nach Sozialen Milieus

Der Eindruck, den die Milieuanalyse jenes Teils der Bevölkerung vermittelt, der sich – eigenen Angaben zufolge – grundsätzlich für politische Bildung interessiert, verdichtet sich noch auf der Ebene der befragten Seminarteilnehmer der Friedrich-Ebert-Stiftung. Rund 60% entstammen den vom Wertewandel besonders stark geprägten Milieus: Technokratisch-liberales Milieu, Hedonistisches Milieu, Alternatives Milieu und Neues Arbeitnehmermilieu (vgl. die Grafik dieser Seite). Nimmt man das – soziokulturell ebenfalls moderne – Aufstiegsorientierte Milieu noch hinzu, dann erhöht sich diese Zahl auf 70%. Mit 53% ist der Anteil dieser Milieus an der Wohnbevölkerung (ab 14 Jahren) dagegen deutlich geringer.

Die „klassischen" Arbeitermilieus (Traditionelles und Traditionsloses Arbeitermilieu) sind bei den Seminarteilnehmern zusammen lediglich mit insgesamt 14% vertreten (Anteil an der Wohnbevölkerung: 18%). Dies mag gering erscheinen, vergleicht man diese Zahl allerdings mit den in diesen beiden Milieus an politischer Bildung überhaupt Interessierten (8% des Potentials), dann zeigt sich, daß das Interessenpotential in diesen beiden Milieus vom Seminarangebot der Stiftung überdurchschnittlich ausgeschöpft wird.

Das Neue Arbeitnehmermilieu ist mit mehr als 12% unter den Seminarteilnehmern deutlich überrepräsentiert. Dies bedeutet, daß sich die Angehörigen dieses – sowohl hinsichtlich seiner Entstehungsgeschichte wie auch seiner Altersstruktur – sehr jungen Milieus nicht nur überdurchschnittlich für politische Bildung interessieren, sondern offensichtlich auch von ihren Angeboten erreicht werden. Dies ist um so bemerkenswerter, als das Neue Arbeitnehmermilieu eine Art soziokultureller Brückenfunktion zwischen den alten und den neuen Sozialmilieus in der Bundesrepublik (West) ausübt (daher auch die Bezeichnung „Moderne Mitte").

Der Markt für politische Bildung ist, wie die Milieustruktur der Teilnehmer an Seminaren der Friedrich-Ebert-Stiftung zeigt, sozialästhetisch hoch segmentiert. Er läßt sich im Sinne eines angebotsbezogenen Marktmodells zu vier – lebensweltlich sehr unterschiedlichen – Ziel-Segmenten ordnen.

Die Grafik auf der folgenden Seite zeigt die Position dieser Ziel-Segmente im Sinus-Milieumodell.

– Segment 1 faßt das *Traditionelle Arbeitermilieu* und lebensweltlich verwandte, traditionell orientierte Zielgruppen (wie zum Beispiel den Typus der „Sicherheits- und gemeinschaftsorientierten Älteren") zusammen.

– Segment 2 bezieht sich auf Kerngruppen des modernen Mainstreams unserer Gesellschaft. Im Zentrum steht das *Neue Arbeitnehmermilieu* und damit die Zielgruppe jüngerer Beschäftigter in Schrittmacher-Industrien und modernen Dienstleistungs- und Sozialberufen, aber auch bildungsorientierte Teile des Aufstiegsorientierten Milieus und des Hedonistischen Milieus gehören dazu.

– Leitzielgruppe des modernen gehobenen Segments (Segment 3) ist das *Technokratisch-liberale Milieu*, z. B. Führungskräfte aus Kultur, Bildung und Wissenschaft, aber auch ein nicht unerheblicher Teil politischer Mandatsträger können diesem Segment zugerechnet werden.

– Im Segment 4 werden das *Alternative Milieu* als Leitzielgruppe sowie das für die Akademiearbeit der Friedrich-Ebert-Stiftung wichtige Bildungspotential der neuen sozialen Bewegungen zusammengefaßt.

156

Positionierung der FES Ziel-Segmente im Milieumodell

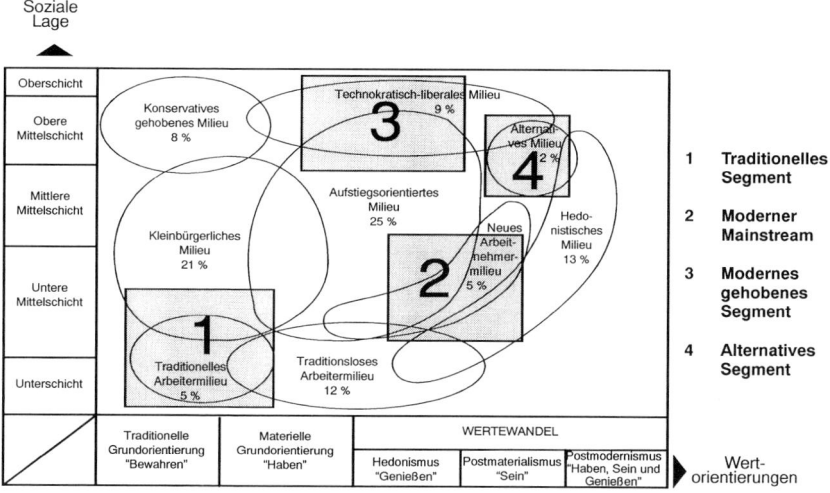

Die Teilnehmer an Veranstaltungen zur politischen Bildung gibt es also ebensowenig wie *die* SPD- oder CDU-Wähler, *die* Fernsehzuschauer oder *die* Bankkunden. Die Nachfrage am Bildungsmarkt wird von ganz unterschiedlichen Zielgruppen bestimmt, deren Erwartungen und Wünsche an den Seminarbetrieb in engem Zusammenhang stehen mit ihren Lebenszielen, Einstellungen zu Arbeit und Freizeit, Konsumprioritäten, ästhetischen Neigungen, kurz mit der Art wie sie leben und leben wollen. Wir werden den Zusammenhang zwischen Lebensstil und Bildungsinteresse im folgenden Kapitel genauer untersuchen.

3. Lebensstil und Bildungsinteresse: Politische Bildung in der Erlebnisgesellschaft

Im Grunde ist es eine Binsenweisheit, daß sich Menschen in der Alltagswelt nicht einfach zu irgendwelchen Merkmalsträgern aufspalten lassen (z. B. um der Forschung oder der Werbewirtschaft einen Gefallen zu tun), sondern daß man es mit ganzheitlich organisierten Wesen zu tun hat. Gleichgültig, ob man Autos anbietet, Finanzdienstleistungen oder Bildungsprogramme, die Erwartungen und Ansprüche der Menschen sind immer auch geprägt von den Grundorientierungen, Konsumgewohnheiten und Geschmacksvorstellungen des sozialen Milieus, dem sie entstammen. Nun kann man natürlich der Auffassung sein, Bildungsveranstal-

157

tungen seien kein marktgängiges Gut im herkömmlichen Sinne und würden daher von ihrem Publikum auch anders beurteilt.

Um empirisch herauszufinden, auf welche Weise und nach welchen Kriterien Seminare zur politischen Bildung wahrgenommen und beurteilt werden, haben wir im Rahmen eines vergleichsweise aufwendigen Untersuchungsdesigns die knapp 5 000 Seminarteilnehmer gebeten, in ihren eigenen Worten aufzuschreiben, was ihnen an dem gerade zurückliegenden Seminar besonders positiv auffiel und was negativ. Drei Viertel aller Befragten haben die Gelegenheit genutzt und ihre Eindrücke geschildert. Die Antworten wurden semantisch vercodet und zu drei großen Themengruppen geordnet. Dies ist das Ergebnis:

Positive Seminarmerkmale
Thematische Zusammenfassung offener Antworten*

● Kommunikation, Human Relations	35%
● Sach-/lernzielorientierte Faktoren	34%
● Umfeldfaktoren, Atmosphäre, Unterhaltungswert	29%

* Mehrfachnennungen/Basis: 4784 Seminarteilnehmer 1991/92

Sach- und lernzielorientierte Faktoren, z. B. die Qualität des Referenten, die Informationsvielfalt, das Seminarthema selbst, werden von rund einem Drittel aller Seminarteilnehmer positiv hervorgehoben, ebenso häufig kommunikative Aspekte der Seminargestaltung, z. B. die menschliche Atmosphäre, der Kontakt unter den Teilnehmern, die Möglichkeit zum aktiven Engagement in der Gruppe usw. Fast 30% aller Befragten beziehen sich aber auch auf die äußeren Rahmenbedingungen des Seminars, z. B. auf die Ausstattung der Tagungsstätte, auf ihren Komfort, auf die Freizeitmöglichkeiten, die sie bietet, oder auch nur auf den Reiz der umliegenden Landschaft. Bildungsveranstaltungen werden – den Gewöhnungen der Konsumgesellschaft folgend – gleichsam als „Gesamterlebnis" wahrgenommen und beurteilt. Bedürfnisse nach persönlicher Kommunikation und Unterhaltung wie auch ästhetisch-stilistische Ansprüche an das Interieur spielen dabei offensichtlich keine geringere Rolle als rein lernzielorientierte Erwartungen. Dieser Eindruck verdichtet sich noch, wenn man sich die offenen Antworten auf die Frage nach den *negativen* Seminareindrücken näher ansieht (35% aller Teilnehmer haben sich dazu geäußert). Lediglich 6% (bezogen auf die Gesamtstichprobe) bemängeln sach- und lernzielorientierte Faktoren, aber 12% Kommunikationsdefizite und 22% Umfeldfaktoren, Atmosphäre oder Unterhaltungswert. Wie nicht anders zu erwarten, zeigen sich bei diesem Thema markante milieuspezifische Unterschiede. Während von den Seminarteilnehmern aus dem Traditionellen Arbeitermilieu – geprägt von den Überlieferungen eines funktionalistisch-dinglichen Bildungsverständnisses – nahezu 60% Seminare der politischen Bildung „auf die Vermittlung von Informationen und Sachwissen" beschränken wollen (gegenüber einer Minderheit von 41% in der Grundgesamtheit aller Seminarteilnehmer), teilen diese Ansicht im Technokratisch-liberalen Milieu lediglich noch 29%, im Alternativen gar nur 23%. Die Angehörigen des Neuen Arbeitnehmermilieus nehmen in dieser Frage, wie in manchen anderen auch, eine mittlere Position zwischen Traditionellen Arbeitern und den vom Wertewandel besonders stark geprägten Milieus ein (vgl. Grafik S. 160).

Lebensweltlich getrennte Vorstellungs- und Anspruchswelten werden auch bei dem Wunsch sichtbar, Seminare zur politischen Bildung um „künstlerische Erlebniselemente" (Grafik S. 161) nach Möglichkeit zu erweitern (das wird von immerhin 37% aller Seminarteilnehmer unterstützt).

Hier findet man vom Antwortverhalten her das Neue Arbeitnehmermilieu an der Seite des Traditionellen Arbeitermilieus, während Technokratisch-Liberale und Alternative wiederum eine Art Einstellungs-Gegenpol bilden. Ähnliche Divergenzen – nur mit umgekehrter Antworttendenz – zeigt auch die Meinungsverteilung zur Forderung, Seminare mit möglichst vielfältigen Freizeitangeboten zu verbinden (Grafik S. 162), der nahezu 60% aller Befragten zustimmen (für Bildungsplaner im Bereich der Erwachsenenbildung übrigens ein durchaus beachtenswertes Ergebnis).

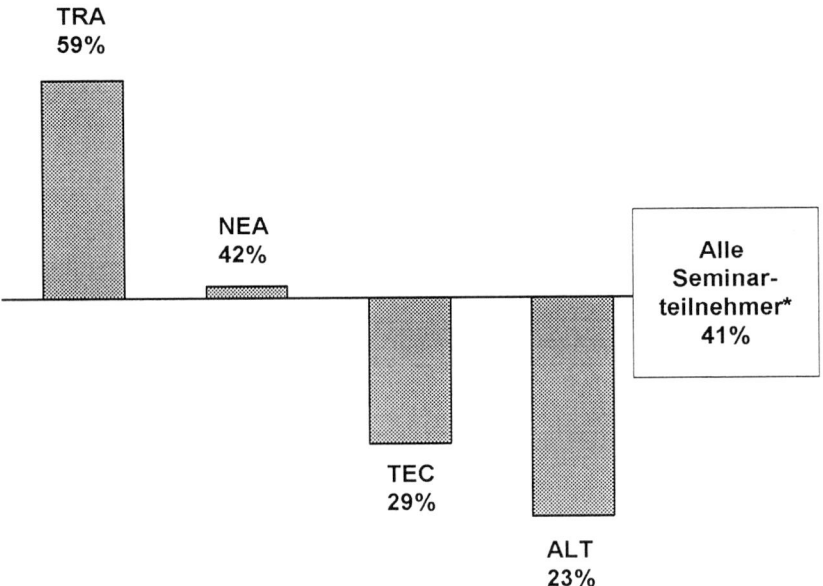

"Seminare der politischen Bildung sollten sich auf die Vermittlung von Informationen und Sachwissen beschränken"

Zustimmung

TRA
59%

NEA
42%

Alle
Seminar-
teilnehmer*
41%

TEC
29%

ALT
23%

TRA = Traditionelles Arbeitermilieu

NEA = Neues Arbeitnehmermilieu

TEC = Technokratisch-liberales Milieu

ALT = Alternatives Milieu   * Basis: 4.784 Seminarteilnehmer

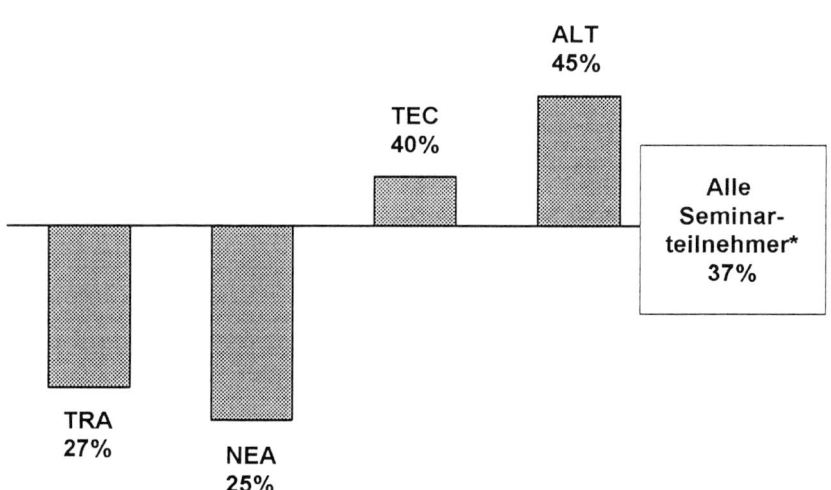

"Seminarveranstaltungen mit möglichst vielen künstlerischen Erlebniselementen habe ich persönlich am liebsten"

⇩

Zustimmung

ALT 45%

TEC 40%

Alle Seminar-
teilnehmer*
37%

TRA 27%

NEA 25%

TRA = Traditionelles Arbeitermilieu

NEA = Neues Arbeitnehmermilieu

TEC = Technokratisch-liberales Milieu

ALT = Alternatives Milieu   * Basis: 4.784 Seminarteilnehmer

"Seminare mit vielfältigen Freizeitangeboten ziehe ich persönlich vor"

Zustimmung

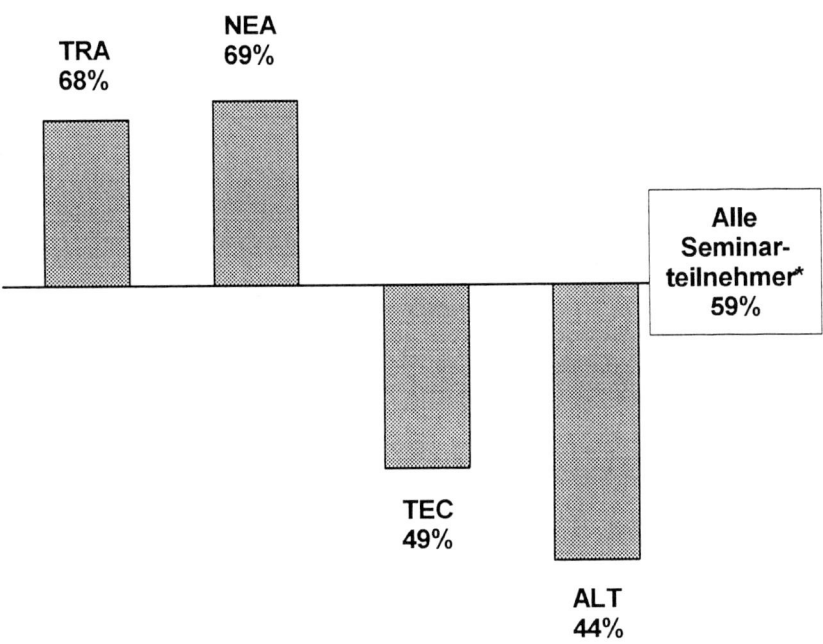

TRA = Traditionelles Arbeitermilieu
NEA = Neues Arbeitnehmermilieu
TEC = Technokratisch-liberales Milieu
ALT = Alternatives Milieu

* Basis: 4.784 Seminarteilnehmer

162

Nun sind die bisher zum Bildungsverständnis und zu den Seminarerwartungen der Teilnehmer referierten empirischen Befunde in unserem Gesamtzusammenhang inhaltlich nicht so sehr aus sich selbst heraus bedeutsam als vielmehr in ihrer Funktion als Chiffren für die unterschiedlichen Lebensstile und alltagsweltlichen Deutungsmuster, die sie reflektieren. Die sublime intellektuelle Kultivierung des Bildungsverständnisses im modernen gehobenen und im alternativen Segment, die sich natürlich auch in milieuspezifischen ästhetischen Inszenierungen manifestiert (vgl. z. B. die Collagen im folgenden Kapitel 4), öffnet einerseits neue Erfahrungsweisen und verschließt sich andererseits auch wieder, beispielsweise Angehörigen sozialer Milieus, denen die ihr eigene Kommunikationssymbolik lebensweltlich fremd ist. Derartige, tief in den Grundorientierungen und Erlebnisweisen der sozialen Milieus verankerte Barrieren lassen sich eben nicht einfach durch die Verknüpfung unterschiedlicher Lebenswelten im gemeinsamen Seminardiskurs überwinden, sei er sozialemanzipatorisch auch noch so gut gemeint. Politische Bildung muß zunächst dort ansetzen, wo die sozialästhetische Segmentierung der Gesellschaft ihre Alltagswirksamkeit am nachhaltigsten entfaltet, nämlich an den unterschiedlichen Wahrnehmungs- und Kommunikationsmustern, alltagsästhetischen Empfindungen und bevorzugten Erlebnisweisen der sozialen Milieus. Erst wenn sie dafür ein Sensorium entwickelt und sich als geeigneter Resonanzboden für die unterschiedlichen Lebensstile der Menschen erweist, die sich für ihre Angebote interessieren (oder dafür gewonnen werden sollen), kann sie sich auch mitteilen und vermitteln, zwischen den verschiedenen Lebenswelten einerseits und zwischen Lebenswelt und politischem System andererseits.

Politische Bildung muß also nicht nur „Verständnis" (eine Form von Informationsverarbeitung, die gerne folgenlos bleibt), sondern gleichsam *praktische Empathie* für die sozialästhetische Verfassung der Alltagswelten ihrer Zielgruppen entfalten. Dies bedeutet, sowohl die ästhetischen Grundorientierungen der Teilnehmer-Milieus zu kennen – und sich mit ihnen auseinanderzusetzen – als auch ihre Freizeitgewohnheiten und -ansprüche, die ja, wie wir gesehen haben, die milieutypischen Kommunikationsmuster prägen. Für die Teilnehmer an den Seminaren der Friedrich-Ebert-Stiftung haben wir beides untersucht, Freizeitstile wie auch Geschmackspräferenzen. Den Befunden zum Thema Freizeit und Kommunikation wollen wir uns zunächst zuwenden.

Freizeitstile und Kommunikationsgewohnheiten
der Seminarteilnehmer

Freizeitstil und Lebensstil gelten der Lebensweltforschung in hochentwickelten Konsumgesellschaften nahezu als synonym oder – um es anders auszudrücken – im Stil der Freizeit verändert sich die Arbeitsgesellschaft zur Kenntlichkeit (eine Erkenntnis, die merkwürdigerweise auch dann nicht ihre Gültigkeit verliert, wenn das Lebensgut Arbeit knapp zu werden droht).

Wie in der bereits zitierten Repräsentativerhebung von 1990 (siehe Seite 148) wurde auch das Freizeitverhalten der Seminarteilnehmer mit Hilfe der standardisierten Batterie von 48 unterschiedlichen Freizeitaktivitäten erhoben und mit den Ergebnissen der bevölkerungsrepräsentativen Umfrage verglichen (vgl. die Übersichten auf den folgenden Seiten).

Die Freizeitaktivitäten* der Seminarteilnehmer

Erste Priorität

		FES- Seminar- teilnehmer	Grundgesamt- heit** zum Vergleich
1	Fernsehen - Information (Nachrichten, Politik, soziales Wissen, Kultur)	86%	82%
2	Radio hören	86%	89%
3	Illustrierte, Zeitschriften, Zeitung lesen	74%	82%
4	Fernsehen - Unterhaltung (Filme, Shows, Quiz)	69%	85%
5	Schallplatten, Tonband, Cassetten hören	60%	40%
6	Bücher lesen	51%	35%
7	Mit anderen Gespräche führen, über Probleme reden	44%	23%
8	Mich mit Freunden und Bekannten treffen	32%	24%
9	Fernsehen - Sport	32%	41%
10	Spazierengehen, Ausflüge machen	27%	20%
11	Aktiv Sport treiben (z.B. Gymnastik, Wandern, Tanzsport, Kegeln usw.)	27%	12%
12	Mich mit Haustieren beschäftigen	26%	32%

☐ leicht überrepräsentiert   ▓ deutlich überrepräsentiert

* Prozentwerte für Freizeitaktivitäten, die 2 bis 3 mal in der Woche oder öfter ausgeübt werden
** Basis: Repräsentativerhebung 1990 (N=2.000)

165

Die Freizeitaktivitäten* der Seminarteilnehmer

Zweite Priorität

		FES- Seminar- teilnehmer	Grundgesamt- heit** zum Vergleich
13	Arbeiten für andere erledigen	23%	18%
14	Gartenarbeit, Pflanzenpflege	21%	30%
15	Etwas gemeinsam mit Kindern unternehmen	20%	18%
16	Nichts tun, faulenzen	20%	27%
17	Autofahren, Motorrad- / Mofa-fahren nur zum Spaß	20%	20%
18	Gaststätten, Restaurants, Cafés, Kneipen besuchen	16%	9%
19	Etwas Verrücktes machen	16%	5%
20	Meine Kinder, Verwandten besuchen	15%	11%
21	Mich mit dem Computer beschäftigen, Computerspiele	14%	8%
22	Heimwerken, basteln, Do-it-yourself	14%	8%
23	In meinen Verein gehen	14%	8%
24	Malen, schreiben, töpfern, werken usw.	13%	8%

☐ leicht überrepräsentiert ▓ deutlich überrepräsentiert

* Prozentwerte für Freizeitaktivitäten, die 2 bis 3 mal in der Woche oder öfter ausgeübt werden
** Basis: Repräsentativerhebung 1990 (N=2.000)

166

Die Freizeitaktivitäten* der Seminarteilnehmer

Dritte Priorität

		FES- Seminar- teilnehmer	Grundgesamt- heit** zum Vergleich
25	Gesellschaftsspiele, Karten spie- len, andere Spiele	12%	10%
26	Etwas Besonderes kochen, bak- ken	11%	11%
27	Stadtbummel, Einkaufsbummel machen	11%	9%
28	Politische Veranstaltungen besu- chen	10%	0,3%
29	Nebenher Geld verdienen	9%	8%
30	Mich im sozialen Bereich enga- gieren (z.b. Freiwillige Feuer- wehr, Rotes Kreuz, Alten- betreuung)	8%	3%
31	Handarbeiten, häkeln, stricken, nähen, schneidern	8%	14%
32	Mich mit dem Auto / Motorrad beschäftigen	8%	9%
33	Weiterbildung, Fortbildungskurs, VHS	8%	6%
34	Musizieren, ein Instrument spie- len	7%	4%
35	Fotografieren, filmen, Video fil- men, aufzeichnen	7%	3%
36	Video: bespielte Cassetten an- schauen, ausleihen	7%	12%

☐ leicht überrepräsentiert   ▨ deutlich überrepräsentiert

* Prozentwerte für Freizeitaktivitäten, die 2 bis 3 mal in der Woche oder öfter ausgeübt werden
** Basis: Repräsentativerhebung 1990 (N=2.000)

167

Die Freizeitaktivitäten* der Seminarteilnehmer

Vierte Priorität

		FES- Seminar- teilnehmer	Grundgesamt- heit** zum Vergleich
37	Yoga, Meditation, autogenes Training	6%	2%
38	Briefe schreiben	6%	4%
39	Verschiedene Dinge sammeln (z.b. Briefmarken, altes Spielzeug, Münzen)	6%	4%
40	Tanzen, in Discos gehen	4%	3%
41	Feste, Parties feiern	3%	2%
42	Reisen	3%	1%
43	Sportveranstaltungen als Zuschauer besuchen	2%	2%
44	Konzerte, Theater, kulturelle Veranstaltungen (Musik, Oper, Musicals, Kunstausstellungen usw.) besuchen	2%	0,3%
45	Camping, Caravaning	1%	0,5%
46	Flohmärkte besuchen	1%	1%
47	Ins Kino gehen	1%	0,4%
48	Besuch von Freizeitparks, Zoo, Zirkus	1%	1%

[   ] leicht überrepräsentiert [▨] deutlich überrepräsentiert

* Prozentwerte für Freizeitaktivitäten, die 2 bis 3 mal in der Woche oder öfter ausgeübt werden
** Basis: Repräsentativerhebung 1990 (N=2.000)

Die Besonderheiten im Freizeitverhalten der Seminarteilnehmer
Abweichungen von den Verhältnissen in der Grundgesamtheit*

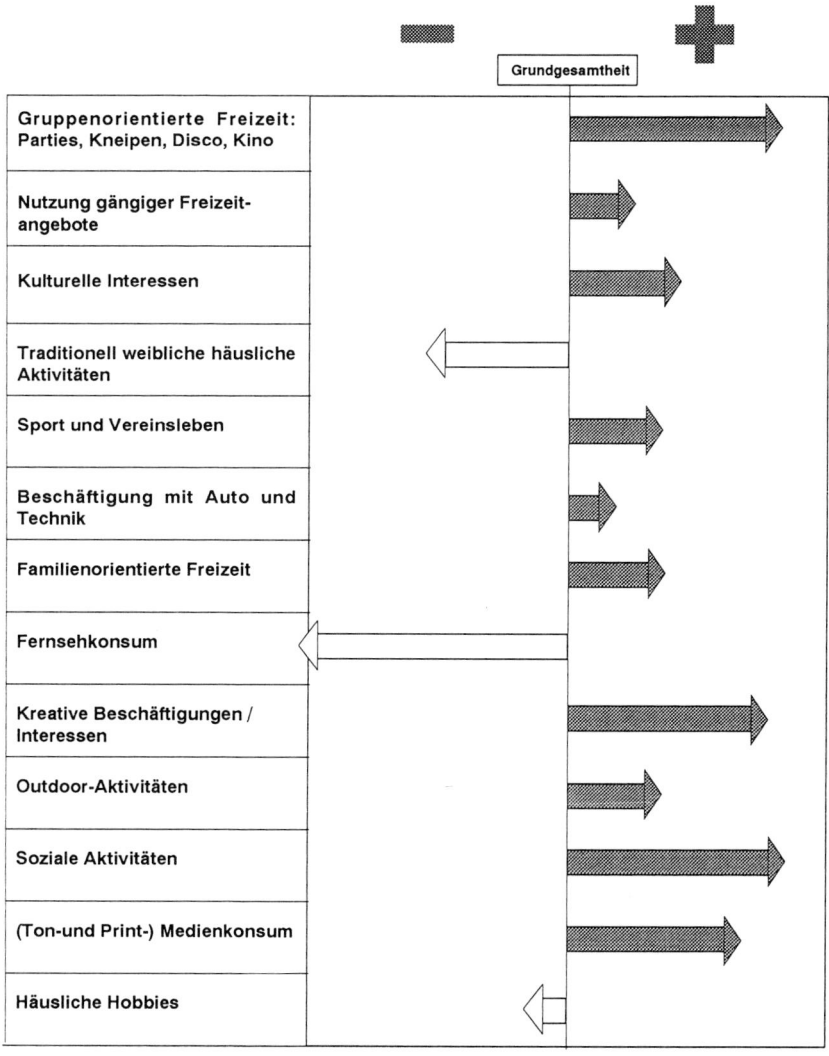

Grundgesamtheit

Gruppenorientierte Freizeit:
Parties, Kneipen, Disco, Kino

Nutzung gängiger Freizeit-
angebote

Kulturelle Interessen

Traditionell weibliche häusliche
Aktivitäten

Sport und Vereinsleben

Beschäftigung mit Auto und
Technik

Familienorientierte Freizeit

Fernsehkonsum

Kreative Beschäftigungen /
Interessen

Outdoor-Aktivitäten

Soziale Aktivitäten

(Ton-und Print-) Medienkonsum

Häusliche Hobbies

*   Basis: Repräsentativerhebung 1990 (N=2.000)

169

Bei Durchsicht dieser Tabellen fällt auf, daß die Seminarteilnehmer insgesamt stärker kreative und kommunikative Freizeitaktivitäten bevorzugen als der Bevölkerungsdurchschnitt, Ton- und Printmedien intensiver nutzen und vergleichsweise weniger häufig TV-Unterhaltungssendungen konsumieren (letzteres, wie die Prozentwerte zeigen, allerdings auf hohem Zahlenniveau: Fernsehunterhaltung steht bei den Seminarteilnehmern immerhin an vierter Stelle in der 48 Plätze umfassenden Rangreihe der häufigsten Freizeitaktivitäten, beim Bevölkerungsdurchschnitt an zweiter Stelle). Die Besonderheiten im Freizeitverhalten der Seminarteilnehmer, die wir zum besseren Verständnis auch grafisch herausgearbeitet haben, erklären sich weniger, auch wenn es auf den ersten Blick so aussehen mag, durch einen in dieser Bevölkerungsgruppe insgesamt zu verzeichnenden bildungsbeflisseneren und kommunikationsoffeneren Lebensstil, sondern vielmehr durch die von jener der Gesamtbevölkerung abweichende Milieustruktur und der damit verbundenen *milieuspezifischen Freizeitstile.*

Unter „Freizeitstilen" verstehen wir typische Konfigurationen von Freizeitaktivitäten, d. h. wir bestimmen den Stil der Freizeit nicht auf der Ebene von Einstellungen oder Motiven sondern – um der Alltagswirklichkeit möglichst nahe zu kommen – auf der Verhaltensebene. Zu diesem Zweck haben wir mittels einer Clusteranalyse die Seminarteilnehmer (aus den alten Bundesländern) mit jeweils ähnlichem Freizeitverhalten zu insgesamt sechs überschaubaren Gruppen zusammengefaßt. Die Clusteranalyse ist ein multivariates statistisches Modell, mit dessen Hilfe sich beliebige Grundgesamtheiten nach einem vorgegebenen Kriterium (in unserem Falle: Freizeitaktivitäten) empirisch zu Gruppen Gleichgesinnter oder sich ähnlich verhaltender Personen ordnen lassen. Analytisches Ziel ist dabei, die unübersichtliche Vielfalt der Informationen zu ihrer sozialwissenschaftlich interpretationsfähigen Einfachstruktur zu verdichten.

Jede der von uns identifizierten sechs Gruppen definiert einen spezifischen Freizeitstil, dessen inhaltliche Struktur wir durch typisierende Bezeichnungen auf den Begriff zu bringen suchten. Darüber, wie auch über den relativen Anteil der Vertreter jedes Freizeitstils an der Grundgesamtheit aller Seminarteilnehmer (West), informiert die folgende Übersicht:

Die Freizeitstile der Seminarteilnehmer[16]

● „Ruhe und Beschaulichkeit"	19%
● „Haus und Garten"	15%
● „Auto, Sport, TV"	14%
● „Fun und Action"	13%
● „Soziales Engagement"	14%
● „Kultur und Kommunikation"	17%

Wie die Begriffe bereits suggerieren, repräsentieren die sechs Freizeitstile teilweise sehr unterschiedliche Freizeit- und Erlebniswelten. „Ruhe und Beschaulichkeit", „Haus und Garten", „Auto, Sport, TV", aber auch der – für die Zielgruppenstruktur politischer Bildungsveranstaltungen der Friedrich-Ebert-Stiftung sicher nicht untypische – Freizeitstil „Soziales Engagement" markieren dabei eher traditionelle Typen. Die beiden restlichen („Fun und Action" wie auch „Kultur und Kommunikation") sind Elemente sehr moderner (und dennoch ausgesprochen verschiedenartiger) Lebensstile. Erwartungsgemäß zeigt sich bei jedem Freizeitstil auch ein typisches Muster milieuspezifischer Schwerpunkte, wie die Grafik auf der folgenden Seite deutlich macht.

---

16 Ergebnisse einer Clusteranalyse; Basis: 4 203 Seminarteilnehmer aus den alten Bundesländern 1991/92. Die Summe der Prozentwerte ergibt nicht ganz 100%, da invalide Befragungsergebnisse (dies betrifft rund 7% der Grundgesamtheit) nicht in das Modell aufgenommen wurden. Aus Validierungs- und Vergleichsgründen wurde die bevölkerungsrepräsentative Stichprobe (N = 2 000) aus dem Jahre 1990 einer identischen Clusteranalyse unterzogen. Die damit identifizierten Freizeitstile der Wohnbevölkerung (West) entsprechen weitgehend jener der Seminarteilnehmer, sieht man von den durch die unterschiedliche Milieu-, Geschlechts- und Alterszusammensetzung der Seminarteilnehmer bedingten Struktur- und Größenverschiebungen einmal ab. Soweit sie für unseren Interpretationszusammenhang von Bedeutung sind, werden wir sie in der Darstellung berücksichtigen.

Die Freizeitstile der Seminarteilnehmer*:
Milieuspezifische Schwerpunkte

	KON	KLB	TRA	TLO	NEA	AUF	TEC	HED	ALT
• "Ruhe und Beschaulichkeit"	■	■	■						
• "Haus und Garten"	■	■	■						
• "Auto, Sport, TV"		■	■	■		■			
• "Fun und Action"					■	■		■	
• "Soziales Engagement"	■						■		■
• "Kultur und Kommunikation"							■		■

KON = Konservatives gehobenes Milieu
KLB = Kleinbürgerliches Milieu
TRA = Traditionelles Arbeitermilieu
TLO = Taditionsloses Arbeitermilieu
NEA = Neues Arbeitnehmermilieu
AUF = Aufstiegsorientiertes Milieu
TEC = Technokratisch-liberales Milieu
HED = Hedonistisches Milieu
ALT = ALternatives Milieu

* Ergebnis einer Clusteranalyse;
Basis: 4.203 Seminarteilnehmer aus den alten Bundesländern 1991/92

Wir wollen die sechs Freizeitstile im folgenden inhaltlich kurz skizzieren und dabei vor allem auf Medienkonsum und Kommunikationsgewohnheiten achten, bevor wir ihrem Einfluß auf die Wahrnehmungs- und Bewertungsmuster politischer Bildungsarbeit nachgehen.

„*Ruhe und Beschaulichkeit*"

„Ruhe und Beschaulichkeit" ist, wie könnte es anders sein, ein Freizeitstil älterer Seminarteilnehmer (fast die Hälfte seiner Vertreter ist über 50 Jahre alt, aber weniger als 15% sind unter 35). Er zeichnet sich durch ein deutlich unterdurchschnittliches Beteiligungsprofil an fast allen aufgelisteten Freizeitaktivitäten aus, ausgenommen Zeitschriften- und Zeitungslektüre und Fernsehkonsum, als typisch häusliche Varianten von Freizeitgestaltung, die wenig aktives Engagement erfordern. Entsprechend gering ist auch die Intensität der Außenkommunikation. Lediglich 11% des Typs haben mehr oder minder regelmäßig Kontakt mit Freunden oder Bekannten, gegenüber 32% in der Grundgesamtheit aller Seminarteilnehmer. Dieser mit nahezu 20% zahlenmäßig unter den Seminarteilnehmern am stärksten vertretene Freizeitstil findet sich vorzugsweise im Konservativen gehobenen Milieu, im Kleinbürgerlichen Milieu und im Traditionellen Arbeitermilieu, aber auch bei den älteren Teilnehmern aus anderen Lebenswelten. Ihm inhaltlich wie auch lebensweltlich gleichsam benachbart – aber insgesamt aktiver – ist der Stil, den wir mit dem Begriff „*Haus und Garten*" umschrieben haben.

„*Haus und Garten*"

Die mittleren Jahrgänge sind bei diesem Freizeitstil dementsprechend häufiger vertreten (40% sind zwischen 35 und 50 Jahre alt), Männer überwiegen. Die Freizeitgestaltung dreht sich zumeist um Haus, Garten und Familie. Häusliche Aktivitäten wie Heimwerken oder Gartenarbeit sind überdurchschnittlich beliebt, aber auch passiver Medienkonsum. Nahezu 80% schauen sich mindestens 2 bis 3 mal pro Woche TV-Unterhaltungssendungen an (alle Seminarteilnehmer: 69%), mehr als die Hälfte auch Sportsendungen (alle Seminarteilnehmer: 33%). Die Neigung zur Kommunikation mit Freunden und Bekannten oder zum persönlichen Gespräch ist dagegen deutlich geringer ausgeprägt als im Durchschnitt aller Seminarteilnehmer: Nur 16% pflegen intensiven Kontakt mit Freunden und Bekannten. 31% führen regelmäßig mit anderen Gespräche oder reden über Probleme, bei der Grundgesamtheit aller Seminarteilnehmer beträgt dieser Anteil dagegen 44%.

„*Auto, Sport, TV*"

Einen überwiegend männlich bestimmten Freizeitstil (drei Viertel seiner Anhänger sind Männer) stellt auch der Typus „Auto, Sport, TV" dar.

Autofahren, Auto- oder Motorradbasteln und Heimwerken sind hier sehr beliebt (rund 80% geben an, regelmäßig Auto, Motorrad oder Mofa zu fahren, „nur so zum Spaß", gegenüber noch nicht einmal 20% aller Seminarteilnehmer), ebenso Fernsehen in allen Varianten. Mit einem regelmäßigen Seheranteil von 87% bei TV-Unterhaltungssendungen und 55% bei TV-Sportsendungen übertrifft in dieser Gruppe von Seminarteilnehmern die Rate des Fernsehkonsums bereits die Durchschnittswerte der Wohnbevölkerung (ab 14 Jahren). Sieht man einmal von der Lust am Autofahren und Heimwerken ab, so repräsentiert dieser Freizeitstil eine ausgesprochen passive, medial bestimmte Erlebnisorientierung mit insgesamt eher unterdurchschnittlicher Kommunikationsintensität. Der Anteil des Traditionslosen Arbeitermilieus an diesem Typus übersteigt seinen Anteil an allen Seminarteilnehmern fast um das Doppelte (16% versus 9%), überdurchschnittlich vertreten sind auch das Aufstiegsorientierte und das Kleinbürgerliche Milieu sowie das Traditionelle Arbeitermilieu.

„Soziales Engagement"

Ein in vielerlei Hinsicht völlig anderes Freizeitverhalten zeigt dagegen dieser Stiltypus, der seinen Namen der Tatsache verdankt, daß seine Vertreter(innen) (60% sind Frauen) sich in ihrer Freizeit gerne um andere Menschen und deren Probleme kümmern. 44% erledigen mehrmals in der Woche Arbeiten für andere (alle Seminarteilnehmer: 23%), ebenfalls doppelt so hoch wie in der Grundgesamtheit ist der Anteil derjenigen, die sich intensiv im sozialen Bereich engagieren (18% versus 9%). Auch kreative Hobbies (z. B. malen, schreiben, töpfern, werken) und die Lektüre von Printmedien (77% lesen regelmäßig Bücher) oder Schallplattenkonsum (74%) gehören zum Kanon der häufigsten Freizeitaktivitäten. Das Medium Fernsehen wird dagegen selektiv genutzt: Informationssendungen mit 95% regelmäßigem Seheranteil überdurchschnittlich, TV-Unterhaltungssendungen (67% regelmäßiger Seheranteil) dagegen eher unterdurchschnittlich, verglichen mit allen Seminarteilnehmern. Es wird kaum verwundern, daß demgegenüber persönliche Gespräche hoch im Kurs stehen. 64% der Vertreter(innen) dieses Freizeittyps geben an, sie regelmäßig zu führen. Ihr Milieuschwerpunkt liegt erwartungsgemäß eindeutig in den gehobenen Bildungsmilieus. Fast jede(r) Vierte kommt aus dem Alternativen, 20% aus dem Technokratisch-liberalen Milieu.

„Fun und Action"

Der Titel deutet es bereits an. Wir haben es mit einem sehr jungen Freizeitstil zu tun. Knapp die Hälfte seiner Vertreter sind weniger als 25 Jahre
alt, weitere 30% zwischen 25 und 35 Jahren. Die Leseintensität ist trotz
vergleichsweise hoher Formalbildung weit unterdurchschnittlich ausgeprägt (lediglich 37% geben an, regelmäßig Bücher zu lesen). Um so
häufiger werden die elektronischen Medien frequentiert: Spitzenwerte in
fast allen Sparten. Mindestens 2 bis 3 mal in der Woche nutzen: das Radio
92%, TV-Unterhaltungssendungen 88%, Schallplatten u. ä. 86%, TV-
Sportsendungen 53%. Mit Computern beschäftigen sich intensiv 29% (der
Wert für alle Seminarteilnehmer ist mit 15% nur halb so hoch), Videokassetten schaut sich obendrein jede(r) Fünfte regelmäßig an, gegenüber
nur 7% in der Grundgesamtheit aller Seminarteilnehmer. Die schöne neue
Medienwelt, hier scheint sie vollkommen. Und dennoch ist es nur die halbe
Wahrheit. Obwohl sie im Vergleich zu allen anderen Freizeitstilen die
höchsten Anteile passiver U-Mediennutzung aufweisen, sind die Vertreter
dieses Typs in ihrer Freizeit nebenbei auch ausgesprochen aktiv und kommunikativ. Über 40% treiben regelmäßig Sport, gehen in Kneipen oder
Cafés und gar 66% treffen mehrmals in der Woche Freunde oder Bekannte.
Damit erreichen sie auch bei diesen Freizeitaktivitäten die höchsten Werte
im Gruppenvergleich. Offensichtlich gelingt es diesen jungen Leuten,
passiven Medienkonsum und aktive Freizeitgestaltung zu einem neuen,
hoch erlebnis- und kommunikationsorientierten Freizeitstil zu verschmel-
zen. Entsprechend vorgeprägt sind dann natürlich die Wahrnehmungs- und
Kommunikationsmuster, die sie aus dieser Freizeitwelt in die Welt der
politischen Bildung mitbringen, nicht zu ihrer Freude, wie wir sehen
werden. Die eigentliche Brisanz dieses Freizeitstils für unser Thema wird
jedoch erst bei der Inspektion seiner Milieuschwerpunkte sichtbar. Fast
70% der Anhänger von „Fun und Action" stammen aus den Sozialmilieus
des modernen gesellschaftlichen Mainstreams – Hedonistisches Milieu:
24%, Neues Arbeitnehmermilieu: 23%, Aufstiegsorientiertes Milieu:
20%.

„Kultur und Kommunikation"

Hinter dieser auf Anhieb wohl etwas bildungsbürgerlich-dröge anmutenden Bezeichnung verbirgt sich ein ebenfalls sehr moderner,
lebensweltlich prägnanter Freizeit-Stilmix. Kunst und Kultur spielen
dabei eine entscheidende Rolle. Mit einem 82%-Anteil regelmäßigen
Bücherlesens erreicht diese Freizeitaktivität hier im Vergleich mit allen

175

übrigen Freizeitstilen ihren höchsten gemessenen Wert. Ebenfalls 82% hören regelmäßig Schallplatten u. ä., 14% musizieren darüber hinaus auch selbst, gegenüber 7% in der Grundgesamtheit aller Seminarteilnehmer und lediglich noch 4% in der Wohnbevölkerung. Auch die Nutzung von Weiterbildungsprogrammen, z. B. der Volkshochschulen, steht vergleichsweise hoch im Kurs (12% nutzen sie ausgesprochen intensiv; alle Seminarteilnehmer zum Vergleich: 8%, Wohnbevölkerung: 6%). Mehr als jeder Zehnte gibt sich mindestens 2 bis 3 mal wöchentlich Yogaübungen, Meditation oder autogenem Training hin, 20% malen, schreiben, töpfern oder werken, ein Drittel treibt regelmäßig Sport.

Ein wichtiges Kennzeichen dieses Freizeitstils ist im übrigen auch seine Kommunikationsoffenheit: 54% pflegen intensiven Austausch mit Freunden und Bekannten (nach „Fun und Action" der zweithöchste Wert im Vergleich aller sechs Freizeitstile), 58% führen regelmäßig mit anderen Gespräche, reden über Probleme (auch dies der zweithöchste Wert im Gruppenvergleich). Ein Drittel besucht mehrmals in der Woche Cafés, Restaurants oder Kneipen, in der Grundgesamtheit aller Seminarteilnehmer ist dieser Anteil nur halb so hoch. Faßt man alle auf Außenkommunikation gerichteten Freizeitaktivitäten zusammen, so zeigt dieser Freizeitstil die höchste Kommunikationsintensität im Gruppenvergleich. In offensichtlich gewolltem Kontrast dazu stehen dagegen die Fernsehgewohnheiten. Lediglich 39% finden Geschmack am regelmäßigen Konsum von TV-Unterhaltung, ein einsamer negativer Spitzenwert, alle Seminarteilnehmer dazu im Vergleich: 69%, Wohnbevölkerung: 85%.

Bildung, Kreativität, individuelles Körperbewußtsein und persönliche Kommunikation sind somit zweifellos die prägenden Elemente eines Freizeitverständnisses, das zu den elektronischen Bildmedien bewußt auf Distanz geht, ganz im Gegensatz zu den − auf andere Weise − ebenfalls ausgesprochen kommunikationsoffenen Vertretern des Freizeitstils „Fun und Action". Jung sind übrigens beide Stile. 60% der Anhänger von „Kultur und Kommunikation" sind jünger als 35 Jahre. In lebensweltlicher Hinsicht zeigen sich jedoch gravierende Unterschiede. Während „Fun und Action", wie beschrieben, der dominierende Freizeitstil des modernen jungen Mainstreams ist, überwiegen bei „Kultur und Kommunikation" die Milieus des modernen gehobenen und des alternativen Segments. Technokratisch-liberales und Alternatives Milieu bilden hier mit einem Anteil von fast zwei Dritteln (63%) an der Anhängerschaft dieses Stils einen markanten Milieuschwerpunkt. Mit 17% ist „Kultur und Kommunikation" obendrein die unter den Seminarteilnehmern zahlenmäßig am zweitstärksten verbreitete Art der Freizeitgestaltung. Auf eine entsprechende Attraktivität dieses Freizeitstils in der Gesamtbevöl-

176

kerung sollte man jedoch nicht schließen. Dort ist er mit einem Anteil von nur 7% der am wenigsten frequentierte Freizeitstil.

Positioniert man nun alle sechs Freizeitstile in einem von der Häufigkeit des TV-Unterhaltungskonsums und der Intensität persönlicher Kommunikation markierten zweidimensionalen Raum, so wird nicht nur deutlich, in wie hohem Maße milieuspezifische Lebensstile die Freizeit- und Kommunikationsgewohnheiten prägen, sondern auch wie verschiedenartig die damit verknüpften Wahrnehmungsmuster und Erlebnisorientierungen in Wirklichkeit sind (vgl. die Grafik auf der folgenden Seite). Dies belegt augenfällig auch folgende Tabelle zum Zusammenhang zwischen Seminarkritik und Freizeitstilen bei den untersuchten Seminarteilnehmern:

Negative Seminarmerkmale
Thematische Zusammenfassung offener Antworten*
– nach Freizeitstilen –

	„Ruhe und Beschaulichkeit"	„Haus und Garten"	„Auto, Sport, TV"	„Fun und Action"	„Soziales Engagement"	„Kultur und Kommunikation"
● Kommunikation, Human Relations	11%	7%	9%	17%	12%	21%
● Sach-/lernzielorientierte Faktoren	5%	5%	4%	9%	6%	9%
● Umfeldfaktoren, Atmosphäre, Unterhaltungswert	16%	19%	17%	32%	22%	30%
● Keine Bemerkungen	72%	71%	74%	49%	65%	49%

* Mehrfachnennungen/Basis: 4203 Seminarteilnehmer aus den alten Bundesländern 1991/92

Vor allem Seminarteilnehmer mit dezidiert modernen Freizeitstilen und entsprechenden Kommunikationsgewohnheiten, so die Schlußfolgerung aus diesen doch recht eindeutigen Zahlen, stellen an die Umfeldbedingungen (Human Touch, Unterhaltungs- und Erlebniswert) von Seminaren hohe Erwartungen. Lebensstil und Bildungsinteresse stehen offensichtlich in einem von den alltagsweltlichen Erfahrungen und Gewohnheiten der Menschen nachhaltig geprägten Zusammenhang, der sich –

Die Freizeitstile der Seminarteilnehmer*
– Fernsehnutzung versus persönliche Kommunikation –

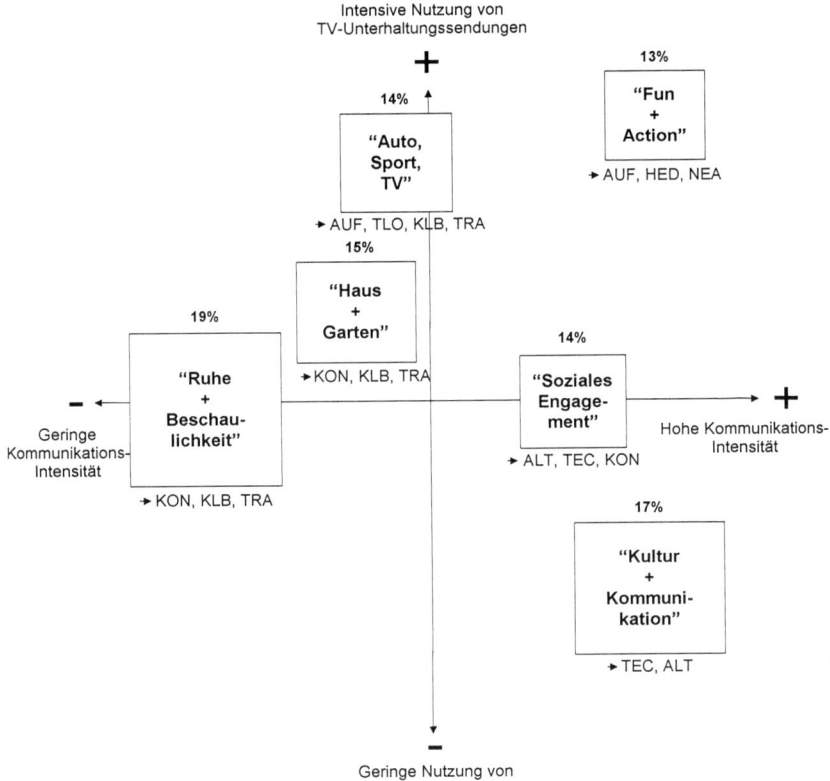

KON	= Konservatives gehobenes Milieu
KLB	= Kleinbürgerliches Milieu
TRA	= Traditionelles Arbeitermilieu
TLO	= Traditionsloses Arbeitermilieu
NEA	= Neues Arbeitnehmermilieu
AUF	= Aufstiegsorientiertes Milieu
TEC	= Technokratisch-liberales Milieu
HED	= Hedonistisches Milieu
ALT	= Alternatives Milieu

* Ergebnis einer Clusteranalyse;
Basis: 4.203 Seminarteilnehmer aus den alten Bundesländern 1991/92

➤ Milieuschwerpunkte

wie die im nächsten Abschnitt referierten Befunde zeigen – auch auf die ästhetischen Ansprüche und Erwartungen erstreckt.

Die Geschmackspräferenzen der Seminarteilnehmer

Im Rahmen der schriftlichen Befragung hatten die Seminarteilnehmer auch Gelegenheit, Vorschläge zur ästhetisch-stilistischen Gestaltung der Tagungsstätte zu unterbreiten, in der sie sich befanden. Rund ein Drittel von ihnen nutzte diese Gelegenheit, wobei auch bei diesem Thema die bereits geläufigen lebensweltlichen Unterschiede erneut sichtbar werden. Technokratisch-Liberale und Alternative äußern sich am häufigsten, aber auch die Angehörigen des Neuen Arbeitnehmermilieus zeigen überdurchschnittliches Interesse an solchen Geschmacksfragen (Grafik S. 180).

Der vergleichsweise geringe Beteiligungswert der Seminarteilnehmer aus dem Traditionellen Arbeitermilieu bei diesem Thema darf allerdings nicht darüber hinwegtäuschen, daß sie – wie jene aus den anderen sozialen Milieus auch – über präzise Geschmacksvorstellungen verfügen, die ihre Erwartungen an das Ambiente von Seminarveranstaltungen beeinflussen. Wir haben sie für alle Milieus mit Hilfe des in Teil III vorgestellten Wohnstil-Indikators empirisch ermittelt und sind auf diese Weise auch in der Lage, die so identifizierten Geschmackspräferenzen der Seminarteilnehmer mit den Verhältnissen in der Grundgesamtheit der erwachsenen Wohnbevölkerung zu vergleichen.

Vor dem Hintergrund des besonderen (eher modernen) Milieu-Profils der Seminarteilnehmer waren natürlich auch deutliche Abweichungen zwischen ihnen und der Wohnbevölkerung (gesamte Wohnbevölkerung in den alten Bundesländern von 18 bis 64 Jahren) zu erwarten.

Die Tabelle (S. 181) zeigt deutlich die unterschiedliche Bewertung der neun Geschmacksdimensionen.[17] Auch wenn die Vergleichsdaten für die Grundgesamtheit aus dem Jahr 1987 datieren und somit nicht mehr exakt die aktuellen Verhältnisse widerspiegeln, zeigt sich in der relativen Geringschätzung von „deutscher" Gemütlichkeit und Tradition (Stildimensionen „Rustikalität", „Bürgerliche Tradition" und „Konventionelle Gemütlichkeit") sowie in der weitaus besseren Akzeptanz moderner Stil-

---

17 Siehe S. 124 in diesem Band; vgl. auch Burda und Sinus 1991, S. 58

Anregungen für die Gestaltung der Tagungsstätte

geben:

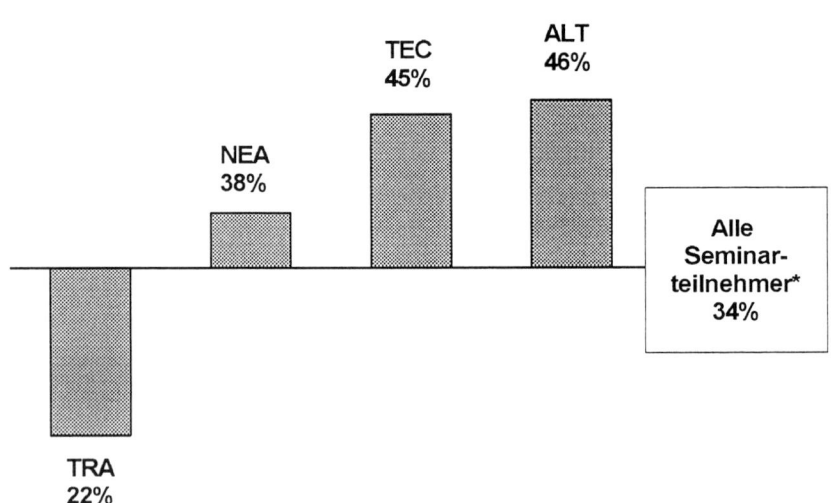

TRA = Traditionelles Arbeitermilieu
NEA = Neues Arbeitnehmermilieu
TEC = Technokratisch-liberales Milieu
ALT = Alternatives Milieu   * Basis: 4.784 Seminarteilnehmer

Asthetische Präferenzen der Seminarteilnehmer im Vergleich zur Grundgesamtheit

Die neuen Geschmacks-dimensionen	FES-Seminar-teilnehmer	Grund-gesamtheit (1987) zum Vergleich*
● "Nostalgie"	28%	16%
● "Klassische Modernität"	27%	18%
● "Legere Gemütlichkeit"	24%	15%
● "Rustikalität"	22%	39%
● "Bürgerliche Tradition"	14%	20%
● "Antikonventionalismus"	11%	4%
● "Repräsentative Individualität"	11%	13%
● "Konventionelle Gemütlichkeit"	10%	12%
● "Avantgarde"	5%	3%

 leicht überrepräsentiert   deutlich überrepräsentiert

* Basis: Repräsentativerhebung 1987 (N=2.516, Wohnbevölkerung in den alten Bundesländern von 18 bis 64 Jahren)

richtungen (wie „Klassische Modernität", „Legere Gemütlichkeit" und auch „Nostalgie") auf seiten der Seminarteilnehmer zu allererst ein Zielgruppeneffekt.

Obwohl in den Geschmackspräferenzen der Seminarteilnehmer, vergleicht man sie mit denen der Grundgesamtheit, somit schon eine klare zielgruppenspezifische Richtung im Spektrum der ästhetischen Möglichkeiten deutlich wird, verbergen sich bei genauerem Hinsehen dahinter immer noch sehr unterschiedliche Stilwelten bzw. Gruppenstile mit je eigenen sozialen Kategorisierungen und Wertsetzungen und deren symbolischen Entsprechungen[18] im Bereich der Alltagsästhetik.

Die Unterschiedlichkeit dieser Welten soll auf den folgenden Seiten mit Blick auf die zuvor definierten vier Ziel-Segmente aufgeblättert werden, und zwar anhand der alltagsästhetischen Grundorientierungen der jeweiligen Leit-Milieus sowie am Beispiel der segmentspezifischen Geschmackspräferenzen auf der konkreten Ebene des Wohnstils (S. 184-187).

Nimmt man die dargestellten Befunde ernst, lassen sich durchaus klare Vorgaben ableiten für eine zielgruppengerechte Gestaltung politischer Bildung – von der Angebotspolitik (Welche Zielgruppen wollen welche Produkte?) über das Design der Lernorte (Welche Zielgruppen haben welche Bedürfnisse?) bis zur Ästhetik der Kommunikation (Welcher Kommunikationsauftritt wird von den Zielgruppen angenommen?). Marketing und Gestaltung dürfen sich künftig weder an der Fiktion eines wie immer definierten Mehrheitsgeschmacks, noch an den elitären Vorstellungen ästhetisch anspruchsvoller Minderheiten orientieren. Wenn Gestaltung heute, wie Wolfgang Welsch fordert, auf der Einsicht beruhen muß, „daß die Diversität der Lebensformen, Orientierungsmuster, Sprachspiele und Bedürfnisstrukturen unüberschreitbar und legitim ist" und deshalb die Pluralität zu schätzen und zu artikulieren hat[19], muß die vorfindbare „Diskontinuität der Geschmackskulturen" (Charles Jencks)[20] gerade von einer politischen Bildung, die auf eine Öffnung des sozialen Raums zielt, als Herausforderung und Chance angenommen werden. Politische Bildung muß die mit der Ästhetisierung und Stilisierung der sozialen Welt sich vollziehenden Umwälzungen als Herausforderung begreifen, sie in ihren Lernzielen und Methoden ebenso berücksichtigen wie in ihrer Veranstaltungskultur, in der Gestaltung des Lernumfelds und in ihren Marketingkonzepten. Ohne Zweifel beeinflussen die wachsen-

---

18 Vgl. Carlo M. Sommer: Medium Mode, in: Medienpsychologie 3/1992, S. 214 ff.
19 Wolfgang Welsch: Perspektiven für das Design der Zukunft, in: W. Welsch: Ästhetisches Denken, Stuttgart, 2. Auflage 1991
20 Zitiert nach Wolfgang Welsch 1991, S. 205

den Individualisierungstendenzen in unserer Gesellschaft und die dadurch verstärkte sozialästhetische Segmentierung – bis hin zur problematischen Abschottung der Stilsegmente gegeneinander – auch den Bildungsmarkt. Der Bedarf an Bildung und Ausbildung wächst, die Wünsche und Bedürfnisse differenzieren sich aus, und auch das Anspruchsniveau hinsichtlich Dienstleistung und Betreuung steigt. Wie bei anderen Gütern auch, geht der Trend vom unmittelbaren Gebrauchsnutzen der angebotenen Dienstleistung „Bildung" hin zum Lifestyle-Benefit, und die Ansprüche richten sich, wie wir gesehen haben, immer weniger auf den „nackten" Lernerfolg als auf die komplette Bedürfnisbefriedigung.

Gerade weil das Angebot an Produkten, Dienstleistungen und Stilen – bis hin zu den religiösen Deutungsmustern des Lebens – für den einzelnen so unübersichtlich und scheinbar beliebig verfügbar geworden ist, strebt er danach, ihnen durch die Herstellung von Ich-Bezug subjektiv Sinn zu verleihen. Georg Simmel hat diese Neigung bereits um die Jahrhundertwende als Abwehr der, aus seiner Sicht mit dem „modernen Stil des Lebens" untrennbar verbundenen, Verdinglichungsprozesse interpretiert: „. . . indem aller Sachgehalt des Lebens immer sachlicher und unpersönlicher wird, damit der nicht zu verdinglichende Rest desselben um so persönlicher, ein um so unbestreitbareres Eigen des Ich werde." Die, wie er sich ausdrückt, „Vertreibung der subjektiven Seelenhaftigkeit aus allem Äußerlichen" beschreibt er dabei aber – ganz im Gegensatz zum zeitgenössisch-vorherrschenden Verständnis von „Ästhetisierung" – als dem „ästhetischen Lebensideal" im Grunde feindlich: eine Sichtweise des Ästhetischen, die die Identität von Sinn und Gestalt, von Inhalt und Stil als im Grunde einzig sinnhafte begreift.[21]

Ein solcherart „re-ästhetisiertes" Verständnis des Ästhetischen könnte – bezogen auf politische Bildung und politische Kommunikation – als Chance verstanden werden, die jenseits aller medialer Domestizierungs- und Überformungsversuche nach wie vor lebendige *authentische* Sinnlichkeit menschlicher Wahrnehmung und Kommunikation in die zu organisierenden Vermittlungsprozesse zwischen Lebenswelt und Politik (wie auch zwischen den Lebenswelten untereinander) einzubeziehen. Der in der politischen Bildung heute vorherrschende aufklärerisch-rationale Bildungsbegriff müßte dann allerdings neu interpretiert werden.

---

21 Simmel 1922, S. 532

Ästhetik und Geschmack in den Ziel-Segmenten

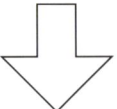

Traditionelles Segment
(Leitzielgruppe: Traditionelles Arbeitermilieu)

Bevorzugte Geschmacksdimension	➤	„Rustikalität"

Bevorzugter Wohnstil*   ➤ Befragte Milieuangehörige: 30%

➤ Alle Seminarteilnehmer
zum Vergleich   18%

---

* Prozentwerte der Antwortkategorie „Würde sehr gern in der abgebildeten Wohnung leben"
(4er-Skala)

Ästhetik und Geschmack in den Ziel-Segmenten

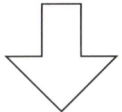

Moderner Mainstream
(Leitzielgruppe: Neues Arbeitnehmermilieu)

Bevorzugte Geschmacksdimension	➤ „Klassische Modernität"

Bevorzugter Wohnstil*   ➤ Befragte Milieuangehörige: 25%

➤ Alle Seminarteilnehmer
zum Vergleich   20%

---

* Prozentwerte der Antwortkategorie „Würde sehr gern in der abgebildeten Wohnung leben"
(4er-Skala)

Ästhetik und Geschmack in den Ziel-Segmenten

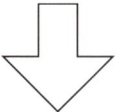

Modernes gehobenes Segment
(Leitzielgruppe: Technokratisch-liberales Milieu)

Bevorzugte Geschmacksdimension	➤ Kein eindeutiger Schwerpunkt („Klassische Modernität" / „Avantgarde" / „Nostalgie")

Bevorzugter Wohnstil* ➤ Befragte Milieuangehörige: 29%

➤ Alle Seminarteilnehmer
zum Vergleich 19%

---

* Prozentwerte der Antwortkategorie „Würde sehr gern in der abgebildeten Wohnung leben"
(4er-Skala)

Ästhetik und Geschmack in den Ziel-Segmenten

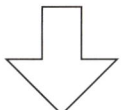

Alternatives Segment
(Leitzielgruppe: Alternatives Milieu)

Bevorzugte Geschmacksdimension ➤ „Legere Gemütlichkeit"

Bevorzugter Wohnstil* ➤ Befragte Milieuangehörige: 23%

➤ Alle Seminarteilnehmer
zum Vergleich 16%

---

* Prozentwerte der Antwortkategorie „Würde sehr gern in der abgebildeten Wohnung leben"
(4er-Skala)

187

4. Sinnlichkeit versus Emanzipation? – Deutungsmuster politischer Bildung

Neben der rationalen und begründbaren menschlichen Wahrnehmung von Objekten und Themen existieren im vor- oder auch unbewußten Bereich eine Vielzahl von Bildern und Assoziationen, die mit herkömmlichen Methoden der empirischen Sozialforschung nur schwer erreichbar sind. Wir haben die subjektive Vorstellungswelt zum Thema „Politische Bildung" im Rahmen der qualitativen Zielgruppenforschung deshalb unter diesem Aspekt durch die Anwendung zweier leistungsfähiger psychologischer Untersuchungsmethoden auszuleuchten versucht, wie sie sich u. a. in der Marktforschung bei der Untersuchung von Marken- und Produktimages bewährt haben. Zum Einsatz kamen:

1. ein gelenkter Assoziationsversuch zur Erfassung des gegenwärtigen semantischen Umfelds von politischer Bildung, sowie
2. die Collagen-Technik zur Erkundung des sinnlich-ästhetischen Erlebnis- und Erwartungshorizonts im Zusammenhang mit politischer Bildung

An der Untersuchung teilgenommen haben im Rahmen von Individualexplorationen sowie mehrstündiger, an verschiedenen Orten der Bundesrepublik (West) durchgeführter kreativer Gruppensitzungen, sogenannter „Extended Creativity Groups", insgesamt 92 Angehörige unterschiedlicher Zielgruppen, u. a.:

- Ältere aus dem Traditionellen Arbeitermilieu („Sicherheits- und Gemeinschaftsorientierte Ältere")
- Jüngere Angehörige des Neuen Arbeitnehmermilieus
- Angehörige des Technokratisch-liberalen Milieus („Aktive Neue Alte" und Junge Journalisten)
- Führungskräfte aus Kultur, Bildung und Wissenschaft
- Angehörige neuer sozialer Bewegungen, z. B. der Frauenbewegung (Alternatives Milieu)
- Jugendliche aus dem Traditionslosen Arbeitermilieu

Auf diese Weise sollte erreicht werden, daß die Forschungsergebnisse auch die gesamte Breite des Milieuspektrums der definierten Bildungszielgruppen widerspiegeln. Die überwiegende Mehrheit der Befragten hatte zum Zeitpunkt der Erhebung noch keine persönlichen Erfahrungen mit Veranstaltungen zur politischen Bildung gemacht. Dies war ein wichtiger Bestandteil des gesamten qualitativen Untersuchungsdesigns, da gerade auch außerhalb der von Bildungsprogrammen bereits erreichten Gruppen empirisches Material zum Verständnis und zur Bewertung politischer Bildung gesammelt werden sollte.

Zur Methode des Assoziationsversuchs

Die Versuchsanordnung eines Assoziationstests ist denkbar einfach. Jeder Teilnehmer erhält ein Blatt Papier und notiert darauf in der vergleichsweise kurzen Zeitspanne von einer Minute alles, was ihm zu dem vom Versuchsleiter vorgegebenen Begriff (in unserem Falle: „Politische Bildung") spontan in den Sinn kommt. Ziel ist die Erfassung sowohl denotativer (begrifflicher) wie auch konnotativer (gefühlsmäßiger) Aspekte des subjektiven Vorstellungsraumes. Dadurch gelingt es, Gefühlsqualitäten, Stimmungen, emotionale Voreinstellungen und Projektionen möglichst unverfälscht zu erfassen und bestimmte Reaktionstendenzen (z. B. Antworten entsprechend ihrer sozialen Erwünschtheit) zu vermeiden. Die Ergebnisse zeigen – nicht unerwartet – noch weitgehend vom klassischen bürgerlichen Bildungsethos geprägte Deutungsmuster politischer Bildung, die teilweise – zumeist von Angehörigen des Technokratisch-liberalen und des Alternativen Milieus – um kritisch-rationale Inhalte und Sichtweisen erweitert werden.

Das Bedeutungsumfeld des Begriffs „Politische Bildung"

Der Aufforderungscharakter des Begriffs „Politische Bildung", gemessen an seiner Stimulationsrate (die durchschnittliche Menge an produzierten Assoziationen), ist erwartungsgemäß gering. Dem entspricht, daß fast 40% aller Assoziationen gefühlsmäßig neutral geprägt sind, d. h. der Begriff hat augenscheinlich einen eher geringen emotionalen Impact (vgl. die Grafik auf Seite 191). Die gesammelten positiv getönten Assoziationen lassen sich analytisch zu zwei grundlegenden Deutungsmustern verdichten, mit jeweils unterschiedlichem Impetus:

1. Einem *aufklärerisch-rationalen* Impetus

Politische Bildung soll Wissen vermitteln, den Horizont erweitern, umfassende Informationen zu wichtigen gesellschaftlichen und politischen Fragen liefern, politisches Bewußtsein schaffen, Zusammenhänge erklären und vermitteln, zum kritischen Denken anregen, zum Fragen und Hinterfragen befähigen, die Jugend staatsbürgerlich bilden, zum mündigen Bürger erziehen.

189

2. Einem *emanzipatorisch-rationalen* Impetus

Ziel politischer Bildung soll sein: lernen, seine Interessen durchzusetzen, solidarisch zu handeln, sich einmischen, aktiv werden, die politischen Strukturen verändern, die Bürger wachrütteln, die Gesellschaft demokratisieren. Damit verknüpft ist zumeist ein dialogisches Verständnis politischer Kommunikation und demokratischer Entscheidungsprozesse (das politische System als entwickelte demokratische Streitkultur): diskutieren, debattieren, Pro und Contra, Schulung in Diskussion und Zuhören, Austausch mit politisch Andersdenkenden (vgl. die Übersicht auf den Seiten 192 u. 193).

Negative Assoziationen, die insgesamt ein Viertel aller verzeichneten Assoziationen ausmachen, beziehen sich zumeist auf die mangelnde Attraktivität gegenwärtiger politischer Bildung. Zum einen werden Negativklischees wie „langweilig", „praxisfern", „verkopft" aktualisiert, zum anderen auch hedonistisch geprägte Ressentiments (zu anstrengend, Streß, mit Arbeit verbunden usw.) und Vorstellungen von politischer Bildung als Manipulationsinstrument der Herrschenden („Domestizierung des Bürgers"). Vielfach thematisiert wurde auch die vermeintlich defizitäre Situation der politischen Bildung im Lande: kommt zu kurz, wird nicht gefördert, wird schon in der Schule vernachlässigt, kommt auch im Fernsehen nicht vor (vgl. die Übersicht auf den Seiten 194 u. 195).

Kenner der politischen Bildungsarbeit werden bis zu diesem Punkt von den Ergebnissen des Assoziationsversuchs kaum überrascht sein, weder von den positiven noch von den negativen. Der eigentlich bemerkenswerte Befund der Untersuchung ist ein eher unscheinbares Randergebnis: *Nur ein verschwindend geringer Bruchteil aller Anmutungen transportierte sinnlich-lustbetonte Aspekte politischer Bildung.* Kaum jemand verbindet mit ihr spontan Vorstellungen von Spaß, Freude, Spannung, Aufregung, aber auch nicht von Freizeit, Zwischenmenschlichkeit und Muße. Verräterisch-unbewußte Semantik legt abermals bloß, was zu beweisen war. Die politische Bildung in ihrem gegenwärtigen, die Bildungstraditionen des 19. Jahrhunderts kultivierenden, rein rationalen Vermittlungsverständnis geht an Lebensstil und Lebensgefühl der Menschen unserer Zeit zielsicher vorbei. Daß dies alles auch anders vorstellbar ist, zeigen die Collagen zum Thema: „Ein gelungenes Seminar der politischen Bildung" (vgl. S. 196 ff.).

Das Bedeutungsumfeld des Begriffs „Politische Bildung" Spektrum der Assoziationen

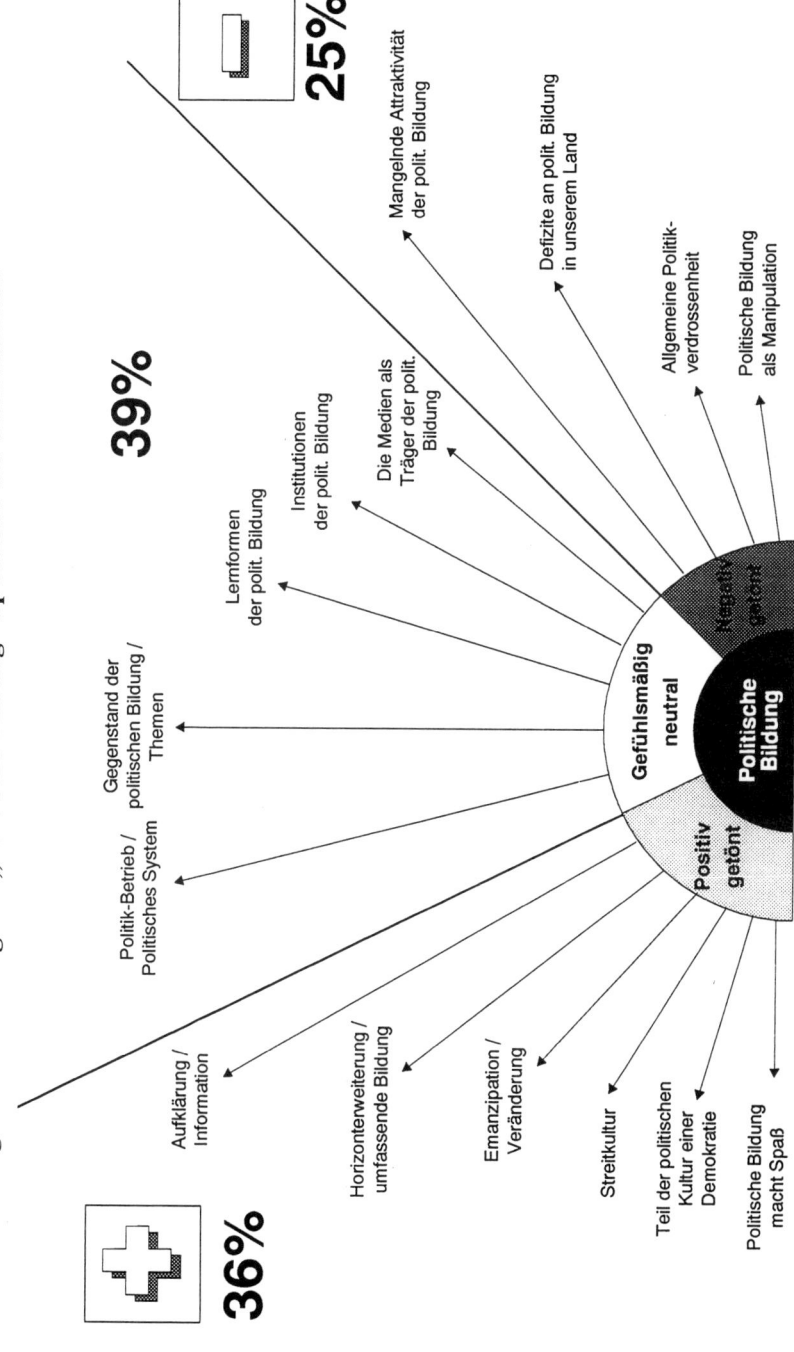

39%

36%

25%

Politische Bildung

Gefühlsmäßig neutral

Positiv getönt

Negativ getönt

Politik-Betrieb / Politisches System

Gegenstand der politischen Bildung / Themen

Lernformen der polit. Bildung

Institutionen der polit. Bildung

Die Medien als Träger der polit. Bildung

Mangelnde Attraktivität der polit. Bildung

Defizite an polit. Bildung in unserem Land

Allgemeine Politik-verdrossenheit

Politische Bildung als Manipulation

Aufklärung / Information

Horizonterweiterung / umfassende Bildung

Emanzipation / Veränderung

Streitkultur

Teil der politischen Kultur einer Demokratie

Politische Bildung macht Spaß

191

Das Bedeutungsumfeld von „Politische Bildung"

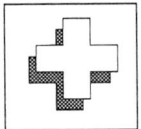

Positiv getönte Assoziationen (1)

Semantische Cluster ▼	Typische Nennungen im Wortlaut ▼
Aufklärung / Information	● Aufklärung / Aufklärung des mündigen Bürgers /Mündigkeit / Bewußtmachung / Politisches Bewußtsein entwickeln / Bewußtsein bilden / Bewußtsein wecken / Zusammenhänge vermitteln ● Informationsvermittlung / Umfassende Information / Information für alle sozialen Schichten / Informiert sein / Durchblick / Analyse / Analyse der Machtverhältnisse / Mehr wissen / Transparenz ● Kritisches Mitdenken / Kritisches Denken / Kritischer Umgang mit Politik / Meinungsbildung / Zusammenhänge verstehen / Hinterfragen / Nachfragen können / Die richtigen Fragen stellen / Strukturen durchschauen
Horizont- erweiterung / umfassende Bildung	● Horizonte erweitern / Den Horizont der Bevölkerung erweitern / Umfassende Bildung / Bildung fürs Leben / Persönliche, private und gesellschaftliche Bildung / Reifung ● Weiterbildung/Qualifizierung/Allgemeinbildung/Allgemeinwissen / Wissen / Mitreden können / Informiert sein / Nicht dumm sterben ● Bildung für die Jüngeren / In erster Linie für die Jugend nötig / Politisches Wissen für die Jugend / Für die Kinder / Politische Bildung ist lebensbejahend / Für eine kinderfreundliche Gesellschaft

Das Bedeutungsumfeld von „Politische Bildung"

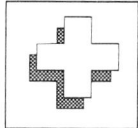

Positiv getönte Assoziationen (2)

Semantische Cluster ▽	Typische Nennungen im Wortlaut ▽
Emanzipation / Veränderung	● Emanzipation / Politische Bildung ist emanzipativ / Emanzipierung des Bürgers / Wachrütteln des Bürgers / Demokratisierung der Gesellschaft
	● Interessengemeinschaft / Seine Interessen durchsetzen lernen / Mehr wagen / Selbstbestimmung / Mitbestimmung / Seine Rechte kennen und durchsetzen / Sich einmischen
	● Gemeinsam handeln und arbeiten / Solidarisch handeln lernen / Selbst aktiv werden / Die politischen Strukturen verändern / Verantwortung für die Gesellschaft übernehmen
Streitkultur	● Diskussionen / Debatten / Pro und Contra / Schulung in Diskussion und Zuhören / Mit Freunden diskutieren
	● Andere Meinungen hören / Austausch mit politisch Andersdenkenden / Neutral und doch engagiert / Gegenargumente hören / Mit unterschiedlichen Meinungen konfrontiert werden
	● Leute kennenlernen / Kontakte knüpfen / Kommunikation / Verständnis füreinander / Dialog-orientiert
Teil der politischen Kultur einer Demokratie	● Erziehung zur Demokratie / Ohne politische Bildung geht es in der Demokratie nicht weiter / Das Bewußtsein der Staatsbürger schärfen / Notwendig für die politische Kultur / Teil der politischen Kultur
	● Politische Bildung ist eine Notwendigkeit / Wichtig, ganz wichtig / Wichtig für die Existenz der Gesellschaft / Für jeden ein Muß / Absolut erforderlich / Sollte intensiviert werden
Politische Bildung macht Spaß	● Spaß haben / Lust machen / Spannend / Aufregend / Aktuell / Profiliert / Würde ich gerne mehr drüber wissen
	● Freizeit / Urlaub / Viel Zeit / Zeit und Ruhe / Muße

Das Bedeutungsumfeld von „Politische Bildung"

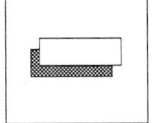

Negativ getönte Assoziationen (1)

Semantische Cluster

Typische Nennungen im Wortlaut

Mangelnde Attraktivität der politischen Bildung	● Unattraktiv / Kein attraktives Thema / Liegt nicht im Trend / Altmodisch / Kaum gefragt im Augenblick / Wird für überflüssig gehalten / Zeitverschwendung
	● Langweilig / Langeweile / Wie in der Schule / Zu trocken / Verkopft / Belehrend / Besserwisserisch / Trockene Broschüren / Viel ungelesenes Papier
	● Schlechte Referenten / Professor für politische Bildung / Keine detaillierte Sachkenntnis / Wenig praxisbezogen / Elfenbeinturm / Schauspielerei / Scheingefechte / L'Art pour L'Art
	● Arbeitszeit / Richtig arbeiten / Anstrengend / Zu angestrengt / Zu hoher Anspruch / Streß / Durchhalten / Durchziehen / Kämpfen / Streit
Defizite an politischer Bildung in unserem Land	● Kommt zu kurz / Viel zu wenig in der BRD / Wird vernachlässigt / Müßte ganz anders sein / Wird nicht gefördert, weil die Politiker zu wenig davon haben / Wird von den Genossen für überflüssig gehalten / Politische Bildung ist Mangelware
	● Erreicht viele nicht / Junge Leute sind schlecht informiert über Politik / Da kommt nichts an / Da gehen immer dieselben Leute hin / Ungebildete Leute / Schlechte Ausbildung / Nur oberflächliche Information / Besonders Frauen werden nicht erreicht
	● Scheitert in den Schulen / Wird in der Schule total vernachlässigt / In den Studiengängen der Uni kein Thema / An der Uni unterbelichtet / Kommt im Fernsehen nicht vor

Das Bedeutungsumfeld von „Politische Bildung"

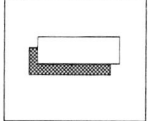

Negativ getönte Assoziationen (2)

Semantische Cluster   **Typische Nennungen im Wortlaut**

Allgemeine Politik-verdrossenheit	● Charakterlosigkeit / Unaufrichtigkeit / Fehlende Moral / Keine Moral / Steuerhinterziehung / Defizitäre Politiker / Verarschung des Bürgers
	● Verdrossenheit / Ärger / Bürgerferne / Politische Unkultur / Politik muß verständlicher werden / Hilflosigkeit des einzelnen / Bei politischen Debatten im Fernsehen abschalten
Politische Bildung als Manipulation	● Manipulation / Mittel der Unterdrückung / Domestizierung des Bürgers / Dogmatisch / Indoktrination im Sinne der momentan betriebenen Politik / Schreckliche Vereinfachungen
	● Parteiveranstaltungen / Einflußnahme der Parteien / Parteipolitik darf nicht Grundlage politischer Bildung sein / CDU-Lehrer / CSU-Sozialkundelehre

195

Zur Methode und Aussagekraft von Collagen

Die durch die Dominanz der visuellen Medien wachsende Konfrontation der Menschen mit komplexen Bildern hat, um es noch einmal zu rekapitulieren, zur Folge, daß Aufnahme und Verarbeitung von Inhalten mehr und mehr bildhaft erfolgen.

Deshalb gewinnen Methoden, die der Erhebung, Ausleuchtung und Interpretation solcher Bilder dienen, in der Markt- und Sozialforschung zunehmend an Bedeutung. *Collagen*, bei denen Angehörige bestimmter Zielgruppen im Rahmen mehrstündiger sogenannter *Extended Creativity Groups* auf großflächigen Kartons *ihre* persönlichen bildhaften Assoziationen zu einem vorgegebenen Thema in freien, aus Illustriertenausrissen zusammengestellten Bild- und Text-Kompositionen ausdrücken, sind eine solche Methode. Sie hat den Vorteil, daß Inhalte in gruppen- bzw. milieuspezifischen alltagsästhetischen Visualisierungen dargestellt werden und daß auch Menschen Gelegenheit bekommen sich mitzuteilen, die sich verbal nicht äußern wollen oder können. Es ist oft zu beobachten, daß Untersuchungspersonen über die Komplexität und Tiefe ihrer Darstellung sehr erstaunt sind, dieses aber, da die Collage allgemein gern als „Spiel" gesehen wird, positiv aufnehmen und in der weiterführenden Diskussion in aller Regel dieses „erweiterte" Bild zur Grundlage ihrer Argumentation machen.

Nachdem wir die Collagen-Technik in der Vergangenheit bereits in der Politikforschung, z. B. bei der Untersuchung von Parteienimages („Die Welt der SPD", „die Welt der CDU" usw.) erfolgreich eingesetzt hatten, unternahmen wir im Rahmen des Akademie-Projekts erstmals den Versuch, Angehörige unterschiedlicher sozialer Milieus (von der Journalistengruppe im Hamburger Literaturhaus bis zu den jungen Angehörigen des Traditionslosen Arbeitermilieus im Jugendhaus einer Mannheimer Arbeitervorstadt) Collagen zum Thema „politische Bildung" anfertigen zu lassen. Gruppen von jeweils zwei bis drei Geprächspartnern wurden gebeten, ihre Vorstellungen von einem „gelungenen Seminar der politischen Bildung" zum Ausdruck zu bringen. Jede Gruppe konnte dazu aus einem (identischen) Set von Illustrierten und Magazinen (von der Regenbogenpresse bis zu Lifestyle- und Wirtschaftsmagazinen) die aus ihrer Sicht passendsten Bilder und Textsegmente auswählen. Uns kam es darauf an, Anhaltspunkte über milieuspezifische Erwartungen und Bedürfnisse im Zusammenhang mit Veranstaltungen der politischen Bildung zu gewinnen, die sich – aus welchen Gründen auch immer – der verbalen Kommunikation entziehen.

Das wichtigste Ergebnis dieses Versuchs ist wohl, daß fast ausnahmslos alle Milieugruppen – über die jeweiligen thematischen und politischinhaltlichen Interessen hinaus – *Lebensstil-bezogene* und damit auch in hohem Maße *milieuspezifische* Erwartungen und Bedürfnisse zum Ausdruck brachten. Sie ergriffen die Gelegenheit und stellten – übrigens mit viel Freude am kreativen Detail – einen traditionsbestimmt entsinnlichten Bildungsbegriff zumindest auf der Ebene der Wünsche kurzerhand vom Kopf auf die Füße. Wir haben eine kleine Auswahl der Arbeiten in diesem Band wiedergegeben und wollen sie nachfolgend kurz erläutern. Die Atmosphäre, die sie vermitteln, erschließt sich jedoch wohl nur dem Betrachter (vgl. Seite 201 ff.).

Traditionelles Arbeitermilieu: „Sicherheits- und Gemeinschaftsorientierte Ältere"

Bei beiden Collagen fällt auf, daß zunächst versucht wurde, überkommene Altenklischees durch die Darstellung fröhlicher, aktiver älterer Menschen („Jung im Kopf bleiben"!) zurückzuweisen. Damit hatte die Gruppe bereits eine ihrer wichtigsten – im Verlauf der Gruppensitzung jedoch verbal nicht formulierten – Forderungen an potentielle Veranstalter visualisiert: bei der Gestaltung von Lernorten, Seminaren und deren Umfeld nicht stillschweigend davon auszugehen, daß ältere Menschen, auch wenn sie aus eher einfachen Verhältnissen kommen, grundsätzlich anspruchs- und bedürfnisloser wären als jüngere. Wichtig daher auch die augenfällige Verknüpfung neuen Selbstbewußtseins Älterer („Man darf ja wohl noch Ansprüche stellen", „Denken Sie zur Abwechslung mal an sich", das Foto einer attraktiven Frau) mit der Darstellung eines gemütlich-harmonischen Ambientes („Heile Wohnwelt"). Man möchte sich bei Seminaren wohl und heimisch fühlen und Ansprüche stellen können, so die anschließende Erläuterung. Die dargestellten thematischen Bezüge („ich will nicht mehr leiden", das Konterfei Blüms, Verschwendung von Steuergeldern, usw). reflektieren alters- und milieuspezifische Interessenschwerpunkte.

Neues Arbeitnehmermilieu

Ganz anders dagegen die von Angehörigen des Neuen Arbeitnehmermilieus entworfenen Stilwelten. Sie stellen Seminare als ästhetisch inszenierte *Öffnung zur Welt* dar und vermitteln damit politisches Grundanliegen und milieuspezifisches Lebensgefühl zugleich: der Globus als Symbol für internationale Verantwortung, Angehörige fremder Völker und Rassen als Ausdruck der Zusammengehörigkeit aller Menschen, moderne Telekommunikation als Medium für gegenseitige Verständigung, der Werbespot „Come Together“ als universell gültige Programmatik.

Ebenfalls im Kontrast zu den Collagen aus dem Traditionellen Arbeitermilieu, die eine gewisse statisch-innengerichtete Ruhe ausstrahlen, vermitteln diese Bilder Bewegung, Vielfalt, Dynamik – inhaltliche und ästhetische Prinzipien also, die in der Alltagswelt des Milieus eine große Bedeutung haben. Wichtig war der Gruppe, wie betont wurde, auch, den Ausgleich zwischen Umwelt, Mensch und Technik (versinnbildlicht z. B. im Foto „Baby mit PC“) – und damit ihr wichtigstes thematisches Anliegen – stilistisch angemessen ins Bild zu setzen.

Technokratisch-liberales Milieu: Aktive „Neue Alte“

Insignien klassisch-humanistischer Bildung, Bücherwand, historisches Gemälde, klassische Musik, Antiquitäten, ein Unterrichts- oder Seminarraum mit ernsthaften jungen Leuten, fallen dem Betrachter dieser Collage ins Auge. Sie verbinden sich mit Szenen unverkrampften Lebensgenusses und signalisieren auf diese Weise die Grunderwartung der Zielgruppe an politische Bildungsveranstaltungen: Alles soll Stil und Niveau haben – die Inhalte, das Ambiente, das Essen und die Freizeitgestaltung. Anders als bei den Älteren aus dem Traditionellen Arbeitermilieu auch die Geschmackspräferenzen: statt rustikaler Gemütlichkeit unaufdringlich-moderne Ästhetik, symbolisiert im Leitbild eines sich jugendlich-lässig gebenden, gleichwohl aber sehr nachdenklich wirkenden älteren Herrn (Es ist 5 vor 12!). Nicht zufällig ist er umgeben von jungen Leuten. „Senioren“-Veranstaltungen würden so gar nicht das Lebensgefühl der aktiven „Neuen Alten“ treffen.

Junge Journalisten

Marketing-Fachleute hätten an den von dieser Gruppe vorgestellten Ensembles ihre helle Freude. Postmodernistische Ästhetik, Naturidylle und distanziert-satirisch („Widerstand ist Pflicht“) bis zynisch („Ein Körnchen Wahrheit hat heute Seltenheitswert“) zusammenkomponierte Zeitgeistsentenzen bilden eine – Betrachtern aus konventionellen Lebenswelten etwas bizarr anmutende – Stilmixtur, die die intellektuelle Avantgarde in westdeutschen Metropolen so sehr schätzt. Ernsthaftes ist nur noch in Form von Realsatire genießbar. Spannung und Entspannung, großstädtisches Flair und unverbrauchte Landschaft, Genuß starker Reize und Kontemplation, Action und Rückzug, Modernes und Altes, man hätte gern alles auf einmal – und selbstverständlich mit dem öffentlichen Nahverkehr preiswert und umweltschonend erreichbar. Für Bildungsveranstaltungen ideal wäre demnach, wie erläutert wurde, eine großzügig und (im dargestellten Sinne) geschmackvoll angelegte Akademie im Grünen, aber dennoch großstadtnah. Der sozialdemokratisch-biedere Gemeinsinn emanzipativer Volkshochschulpädagogik scheint diesen Seminarszenarien jedenfalls ebenso fremd wie die lustfeindliche Diskursivität alternativ gestimmter Spätachtundsechziger.

Alternatives Milieu: Frauenbewegung

Eine eher kritische Bearbeitung des herkömmlichen, in ihren Augen „verkopften" Bildungsbegriffs zeigen erwartungsgemäß auch die Collagen von engagierten Mitgliedern unterschiedlicher Initiativen der Frauenbewegung – allerdings von anderer Warte aus und mit anderen Erwartungen als die Journalistengruppe. Im Mittelpunkt beider Arbeiten steht der Anspruch, Bildung als Anleitung zum Handeln, ja zum (anders) Leben zu verstehen und zu organisieren („Sehnsucht", „lassen Sie alles hinter sich"). So sind die abgebildeten Landschaften auch keineswegs idyllisch: Wüste, Ozean, Felsen. Ebenso wichtig das übermittelte Frauenbild, ob jung oder alt, ob fotografiert oder karikiert: aktiv, ich-stark, wehrhaft (Rosen tragen Dornen). Konventionell-autoritäres Lehrgehabe (symbolisiert in der traditionell-männlichen Überlegenheitsgestik und -ästhetik des „soignierten Herrn") wird ebenso entschlossen abgelehnt wie das Ansinnen, Probleme durch Bildungsarbeit lediglich „zuzupflastern".

Jugendliche im Traditionslosen Arbeitermilieu

Obwohl sie sich in der Gruppendiskussion sehr zugeknöpft gaben und mit „politischer Bildung" zugegebenermaßen so gut wie nichts anfangen konnten und wollten, teilten Ronny (18, Bauarbeiter) und Achmed (19, zur Zeit arbeitslos) eine recht differenzierte Wahrnehmung des Meinungsgegenstandes wie auch ihrer persönlichen Erwartungen an poltische Bildungsveranstaltungen mit. Beginnen wir mit dem Offensichtlichsten: das fast ins Zentrum der Collage plazierte Glas Pils. Lebensfreude darf nicht fehlen. Auch die Porträts lachender Menschen (die wir bereits von den Collagen aus dem Traditionellen Arbeitermilieu kennen) signalisieren: Es soll lustig zugehen, das mindert obendrein Schwellenangst. Die dargestellten Polstermöbel drücken den Anspruch

199

auf etwas Komfort und Bequemlichkeit aus, wie auf Befragen betont wurde. Anders dagegen die atmosphärische Botschaft der quer über die Köpfe der Menschen geklebten Headline: „Der Schmiergeld-Staat" (gemeint als Bewertung des politischen Systems der Bundesrepublik) und die eigene Rolle, die man darin spielt, dargestellt durch festgenommene und gefesselte schwarze Jugendliche in Los Angeles: „Schuldig, egal was ihr tut"! Von politischer Bildung wird erwartet, so der Kommentar, daß sie sich hautnah mit derartigen Problemlagen auseinandersetzt, vielleicht sogar etwas Lebenshilfe bietet. Nur langweilig darf es nicht werden.

Als „eine Instanz der – in der Lebenswelt inzwischen erheblich eingeschränkten – kommunikativen Rationalität"[22] versteht Claußen, wie ein nicht geringer Teil der Bildungsarbeiter selbst, Aufgabe und Sinn zeitgemäßer politischer Bildung. Wer diesen emanzipatorischen Anspruch, so unsere Schlußfolgerung, ernst nimmt, darf an der nachgewiesenen ästhetisch-sinnlichen Beziehungslücke zwischen Lebenswelt und politischer Bildung nicht vorbeisehen. Politische Bildung muß sich gleichsam in die Alltagswirklichkeit ihrer Zielgruppen einklinken. Nur indem sie die ästhetisch-sinnlichen Bedürfnisse der Menschen in ihrer jeweiligen lebensstilistischen Ausformung in ihre Angebote integriert, kann sie letztendlich sinnhafte Kommunikation herstellen und als Brücke zwischen System und Lebenswelt wie auch zwischen den unterschiedlichen Lebenswelten selbst dienen. Schließlich ist – vernünftigerweise – nicht einzusehen, warum sinnlich-ästhetische und rational-emanzipatorische Bildungsansprüche einander ausschließen sollten.

---

22 Claußen 1990, S. 257

Traditionelles Arbeitermilieu:
„Sicherheits- und Gemeinschaftsorientierte Ältere"

201

Traditionelles Arbeitermilieu:
„Sicherheits- und Gemeinschaftsorientierte Ältere"

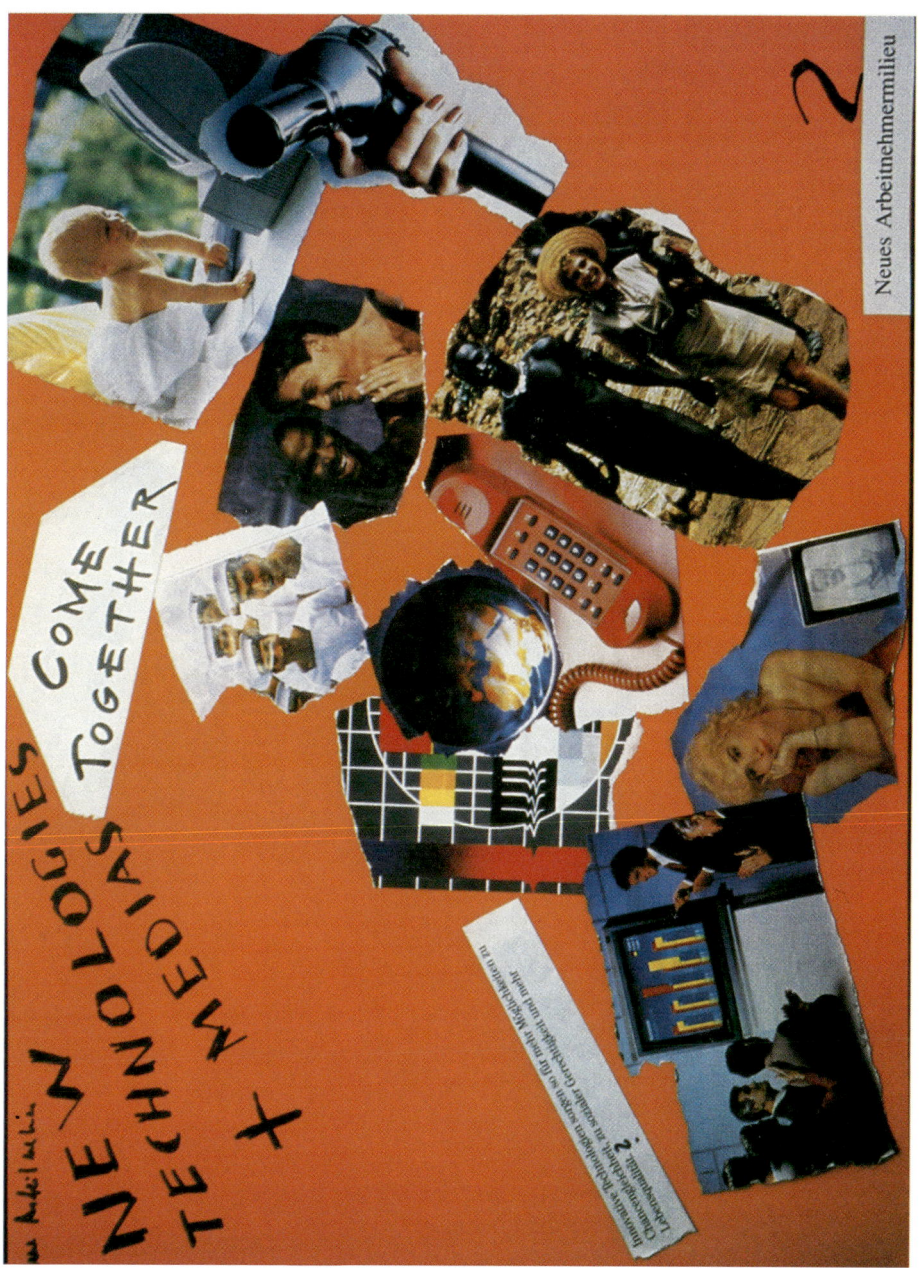

Neues Arbeitnehmermilieu

Technokratisch-liberales Milieu: Aktive „Neue Alte"

Junge Journalisten

207

Alternatives Milieu: Frauenbewegung

Jugendliche im Traditionslosen Arbeitermilieu

210

Neue Perspektiven für die politische Bildung

Die Ästhetisierung der sozialen Welt verändert die politische Kultur. Sie errichtet neue, ungewohnte Hürden für die politische Urteilsbildung der Bürger und für den politischen Diskurs über die vervielfachten Grenzen der sozialen Gruppen Gleichartiger hinweg. Die Dominanz der inszenierten Bilder in der Alltagswelt und in der Politik erschwert auf unbekannte Weise die Informationsvermittlung und die Unterscheidung zwischen Sachverhalten und Interpretationsebenen. Die fremde Meinung, der andere Wille treten nicht mehr, wie im Zeitalter der Ideologien, als Behauptungen und anfechtbare Aussagen auf, nicht mehr als diskursive Weltbilder, sondern als sinnlich evidente Bilder der Welt. Zum Zwecke der Verhaltenssteuerung, der Meinungsbeeinflussung und nicht selten handfester Manipulation wird durch die neue Form medialer Ästhetisierung nicht mehr in erster Linie der Verstand hinters Licht geführt. Vielmehr zielt Ästhetisierung auf eine kalkulierte Blendung der Sinne.

Symbolische Politik, die sich die Vormacht der Wahrnehmung über die Sprache und die Unübersichtlichkeit der Verhältnisse in den komplexen Gegenwartsgesellschaften zunutze macht, produziert eine Welt von sinnenfälligen Scheinhandlungen, die den Zusammenhang mit dem wirklichen Tun und Lassen der Politiker zunehmend einbüßt. Die politische Beteiligung der Bürger, die über die sinnliche Faszination der elektronischen Massenmedien der Illusion des Dabeiseins erliegen, beschränkt sich zumeist allenfalls noch auf eine symbolische Partizipation an den Prozessen und Entscheidungen, die sie heute vielleicht mehr denn je betreffen. Das Fernsehen schafft eine neuartige Form der allgegenwärtigen Scheinbeteiligung. Man ist überall dabei, ohne irgendwo dabeizusein.

So weit vorangeschritten diese Entwicklungen mittlerweile auch sein mögen, es besteht kein Anlaß zu der Annahme, daß sie ohne Einspruchsmöglichkeiten und Alternativen ihre Bahn vollenden müssen und die Vorstellung des selbstbestimmten Subjekts, des mündigen Bürgers, endgültig zur Illusion zu stempeln ist. Für Baudrillard ist der Punkt längst überschritten, an dem noch eine Unterscheidung von Wirklichkeit und inszeniertem Schein möglich wäre: Der Kreislauf der Bilder von inszeniertem Schein, nachgemachter Wirklichkeit und Widerschein dieser Wirklichkeit in den Medien habe sich hermetisch vollendet; jeder Versuch, den Schein kritisch zu durchschauen und zwischen ihm und der sozialen Wirklichkeit zu unterscheiden, erübrige sich – und damit auch der Anspruch selbstbestimmter Subjektivität; das alles seien bestenfalls noch melancholische Fragen von gestern.

Auch Luhmanns systemtheoretische Interpretation gelangt zu einem ähnlichen Schluß. Funktionen, die die Gesellschaft nun einmal entwickelt, um Reduktion von Komplexität und damit Integration zu ermöglichen, können als solche sinnvollerweise keiner moralischen Bewertung mehr unterliegen, wenn sie denn ihre Integrationsleistung wirkungsvoll vollbringen. Dies mag zutreffen, solange Gesellschaftssysteme mit beliebigen anderen mechanischen, biologischen oder sonstigen Systemen gleichgestellt werden. Es erweist sich indessen rasch seine tiefe Fragwürdigkeit, wenn im Hinblick auf menschliche Gesellschaften in Vergessenheit gerät, daß die Würde des einzelnen Menschen der letzte Maßstab ist, an dem sich nicht nur die Legitimation gesellschaftlicher Organisation erweisen, sondern auch messen lassen muß, was als eine erfolgreiche Integrationsleistung gelten darf. In den menschlichen Gesellschaften der Moderne geht es immer um die Integration von Individuen, die einen unverjährbaren Anspruch auf Selbstbestimmung haben und ihn im Zweifelsfalle auf die eine oder andere Art auch geltend machen.

Die Ästhetisierung der sozialen Welt in den vier beschriebenen Dimensionen der Lebenswelt, der Politik, der individuellen Lebensentwürfe und der sozialen Segmentierung beeinflußt die politische Kultur der Demokratie vor allem in zwei entscheidenden Hinsichten. Die Ästhetisierung von Lebenswelt und Politik unterläuft die Urteilsfähigkeit der Bürger, indem Interpretationen, Urteile, Interessen und irreführende Behauptungen über politische Leistungen in die Form der Wahrnehmung von Sachverhalten schlüpfen und damit zum Schein den Charakter von Realität annehmen. Der inszenierte Schein tritt die Nachfolge der Ideologie an, aber auf der Ebene der Wahrnehmungsmanipulation und nicht der Meinungsmanipulation.

Die sozialästhetische Segmentierung der Gesellschaft zerreißt soziale und politische Kommunikationszusammenhänge und verringert durch die ihr eigentümlichen neuen Formen der Entfremdung zwischen den Sozialmilieus die Chancen für einen offenen sozialen Raum, in dem prinzipiell alle über alle sie gemeinsam betreffenden Fragen miteinander reden können.

Die Ästhetisierung der sozialen Welt stellt daher für politische Bildung, die sich als Beitrag zur Entwicklung der politischen Kultur der Demokratie versteht, eine neue, bedeutsame Herausforderung dar. Sie muß diese in ihren Lernzielen und Methoden aufgreifen, aber ebenso im Stil der Veranstaltungen und der Lernorte, im „Marketing" politischer Bildung und in der Veranstaltungskultur.

Auf der Ebene der Lernziele und Methoden kommt es vor allem auf eine Re-Ästhetisierung der Wahrnehmungsfähigkeit an.

Die Ästhetisierung der Lebenswelt durch elektronische Medien und

Werbung ist zu einer überaus handfesten Dimension im Alltagsleben selbst geworden. Sie bewirkt, wie Wolfgang Welsch das nannte, durch ihre unentwegte und grobschlächtige Indienstnahme der Sinne am Ende eine „Anästhetisierung" der sinnlichen Erfahrungsfähigkeit.

Die Re-Ästhetisierung der Wahrnehmung als Fähigkeit, durch eine unterscheidungsfähige, autonome Sinnlichkeit die Isolation von Sinneswahrnehmung und vernünftigem Urteil zu durchbrechen, Handhabung, Genuß, Bereicherung, Erfahrungschancen in der ästhetischen Dimension der Alltagswelt und der Politik zu erleben, ohne ihren manipulativen Effekten wehrlos zu erliegen, sind damit politische Lernziele von grundlegender Bedeutung. Ihr Erreichen bzw. Verfehlen entscheidet am Ende darüber, ob der einzelne den systematischen Versuchen der Indienstnahme seiner Sinnlichkeit auf immer weiteren Feldern der sozialen Kommunikation wehrlos verfällt oder ihnen mit einer gewissen Distanz begegnen kann, die ihn davor schützt, seine Entscheidungs-, Wahl- und Handlungsfähigkeit vollends den Apparaturen der ästhetischen Inszenierung verfügbar zu machen.

Re-Ästhetisierung der Wahrnehmungsfähigkeit heißt Entzauberung der inszenierten Welt durch Schulung der Fähigkeit, Inszenierungen als solche wahrzunehmen, also das Unterscheidungsvermögen zwischen den Absichten und der Formsprache des inszenierenden Interesses auf der einen Seite und dem unmittelbaren Bildeindruck auf der anderen.

Politische Bildung muß die Ästhetisierung der sozialen Welt thematisieren, damit die Gründe und Formen, die Risiken und neuen Chancen, die diese mit sich bringt, verstanden und kritisch bewertet werden können. Das gilt vor allem im Hinblick auf die politische Kommunikationsform „symbolische Politik". Mit dem Bedeutungszuwachs der technischen Medien der Politikvermittlung und dem Schwinden der Möglichkeiten und der Bereitschaft zu profilierten politischen Gestaltungsalternativen in der Praxis gewinnt ihre Rolle in Politik und Politikvermittlung an Bedeutung.

Politische Bildung muß es sich demnach zum Ziel machen, die ästhetische Fähigkeit zu fördern, die Bildinszenierungen der Politik als solche zu durchschauen, ohne sich ihnen schlicht nur entziehen zu wollen. Zudem ist sie das potentiell wirkungsvollste Medium, über das die Mediengesellschaft verfügt, der Logik des sozialen Dialogs gegenüber der Logik der sinnlichen Eindrucksinszenierung in den Medien eine breitenwirksame gesellschaftliche Chance zu sichern.

Die Öffnung des sozialen Raumes ist das zentrale Lernziel auf der Ebene der Veranstaltungskultur.

Voraussetzung für eine solche Öffnung des sozialen Raumes ist die Entwicklung neuer Angebote und „Marketingformen" von und für politische Bildung, mit deren Hilfe die Zielgruppen in ihrer jeweiligen alltagsästhetischen Lebenswelt tatsächlich erreicht und deren je spezifische Kommunikationsgewohnheiten und -defizite zum Ausgangspunkt ihrer Arbeit gemacht werden.

In demselben Maße, wie die sozialästhetische Segmentierung der Gesellschaft die Chancen zur zwanglosen Gesprächsbegegnung und zur gemeinsamen politischen Arbeit zwischen Menschen unterschiedlicher Sozialmilieus schwinden läßt, muß sich politische Bildung gerade die Aufgabe einer Öffnung des sozialen Raumes bewußt vornehmen. Für die politische Kultur der Demokratie ist das überlebenswichtig. Politische Bildung steht vor der Herausforderung, die Begegnung zwischen Menschen aus sehr unterschiedlichen sozialen Milieus zu einer systematischen Arbeitsform entwickeln und durch ihre Veranstaltungs- und Angebotskultur die ästhetische Voraussetzung dafür schaffen zu müssen, daß diese Chance auch tatsächlich genutzt wird.

Dabei geht es vor allem um die Thematisierung der Differenz der Lebensstile selbst, aber auch um die Möglichkeit über Empathie und Diskurs Brückenschläge zu erzielen. Es geht um anteilnehmende Neugier für die unterschiedlichen Lebenswelten und Lebensphilosophien hinter den divergierenden Zeichensystemen der Alltagsästhetik. Über didaktisch reflektierte Kommunikationsformen, die auf die sozialästhetischen Differenzen Bezug nehmen, erfahren Verständnis, Verständigung und Zuwendung eine Förderung, die im Alltagsleben kaum noch spontan zustandekommt.

Politische Bildung könnte auf diese Weise einen, vielleicht den entscheidenden Beitrag zur Entwicklung einer Veranstaltungskultur leisten, in deren Rahmen sich Angehörige unterschiedlicher Milieus ohne Widerstreben und am Ende vielleicht sogar mit sozialer Neugier und politischem Interesse begegnen, um die politischen Fragen zu besprechen, die unvermeidlich alle betreffen.

So wie die Ästhetisierung zur zentralen Dimension gesellschaftlichen Lebens wird, muß sie sich auch zu einer zentralen Dimension politischer Bildung entwickeln, damit sie auch unter veränderten Bedingungen ihrer Verpflichtung auf das Lernziel Mündigkeit gerecht werden und bleiben kann.

Literatur

Baudrillard, J. (1978): Die Agonie des Realen, Berlin
Bauer-Verlag (1987): Wohnstil-Präferenzen, München
Beck, U. (1983): Jenseits von Klasse und Stand? Soziale Ungleichheiten, gesellschaftliche Individualisierungsprozesse und die Entstehung neuer sozialer Formationen und Identitäten, in: Kreckel, R. (Hrsg.): Zur Theorie sozialer Ungleichheiten, Soziale Welt, Sonderband 2, Göttingen
Beck, U. (1986): Risikogesellschaft. Auf dem Weg in eine andere Moderne, Frankfurt/Main
Becker, U./Nowak, H. (1982): Lebensweltanalyse als neue Perspektive der Meinungs- und Marketingforschung, in: ESOMAR-Kongress 1982, Bd. 2, S. 247-267, Amsterdam
Berger, P. L. u. a. (1975): Das Unbehagen an der Modernität, Frankfurt/Main, New York
Berger, P. L./Luckmann, Th. (1969): Die gesellschaftliche Konstruktion der Wirklichkeit, Frankfurt/Main
Blasius, J./Georg, W. (1992): Clusteranalyse und Korrespondenzanalyse in der Lebensstilforschung – ein Vergleich am Beispiel der Wohnungseinrichtung, in: ZA-Information 30, Köln
Bohrer, K. H. (1992): Die Grenzen des Ästhetischen, Vortrag auf dem internationalen Kongreß zur „Aktualität des Ästhetischen", Hannover
Bolte, K. M./Hradil, S. (1988): Soziale Ungleichheit in der Bundesrepublik Deutschland, Opladen
Bolz, N (1990): Theorie der neuen Medien, München
Bourdieu, P. (1987a): Sozialer Sinn. Kritik der theoretischen Vernunft, Frankfurt/Main
Bourdieu, P. (1987b): Die feinen Unterschiede. Kritik der gesellschaftlichen Urteilskraft, Frankfurt/Main
Brandt, W. (1992): Erinnerungen, Frankfurt/Main, Berlin
Burda und Sinus (1986): Wohnwelten in Deutschland – Alltagsästhetik, Wohnphilosophien, Wohnstile, Offenburg
Burda und Sinus (1991): Wohnwelten in Deutschland 2 – Denkanstöße für ein zielgruppenorientiertes Marketing im Einrichtungssektor, Offenburg, 3. Aufl.
Burda und Sinus (1993): Wohnwelten und Gärten in Ostdeutschland, Offenburg
Claußen, B. (1987): Politikvermittlung als Problem lebenslangen Lernens, in: ders. (Hrsg.): Politikvermittlung. Beitrag zur politischen Kommunikationskultur, Bonn
Claußen, B. (1990): Politisches Lernen angesichts der Veränderungen von System und Lebenswelt, in: Cremer, W./Klein, A. (Hrsg.): Umbrüche in der Industriegesellschaft: Herausforderungen für die politische Bildung, Bonn
Drieseberg, Th. (1992): Lebensstile in der Marktforschung – Eine empirische Bestandsaufnahme, in: planung und analyse 5/1992
Elias, N. (1978): Zum Begriff des Alltags, in: Hammerich, K./Klein, M. (Hrsg.): Materialien zur Soziologie des Alltags, KZfSS, Sonderheft 20
Flaig, B./Ueltzhöffer, J. (1978): Die Wahrnehmung politischer Probleme, Entscheidungen und Verantwortungen durch die Bevölkerung, Bd. II, Sinus Heidelberg/München
Flaig, B./Ueltzhöffer, J. (1979): Lebensweltanalyse: Explorationen zum Alltagsbewußtsein und Alltagshandeln, SIQUADAT-Jahresbericht, Sinus Heidelberg/München
Flaig, B./Ueltzhöffer, J. (1992): „Bewältigungsmuster in Ost- und Westdeutschland" – Forschungsbericht des Sinus-Instituts, Heidelberg
Flusser, V. (1992): Die Schrift, Frankfurt/Main
Franz, G./Herbert, W. (1987): Werte zwischen Stabilität und Veränderung: Die Bedeutung von Schichtzugehörigkeit und Lebenszyklus, in: Klages, H./Franz, G./Herbert, W. (Hrsg.): Sozialpsychologie der Wohlfahrtsgesellschaft. Zur Dynamik von Wertorientierungen, Einstellungen und Ansprüchen, Frankfurt/Main/New York
Friedrich-Ebert-Stiftung (1993): Lernen für Demokratie. Politische Weiterbildung für eine Gesellschaft im Wandel (Redaktion: Meyer, Th./Kandel, J./Weil, R.), 3 Bde., Bonn
Fromm, E. (1976): Die psychoanalytische Charaktereologie und ihre Bedeutung für die Sozialpsychologie (1932), in: ders.: Analytische Sozialpsychologie und Gesellschaftstheorie, Frankfurt/Main
Fromm, E. (1977): Haben oder Sein. Die seelischen Grundlagen einer neuen Gesellschaft, Stuttgart
Hammerich, K./Klein, M. (1978): Alltag und Soziologie, in: dies. (Hrsg.): Materialien zur Soziologie des Alltags, KZfSS, Sonderheft 20
Hitzler, R./Honer, A. (1984): Lebenswelt – Milieu – Situation, in: KZfSS, Jg. 36
Homma, N. (1991): The continued relevance of cultural diversity, in: Marketing and Research Today, November 1991, Amsterdam
Homma, N./Ueltzhöffer, J. (1990): The Internationalisation of Everyday-Life Research: Markets and Milieus, in: Marketing and Research Today, November 1990, Amsterdam
Hradil, S. (1987): Sozialstrukturanalyse in einer fortgeschrittenen Gesellschaft, Opladen
Hradil, S. (1990a): Epochaler Umbruch oder ganz normaler Wandel? Wie weit reichen die neueren Veränderungen der Sozialstruktur in der Bundesrepublik?, in: Cremer, W./Klein, A. (Hrsg.): Umbrüche in der Industriegesellschaft. Herausforderungen für die politische Bildung, Opladen
Hradil, S. (1990b) Individualisierung, Pluralisierung, Polarisierung: Was ist von den Schichten und Klassen geblieben?, in: Hettlage, R. (Hrsg.): Die Bundesrepublik. Eine historische Bilanz, München
Hradil, S. (1992): Die „objektive" und die „subjektive" Modernisierung. Der Wandel der westdeutschen Sozialstruktur und die Wiedervereinigung, in: Aus Politik und Zeitgeschichte, B 29-30

Ipsen, D./Wehrle, H. (1992): Klassenlage als Lebensstil, in: Andritzky, M. (1992) Oikos. Von der Feuerstelle zur Mikrowelle. Haushalt und Wohnen im Wandel, Gießen
Kühr, H. (1985): Katholische und evangelische Milieus: Vermittlungsinstanzen und Wirkungsmuster in: Oberndörfer, D./Rattinger, H./Schmitt, K. (Hrsg.): Wirtschaftlicher Wandel, religiöser Wandel und Wertwandel. Folgen für das politische Verhalten in der Bundesrepublik Deutschland, Berlin
Lepsius, M. R. (1973): Parteiensystem und Sozialstruktur. Zum Problem der Demokratisierung der deutschen Gesellschaft, in: Ritter, G. A. (Hrsg.): Deutsche Parteien vor 1918
Mander, J. (1979): Schafft das Fernsehen ab, Reinbek
Meyer, Th. (1992): Die Inszenierung des Scheins. Voraussetzungen und Folgen symbolischer Politik, Frankfurt/Main
Mitchell, A. (1983): The nine American lifestyles, New York
Müller, H.-P. (1989): Lebensstile. Ein neues Paradigma der Differenzierungs- und Ungleichheitsforschung, in: KZfSS, Jg. 41
Müller, H.-P. (1992): Sozialstruktur und Lebensstile. Der neuere theoretische Diskurs über soziale Ungleichheit, Frankfurt/Main
Müller, H.-P. (1986): Klassen, Klassifikationen und Lebensstile. Pierre Bourdieus Theorie soziokultureller Ungleichheit, München
Müller-Rommel, F./Poguntke, Th. (1990): „Alte" und „neue" Milieus in der Wahlforschung, in: Der Bürger im Staat, Heft 3/Jg. 40
Postman, N. (1985): Wir amüsieren uns zu Tode, Frankfurt/Main
Sack, M. (1980): Das deutsche Wohnzimmer, Luzern/Frankfurt/Main
Sarcinelli, U. (1987): Symbolische Politik. Zur Bedeutung symbolischen Handelns in der Wahlkampfkommunikation der Bundesrepublik Deutschland, Opladen
Scharf, K. (1991): Wohnwelt als Teil der Alltagswelt und der ästhetischen Kultur, in Lebens-Formen, Fächergruppe Designwissenschaft – FB 3, Hochschule der Künste, Berlin
Schenk, M., Hrsg. (1987): Medienwirkungsforschung, Tübingen
Schmitt, K. (1985): Religiöse Bestimmungsfaktoren des Wahlverhaltens: Entkonfessionalisierung mit Verspätung?, in: Oberndörfer, D./Rattinger, H./Schmitt, K. (Hrsg.): Wirtschaftlicher Wandel, religiöser Wandel und Wertwandel. Folgen für das politische Verhalten in der Bundesrepublik Deuschland, Berlin
Schultheis, F. u. a. (1991): Zur Kritik der soziologischen Urteilskraft. Repräsentationen des sozialen Raumes im interkulturellen Vergleich, masch. Konstanz
Schulze, G. (1990): Die Transformation sozialer Milieus in der Bundesrepublik Deutschland, in: Berger, P. A./Hradil, S. (Hrsg.): Lebenslagen, Lebensläufe, Lebensstile, Soziale Welt, Sonderband 7, Göttingen
Schulze, G. (1992): Die Erlebnisgesellschaft. Kultursoziologie der Gegenwart, Frankfurt/Main, New York
Silbermann, A. (1991): Neues vom Wohnen der Deutschen, Köln
Simmel, G. (1992): Philosophie des Geldes, München und Leipzig
Sinus (1984): Planungsdaten für eine mehrheitsfähige SPD, Sinus Heidelberg
Sinus (1986): Outfit, Spiegel-Verlag, Hamburg, Spiegel-Dokumentation
Sinus (1991): Outfit 2, Spiegel-Verlag, Hamburg, Spiegel-Dokumentation
Sinus-Lebensweltforschung (1990): Becker, U.: Von den wilden 80ern in die unübersichtlichen 90er Jahre, in: FORM, Zeitschrift für Gestaltung, Heft 132, IV
Sinus-Lebensweltforschung (1991): Becker, U.: Die neuesten Trends im Wohnbereich, hrsg. von Pfleiderer-Industrie, Neumarkt/Oberpfalz
Sommer, C. (1992): Medium Mode, in: Medienpsychologie 3
Treinen, H. (1978): Ästhetik im Alltag, in: Hammerich, K./Klein, M. (Hrsg.): Materialien zur Soziologie des Alltags, KZfSS, Sonderheft 20
Ueltzhöffer, J./Flaig, B. (1993): Spuren der Gemeinsamkeit? Soziale Milieus in Ost- und Westdeutschland, in: Weidenfeld, W. (Hrsg.): Deutschland. Eine Nation – Doppelte Geschichte, Köln
Veblen, Th. (1986): Theorie der feinen Leute. Eine ökonomische Untersuchung der Institutionen, Frankfurt/Main
Vester, M. (1989): Neue soziale Bewegungen und soziale Schichten, in: Wasmuth, U. C. (Hrsg.): Alternativen zum alten Politik? Neue soziale Bewegungen in der Diskussion, Darmstadt
Vester, M./von Oertzen, P. u. a. (1992): Neue soziale Milieus und pluralisierte Klassengesellschaft, Hannover
Welsch, W. (1991) Perspektiven für das Design der Zukunft, in: Welsch, W.: Ästhetisches Denken, Stuttgart, 2.Auflage
Ziehe, Th. (1992): Vom Lebensstandard zum Lebensstil, Manuskript
Zierhut, A. (1992): Auf der Suche nach großstädtischer Lebensart, in: Andritzky, M. Oikos. Von der Feuerstelle zur Mikrowelle. Haushalt und Wohnen im Wandel, Gießen